中国优秀博士论文
DOCTOR
法 学

专利审查国际协作
制度研究
——基于PPH的视角

佘力焓　著

知识产权出版社
全国百佳图书出版单位

图书在版编目（CIP）数据

专利审查国际协作制度研究：基于 PPH 的视角 / 佘力焓著 . —北京：知识产权出版社，2016.3

ISBN 978 - 7 - 5130 - 4077 - 8

Ⅰ.①专… Ⅱ.①佘… Ⅲ.①专利—审查—司法协助—国际合作—研究—中国 Ⅳ.①D923.424

中国版本图书馆 CIP 数据核字（2016）第 039102 号

责任编辑：刘 睿 刘 江　　　责任校对：韩秀天

封面设计：张 冀　　　　　　　责任出版：卢运霞

专利审查国际协作制度研究
　　——基于 PPH 的视角

佘力焓　著

出版发行：**知识产权出版社** 有限责任公司	网　　址：http：//www.ipph.cn
社　　址：北京市海淀区西外太平庄 55 号	邮　　编：100088
责编电话：010－82000860 转 8344	责编邮箱：liujiang@ cnipr.com
发行电话：010－82000860 转 8101/8102	发 行 传 真：010－82000893/82005070/82000270
印　　刷：保定市中画美凯印刷有限公司	经　　销：各大网上书店、新华书店及相关专业书店
开　　本：880mm×1230mm　1/32	印　　张：11.5
版　　次：2016 年 3 月第一版	印　　次：2016 年 3 月第一次印刷
字　　数：266 千字	定　　价：45.00 元
ISBN 978 - 7 - 5130 - 4077 - 8	

序

近些年来，全球的专利申请量增长迅速，原因之一是越来越多的发明创造寻求在多个国家获得专利保护。随之而来，不同国家的专利审查机构对基于同一发明创造的专利申请进行基本相同的重复审查工作，加剧了专利审查积压。为此，世界主要国家及地区的专利审查机构近年来一直在努力建立专利审查国际协作机制，并取得了积极进展，专利审查高速路（PPH）就是这种努力的重要成果。

2012 年，本人承担了国家自然科学基金资助项目"专利审查高速路对后续专利审查质量的影响机制研究"。同年考入同济大学攻读法学博士学位的余力熔同学积极投入该课题的研究，随后以"专利审查国际协作制度研究——基于 PPH 的视角"为选题开展博士学位论文的研究工作，探讨国际社会中专利审查协作制度的演进逻辑，努力构建专利审查国际协作制度的全球化发展模式，并根据我国当下的专利审查法律体系，探究我国法律制度在专利审查国际协作方面的完善和改进。经过博士阶段的艰苦努力，余力熔同学积累了较为丰富的理论知识，具有较强的独立解决问题的能力，在以下方面取得创新性的研究成果：

（1）通过对专利审查国际协作制度进行系统研究，界定了专利审查国际协作制度的概念，揭示其运行优势、现存问题并提出完善策略，指出专利审查国际协作制度由专利审查相关主体基于价值效用最大化的需要，在审查实践中通过一国审查和多国审查合作的利害权衡而建立的一种审查优化机制，通过集体的分工合作来调整个体的审查行为。

（2）通过对专利审查国际协作制度的价值进行法学分析并采用经济分析法学进行衡量，揭示制度的价值内涵，明确制度的价值定位，明确实现最大多数国家的最大效用是专利审查国际协作制度的目标。

（3）指出专利审查国际协作制度具有创新效应，并可以在效用价值定位和创新机理的基础上形成全球化的审查组织；面临专利审查的全球化，我国专利审查法律理念从调整国内秩序向维护国家利益均衡和整体国际秩序的转变，主动参与国际协作制度的构建。

佘力焓同学顺利通过了博士学位论文答辩，围绕相关内容相继发表了8篇CSSCI刊论文，其学位论文也被评上同济大学优秀博士学位论文，并得到知识产权出版社资助出版。

本书从专利审查国际协作制度的现实、价值、机理、全球化的构建和本土化的策略等五个方面着手，通过对制度的现实运行揭示制度存在的客观性和必然性，进而探讨制度的价值和机理，最后提出制度全球化的构想和本土化的建议。

佘力焓同学曾是我在华中科技大学指导的硕士生，工作几年后又成为我在同济大学指导的首届博士生。她对知识产权学术研究充满着兴趣，专注、孜孜不倦，利用一切可能的机会不断探索。博士毕业后的几个月内，她从法学博士到管理学博士后，从中国、美国到德国，从主持司法部国家法治与法学理论研究中青年项目到主持中国博士后科学基金面上项目等，角色、地点、工作内容不断转换。

专利审查国际协作涉及传统的国家审查与全球化的价值取向、定位。对此进行分析研究，不仅涉及国内法、国际法方面的理论分析，还涉及大量的专利实务和具体事务的梳理。本书在这方面开了一个好头，为相关领域的研究提供了富有价值的文献。同时，我衷心地期待佘力焓博士在知识产权学术研究的道路上取得新的成就。

是为序。

朱雪忠

2016 年 2 月 5 日

中文摘要

伴随经济全球化的高速发展，越来越多的发明创造在多个国家寻求专利保护。为了减少重复审查工作、缓解专利审查积压，世界各国及地区专利审查机构近年来一直在努力建立专利审查国际协作机制。本书针对专利审查国际协作制度，从问题的缘起切入分析制度的现实态势与理论基础，以价值论和机理论作为理论研究的核心，将 PPH 作为研究的具体制度模式，综合运用法学的价值分析方法、法经济学方法、分析实证法学分析方法等，探讨国际社会中专利审查协作制度的演进逻辑，构建专利审查国际协作制度的全球化发展模式，并根据我国当下的专利审查法律体系，探究我国法律制度在专利审查国际协作方面的完善和改进。本书的核心观点是：专利审查国际协作制度是由专利审查相关主体基于价值效用最大化的需要，在审查实践中通过一国审查和多国审查合作的利害权衡而建立的一种审查优化机制，通过集体的分工合作来调整个体的审查行为，并可以在创新机理的基础上形成全球化的审查组织，促进我国专利审查法律理念从调整国内秩序向维护国家利益均衡和整体国际秩序的转变，主动参与国际协作制度的构建。

本书从制度的现实论、制度的价值论、制度的机理论、制度的建构论和制度的本土化等五个方面展开，它们有内在的逻辑联系。整体而言，根据专利审查国际协作制度的现实视角提出理论前提，进而在制度价值和制度机理中进行理论论证，然后将经过论证的理论应用于全球化的制度建构和我国专利审查法律制度的当下。具体逻辑是，先把专利审查国际协作制度的现状和制度理论作为整体研究的前提，进而从价值的视角找到专利审查国际协作制度价值的内容、制度价值的困境、制度价值的选择和权衡方式，并为制度价值找到合理的定位。同时，分析专利审查国际协作制度的运行态势和运作机理，揭示制度演进的特点和创新效应。在此基础上，构建一个专利审查全球化的制度框架，并分析论证制度框架的可行性和长期性；探究专利审查国际协作制度持续性发展的方式，进而将专利审查国际协作制度发展的效果和影响应用于我国专利审查法律制度的完善和改进之中，为我国专利审查法律制度从国内利益和国内秩序的规制向各国利益平衡和整体国际秩序的维护转变提供建议。

本书开篇分析专利审查国际协作制度的起源、背景以及国际社会长期以来的协同努力，确立作为分析前提的制度理论，阐述专利审查国际协作的制度关联，梳理专利审查国际协作制度的内涵、规则和特性，运用比较法分析主要国家的专利审查法律制度的差异性，为国际协作寻求协调的途径。着重探析作为具体运行模式的 PPH，探寻 PPH 的成效和亟待解决的问题，并为 PPH 的完善提供建议。在对现实研究的基础上将专利审查国际协作制度解释为：在专利审查及其相关领域，由专利审查相关主体基于效用最大化的需要，在审查实践中通过一国审查和多国合作审查的利害比较而建立的一种审查优化机制，并在此基础上形成组织，通过集体的分工合作来调整个体的审查行为。专利审查国际协作制度一部分是法律意义上的制度，但更大程度上是权利意义上的制度；同时，它拥有自身的制度特性：法律性、经济性和技术性。

　　现实论的研究结果为专利审查国际协作制度展开理论研究奠定基础，理论部分以价值研究和机理研究为中心。本书从专利审查国际协作制度的价值内涵为起点，对其正义、秩序和利益价值进行分析，研究价值理念在专利审查国际协作制度中的表现与作用，同时对价值困境进行探究，从制度理性的角度对专利审查国际协作制度进行价值选择，探寻诉求冲突的价值调适方式。最后，综合运用法经济学的方法对价值进行衡量，研究使价值效用最大化的途径，并为专利审查国际协作制度的价值定位提供建议。

　　专利审查国际协作制度的价值研究与机理分析相辅相成，对制度进行效用衡量的价值评价是对机理的创新效果进行论证的理论基础。专利审查国际协作应解决审查积压的需求而发动，经各国和地区专利局的协议而生成，在具体的审查协作模式中演化，通过 PPH 的运行态势反映当前趋势。同时，通过 STS 分析，从 PPH 演变的视角，阐释专利审查国际协作演进中模式和构建平台的多元性、审查体系成员的广泛性、审查制度和审查体系的虚拟重构、体系的"共时性"和制度的"历时性"等特点。最后从 PPH 创新效果进行分析，探析 PPH 的创新效应，为制度实践内容奠定分析基础。

　　专利审查国际协作制度的价值决定该制度全球化构建的基本限度，其创新机理决定专利审查全球化的必要程度。通过对制度历程的回顾，进而反思现有的专利审查模式，提出制度全球化理论基础，分析专利审查全球化的法律秩序。研究指出专利审查全球化的法律秩序蕴含于全球社会的法律实践之中，具有独立运作的规则体系，实行多国合作的、以协调为中心的理论结构；理论在整体上具有容纳争议的空间，并非封闭的体系，具有博弈均衡的性质等。本书同时探讨了构建的模式、内容、制度实现的可能性和长期性等问题，并在此基础上提出进一步完善的具体方案，提出专利审查国际协作制度的持续性发展策略。

专利审查国际协作制度的价值、机理和全球化构建都将对我国现有专利审查法律制度的完善有所启示。通过对我国现有专利审查法律法规体系进行系统地归纳和总结，分析我国专利审查法律制度的主要内容和特点，具体涉及立法目的、管理体制和法律责任等。基于上述分析和专利审查国际协作制度的价值选择、创新效应以及制度构建等内容，提出健全和完善我国专利审查法律制度的建议。

全书通过对于制度的现实、价值、机理、全球化构建和本土法律完善等五个问题的研究，论证专利审查国际协作制度有其存在的必要性和持续发展的可行性；指明实现最大多数国家的最大效用是专利审查国际协作制度的目标，同时，也应该保障在协作中境况最差的国家的科技进步与发展；明确专利审查国际协作制度的创新效应，并将得到演进；专利审查全球化是各国长期博弈的过程，理性均衡各国利益是制度构建的关键；我国应重视专利审查国际协作的发展，坚持构建利益均衡的制度体系，激励我国市场主体利用国际协作体系的优势面，灵活处理合作模式中的不利因素。同时，我国应预设本国的对策和优先事项，完善专利审查法律制度，积极参与专利审查全球化的进程，在专利审查的国际事务中形成自身的风格和理念，为构建专利审查的国际法律秩序奠定中国的基调。

Abstract

With a rapid increase in the number of patent applications, countries around the world experience backlogs due to the situation. When finding the solution of the problem, countries are aware that the same inventions seeking patent protection in multiple countries, which lead to duplication of review. In response, individual patent offices have introduced preliminary programs to share the workload and reduce redundancy, giving rise to the international cooperation of patent prosecution. This dissertation focuses on international cooperation institution of patent prosecution, starting with problem of patent backlog to analysis reality situation and theory of institution. The value and mechanism are the core theory in research, and patent prosecution highway (PPH) will be studied as a specific mode of international cooperation institution of patent prosecution. Law of value analysis method, law and economics methodology and analysis empirical method of law will be integrated to search the logic of evolution of international cooperation institution of patent prosecution in international society. A global development model of international cooperation institution of patent prosecution will be constructed, and a legal system of patent prosecution in China will be developed and improved based on international collaboration. The thesis that to be argued and to be maintained in this dissertation as follow: international cooperation institution of patent prosecution is an examination optimization mechanism of maximize utility of value, which come from comparative study between prosecution of a country and prosecution cooperation of more countries. Patent prosecutions specialize in a certain line of production and form associations through a division of individual of prosecution behavior, which can establish a globalization organization based on innovation mechanism. The patent prosecution law of theory can be transform from Chinese order to national balance and international order, and China should active take part in establishment of globalization collaboration system.

The researches on international cooperation institution of patent prosecution have five parts in content, such as reality situation of institution, value of institution, mechanisms of institution, constructivism of institution and the localization of legal system. Five elements integrate as a whole logic system. Overall, according to the reality of international cooperation institution of patent prosecution, theoretical premise is advanced, then value of institution and mechanisms of institution are demonstrated. At last, proven theories are applied to the construction of institution of globalization and legal system of China for patent prosecution. It is the specific logic that the reality situation and theories of international cooperation institution of patent prosecution are advanced, and then substance of value, predicament of institution, the choice of value and balance of value are proposed from the perspective of value analysis, with reasonable location of value. Meanwhile, the operating and mechanism of international cooperation institution of patent prosecution are analyzed to explore the characteristics of institutional evolution and innovation effect. A global institutional framework for international cooperation institution of patent prosecution is constructed, which is demonstrated the feasibility and performance for a long time and explore sustainable development of international cooperation institution of patent prosecution. Then the effectiveness and impact for the development of international cooperation institution of patent prosecution are applied to refine and improve legal system of patent prosecution in China, which provide recommendations for legal philosophy transformation from domestic interests and regulation to maintenance of the international order.

The dissertation analyzes the origin, background and long-term efforts of international community in advance. Analyses of institution theories are prepared and relatedness between patent prosecution of international collaboration and institution is demonstrated. Content, rules and features also are described. Comparative analysis of patent prosecution of major national in legal systems is expanding as a way to seek to international collaboration. Patent prosecution highway is the specific research model, which is explored about the effectiveness and urgent problems, and recommendations are provided for improvement of patent prosecution highway. International cooperation institution of patent prosecution can be explained as follow: In patent prosecution of relevant functional area, as for maximize of interest for patent prosecution related subject, it is an optimization mechanism of patent prosecution during compared between prosecution practice in a country and prosecution practice through many countries. An organization will be formed

3

based on the mechanism, which can adjust individual patent prosecution behavior through collective behavior. Parts of international cooperation institution of patent prosecution belong to legal system, but it is an institution about rights to a greater extent. At the same time, it has its own institutional characteristics: legal, economic, and technical.

The study on actualization laid the groundwork for theories of international cooperation institution of patent prosecution. Theories centralize values and mechanisms. Justice, order and interest are analyzed to explore performance and action of value concept in international cooperation institution of patent prosecution, with value connotation as a starting point. It is important to discuss value predicament, as well as to explore the value selection from the rational point of international cooperation institution of patent prosecution and to explore claims conflict of value adjustment. Finally, law and economics methods are integrated to measure the value and search ways to maximize the value, as well as provide recommendations for patent prosecution of the value proposition for international collaboration.

Mechanism analysis and value consideration support each other in international cooperation institution of patent prosecution. Utility measurement of evaluation laid the theoretical foundation for innovation effects of mechanisms. International cooperation institution of patent prosecution generates because of patent backlog and reaches a consensus because of treaties. It evolves by diversified modes and reflects current trends by patent prosecution highway operating situation. Meanwhile, as for analysis of STS, the diversified platforms of international cooperation institution of patent prosecution are illustrated as well as universality of member. Synchronicity and diachronic theory are characteristic of International cooperation institution of patent prosecution from the perspective of evolution of patent prosecution highway, with the virtual reconstruction of the institution and censorship. Finally, innovation effects of patent prosecution highway are explored from the effectiveness of patent prosecution highway, and practice will be based on the result of innovation mechanism.

The value of international cooperation institution of patent prosecution decide basic limits of patent prosecution globalization and innovation mechanism of it determine necessary of patent prosecution globalization. Through a review of the patent prosecution process of international collaboration and reflection on the existing mode of patent examination, patent prosecution theory of globalization is made up and patent prosecution order of globalization is analyzed. Studies have indicated that legal order of patent prosecution globalization comes from the global community law practice with independent operation, and multinational cooperation structures which is cooperation-orientation; Theories have accommodate the space for controversy with the nature of the game, which is not a closed system. Models, contents, implementations and long-term demands are also discussed on the whole.

Value, mechanism and construction of globalization about international cooperation institution of patent prosecution will be benefit to our current legal system of patent prosecution. By summarizing existing patent law and regulations systematically, the main contents and characteristics of the legal system of patent prosecution are analyzed, especially in legislative purpose, management organization and legal liabil-

DOCTOR
中国优秀博士论文
法学

ity. Based on the above analysis and the value of selection, innovation effects and global construction of institution, this dissertation put forward proposals for improving and perfecting patent law system in China.

Actualization, value, mechanism, construction of globalization and local laws perfective maintenance all have been researched in this dissertation. International cooperation institution of patent prosecution has its necessity and the feasibility of sustainable development. Maximum utility in most countries is the orientation of international cooperation institution of patent prosecution. At the same time, the country with worst situation should also be guaranteed scientific and technological progress and development in the collaboration system. Innovation effect of international cooperation institution of patent prosecution is established and it will be evolving. Patent prosecution process of globalization is a game in the world and rational system of balancing national interests is the key of institution. China should pay attention to the development of international cooperation of patent prosecution and adhere to build a system of balance interests, with encouraging people take advantage of international cooperation system and flexible handling of the adverse factors. Meanwhile, China should set national countermeasures and priority matters in advance, improving patent prosecution legal institution, carefully researching development trend of integration, taking initiative rights and power in international cooperation of patent prosecution in order to avoid negative situation. China should give positive effects to global patent prosecution system and have concept by herself in international affairs for a good beginning of patent system of international cooperation. It is very important for China to establish of international cooperation of patent prosecution in international legal order with Chinese style.

缩略语释义表

缩略语	外文全称	中文释义
CPR	Community Patent Review	公众专利审查制度
EPO	European Patent Office	欧洲专利局
Global PPH（GPPH）	Global Patent Prosecution Highway	全球合作的专利审查高速路
IP	Intellectual Property	知识产权
IP5-PPH	Five Intellectual Property Offices-Patent Prosecution Highway	五局专利审查高速路
JPO	Japan Patent Office	日本特许厅
KIPO	Korean Intellectual Property Office	韩国知识产权局
OEE	Office of Earlier Examination	早期审查局
OFF	Office of First Filling	首次申请局
OLE	Office of Later Examination	后续审查局
OSF	Office of Second Filling	后续申请局
PCT	Patent Cooperation Treaty	专利合作条约
PCT – PPH	Patent Cooperation Treaty—Patent Prosecution Highway	专利审查高速路——专利合作条约衔接模式
PLT	Patent Law Treaty	专利法条约
PPH	Patent Prosecution Highway	专利审查高速路
PPH MOTTAINAI	Patent Prosecution Highway MOTTAINAI	MOTTAINAI 为日文词，含义为当某个东西或者资源的内部价值没有被合适地应用时而觉得浪费的遗憾感

缩略语	外文全称	中文释义
SCP	Standing Committee on the Law of Patents	专利法常设委员会
SIPO	State Intellectual Property Office of the P. R. C	中华人民共和国国家知识产权局
SPLT	Substantive Patent Law Treaty	实体专利法条约
STS	Science，Technology and Society	科学技术与社会
TRIPs	Agreement on Trade-Related Aspects of Intellectual Property Rights	与贸易有关的知识产权协议
USPTO	United States Patent and Trademark Office	美国专利商标局
WIPO	World Intellectual Property Organization	世界知识产权组织
WTO	World Trade Organization	世界贸易组织

目 录

第一章

绪 论

第一节 研究背景

一、全球专利申请量与日俱增

伴随经济全球化的高速发展，专利申请量持续攀升，越来越多的申请人为自身的发明创造在全球范围内寻求保护。2012 年，各国通过《专利合作条约》❶（*Patent Cooperation Treaty*，PCT）途径提交的国际专利申请总量比 2011 年增长 6.6%，美国、日本、德国、中国分列前四位，其中中国 2012 年 PCT 国际申请量占全球 PCT 总申请量的 9.6%。❷ 2013 年，全球通过 PCT 提交的专利

---

❶ 《专利合作条约》是在《保护工业产权巴黎公约》的原则指导下产生的一个国际专利申请公约。它完全是程序性的，即对专利申请案的受理及审查程序作出某种国际性统一规定。它不涉及专利的授权事宜，没有对成员国的实体法产生实质性影响，但成员国的专利申请程序应依照该条约进行调整。《专利合作条约》简化了在成员国范围内申请专利的手续；减轻了各个成员国专利局的工作量；实行"国际初审"和"国际公布"，一方面为成员国专利局进行实质审查提供参考，另一方面使技术信息尽早公布，避免重复研究；延长了优先权的期限。参见郑成思. 知识产权论（第三版）[M]. 北京：法律出版社，2007：335-337.

❷ 2012 年中国国际专利申请量居全球第四 [EB/OL]. http：//www. ipr. gov. cn/gndtarticle/ttxw/201303/1740140_1. html，2013-03-21/2013-05-10.

国际申请数首次突破 20 万件（205 300 件），相比 2012 年增长 5.1%。❶

2013 年，美国、日本和中国成为 PCT 申请的三个大国，其申请量分别为 57 239、43 918 和 21 516，增长率分别为 10.80%、0.60% 和 15.60%，如图 1.1 所示。中国成为 2013 年 PCT 国际申请增长率最高的国家。现代专利法律制度对发明创造等智力劳动成果的有力保护促进了技术创新，而这也符合基于私权领域的私有财产保护理念和基于公权领域的社会发展理念。获得专利权的发明创造是进行国际技术贸易的基础和有力保障，而这也是不少申请人愿意在全球范围内申请专利、寻求保护的主要动因，从而导致全球专利申请量持续增长。

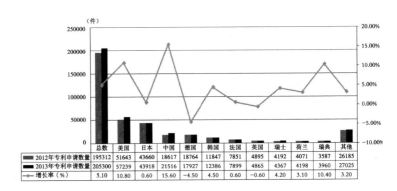

图 1.1　PCT 申请情况

资料来源：WIPO：PCT（patent）international application。

---

❶　WIPO. PCT（patent）international application［EB/OL］. http：//www.wipo.int/export/sites/www/pressroom/en/documents/pr_2014_755_a.pdf#annex1，2014－04－04.

二、专利局面临的审查积压问题日益严峻

专利权具有地域性，在一国获得专利权的发明创造在另一国仍需重新申请、审查，以确定其专利权。全球专利申请量的激增使各国专利审查机构面临强大的审查压力，在找寻问题的解决方式时，各国专利局意识到各国专利审查中有部分工作是重复的。一国传统的审查方式逐渐显示了在审查资源和审查速度上的不适应性。2007 年全世界至少有 420 万件发明专利申请处于积压状态，2005～2010 年，积压专利申请的平均增长率达到 8.7%。❶美国的申请积压量在 2010 年已经超过 120 万件；❷近十年来，欧洲也有着 500 万～1 亿的申请积压量，❸专利申请获得授权原本预计为 36 个月，而目前常常需要等上 4～5 年，有的甚至需要耗费 10 年的时间。❹专利申请的积压增加了专利系统的不确定性、降低了专利审查的品质、阻碍了发明人获得投资的机会并阻碍创

---

❶ WIPO. World Intellectual Property Indicators ［EB/OL］. http：//www. wipo. int/export/sites/www/ipstats/en/statistics/patents/pdf/wipo-pub _ 941. pdf，2010 – 02 – 01.

❷ United States Patent and Trademark Office. Performance and Accountability Report Fiscal Year 2010 ［EB/OL］. http：//www. uspto. gov/about/stratplan/ar/2010/USPTOFY2010PAR. pdf，2014 – 05 – 13.

❸ "Delays in Europe of up to 10 years have left somewhere between five and ten million inventions globally queuing for approval，according to the head of European Patent Office，Alison Brimelow. " Patent delays frustrate inventors ［EB/OL］. http：//news. bbc. co. uk/2/hi/business/7461597. stm，2013 – 05 – 24.

❹ United States Patent and Trademark Office. Performance and Accountability Report Fiscal Year 2010 ［EB/OL］. http：//www. uspto. gov/about/stratplan/ar/2010/USPTOFY2010PAR. pdf，2014 – 05 – 13.

新。为了缓解审查积压，各国专利局纷纷寻求解决途径。如果能够加强各国专利局之间的合作，共享审查信息，则可以提高工作效率。有关专利审查积压和相互承认专利审查结果的研究表明，在全球十大国家/地区专利机构 2007 年受理的专利申请中，34%都带有重复性的工作，如果能将用在重复性工作上的时间降低 25%，则可以有效缓解专利积压的问题。❶

三、专利审查国际协作制度有待完善

专利审查国际协作是各国专利事务缔约方就专利申请、专利检索、专利审查、专利授权及专利保护等各项专利事务达成合意后形成的一种协作制度。该制度的目标集中于保护权益、激励创新、促进科技与经济的全球化发展。目标的具体细分则体现在诸多方面：共享审查信息，减少重复审查；缓解专利审查积压；为本国申请人在他国获得授权提供便利；削减复杂程序，降低专利申请费用；构建有效的专利体系以扶持中小企业发展；提高专利审查机构的工作效率；统一专利审查标准和授权标准；统一专利

---

❶ London Economics. Economic Study on Patent Backlogs and a System of Mutual Recognition-Final Report to the Intellectual Property Office（2010）［EB/OL］. http：//www. ipo. gov. uk/p-backlog-report. pdf，2013 - 04 - 11.

保护标准;❶ 形成区域性的专利制度，消除专利地域性对自由贸易的阻碍，等等。

世界各国一直都在协同努力建设专利审查国际协作制度。2000 年 6 月，在日内瓦召开的外交会议上通过了《专利法条约》❷ （Patent Law Treaty，PLT），该条约是从程序角度来协调各国的专利制度。PLT 减轻了申请人在提出国际申请时的形式负担，并减少了申请人的相关费用，但并未实现各国专利审查制度的实质性协调。经过多年的协商，WIPO 开展了《实体专利法条约》

---

❶　TRIPs 协议为知识产权的保护确立的最低标准，但是美国一直认为 TRIPs 所设立的知识产权保护水平低于美国的标准，并把本国的法律视为"标准的知识产权保护水平"，美国在 FTA 知识产权谈判时就表达了"确保贸易协定的知识产权内容反映与美国国内法近似的保护标准"。因此，自由贸易协定被看作推广美国知识产权保护标准的有效机制，在与其他国家进行谈判时美国都主张按美国法律的标准实施知识产权保护，通过贸易协定使合作国按照签署的协定修订国内法律，从而使各合作国的知识产权保护程度都超过了 TRIPs 的要求，演变成 TRIPs + FTA 的模式。参见 Bipartisan Trade Promotion Authority Act of 2002 [R]；Russell J. Anderson, Jr. , Return of the Guilds. A Reflection on the Domestic and International Implications of Eldred v. Ashcroft [J]. University of Baltimore Intellectual Property Law Journal, 2003 (12)：49；Peter K. Yu. Currents and Crosscurrents in the International Intellectual Property Regime [J]. Loyola of Los Angeles Law Review, 2004 (38)：323.

❷　截至 2014 年 3 月 27 日，缔约方总数为 36 个，包括美国专利局 （United States of America） 和欧洲专利局 （European Patent Organization （EPO）。参见 http：//www. wipo. int/treaties/en/ShowResults. jsp？lang ＝ en&treaty _ id ＝ 4，2014 － 11 － 20.

(*Substantive Patent Law Treaty*，SPLT) 的制定工作，❶ 议题主要集中在现有技术的定义、新颖性标准、创造性标准、产业可应用性、权利要求和充分公开等专利审查的实质性要件。尽管与会的各国对多项条款已经初步或者完全有了共识，但是在许多关键问题上仍然存在严重分歧，各国基于本国发展要求对专利制度有不同的需求，持续的争议导致专利法常设委员会 (Standing Committee on the Law of Patents，SCP)❷ 的会议在最后无法展开实质问题的讨论，各国也意识到在实体专利法方面进行协调是一项长期而艰巨的任务，因此，在专利审查的实质性要件方面并没有取得令各国一致满意的结果。

专利申请量激增的事实和实体专利法协调的长期性使一些国家开始小范围寻求协作，然后再进行积极的推广。EPO、JPO 和USPTO 成立了三边局合作模式，共享专利检索和专利审查信息，并在专利制度其他相关问题上达成广泛的协作，发起并推动在五大知识产权局❸ (简称 IP5) 框架下的全球档案系统，涵盖三边

---

❶　Draft Substantive Patent Law Treaty ［EB/OL］. http：//www. wipo. int/patent-law/en/harmonization. htm，2014 - 12 - 01.

❷　专利法常设委员会 (SCP) 于 1998 年成立，是一个就专利法的国际逐渐发展问题开展讨论、促进协调和提供指导的论坛。委员会将相互交联的问题一并处理，不独立地处理个别问题，以向成员国提供设定优先顺序、分配资源的有效机制，确保正在进行的相关工作得到协调，具有连续性。委员会由 WIPO 和巴黎联盟的所有成员国组成。若干非 WIPO 或巴黎联盟成员的联合国会员国以及一些经认可的政府间组织和非政府组织也作为观察员列席常设委员会。

❸　五大知识产权局指 USPTO、JPO、EPO、KIPO 和 SIPO。

专利局以及中国和韩国的知识产权局。目前，PPH❶在各专利审查大国中得到较为广泛的应用。在 PPH 模式下，由于后续申请局采用了首次申请局的审查信息，从而减轻了后续申请局的工作负荷，为避免重复审查提供了可能性；同理，基于审查信息的共享，后续申请局有可能提高工作效率，加速审查，❷节省专利申请的时间成本和经济成本。PPH 与 PCT 体系相互兼容，为适应专利申请量的激增和加速审查提供了有效途径。但是，由于大量不同国家的专利审查员共存于一个 PPII 网络中，后续申请局利用首次申请局的审查结果，审查制度的差异性，各成员国不同的法律文化、语言以及价值诉求的不同等方面使协作体系有待进一步完善，如何在全球范围内构建效用最大化的专利审查体系值得进一步探讨。

---

❶　专利审查高速路（PPH）是指，申请人提交首次申请专利局（Office of First Filing，OFF）认为该申请的至少一项或多项权利要求可授权，只要相关后续申请满足一定条件，包括首次申请和后续申请的权利要求充分对应、提交 OFF 的工作结果可被后续申请专利局（Office of Second Filing，OSF）获得等，申请人即可以提交 OFF 的工作结果为基础，请求 OSF 加快审查后续申请。参见国家知识产权局专利审查业务管理部组织编写．杨兴、赵晨、牟有伟撰稿，葛树、冯小兵审核．专利审查高速路（PPH）用户手册［M］．北京：知识产权出版社，2012：1. 后文将详细阐释。

❷　The PPH allows patent applicants who have received a favorable decision by a first Office to request an accelerated examination of a corresponding patent application filed at another Office［EB/OL］．http：//www. ipo. gov. uk/p-pph-pilot. htm，2013 – 07 – 23.

四、专利审查国际协作制度理论研究亟须加强

目前国内外针对专利审查国际协作的研究主要集中在可行性研究、模式建立和制度评价方面，学界对专利审查国际协作机制的研究尚处于制度初评阶段，至少以下几个方面有待研究。

（1）专利审查国际协作制度运行以来，产生了积极的效果，也带来负面的效应。专利审查国际协作制度的运行效果怎样，如何看待其中出现的利弊问题，都将影响一国的知识产权政策和策略。

（2）专利审查国际协作制度由部分国家发起，各国基于自身国家科技和经济发展的需要，对专利审查国际协作制度可能会有不同的观点，如何平衡各国不同的价值诉求，如何衡量专利审查国际协作制度的作用，如何构建制度才能使协作模式稳定运行，都值得探讨。

（3）专利审查国际协作制度对主权国家的法律制度提出了新的挑战。由于发明创造在全球范围内寻求专利权保护，单凭一国的法律制度难以对其进行有效的调整，如何在全球范围内构建合适的专利审查协作体系，将影响专利审查工作的效率和专利的全球战略布局。

（4）我国的专利审查制度是基于我国范围考量的法律制度，在面临专利审查国际协作时，我国应持怎样的立场和态度，如何从法律制度层面进行衔接都需要展开研究。

第二节　研究的目的和意义

一、理论意义：明确专利审查国际协作制度的理论基础

专利审查国际协作制度是在经济全球化、专利申请量激增、各国专利局审查压力加大的现实情况下应运而生的合作制度。以PPH为代表的专利审查国际协作制度具有节省成本、提高工作效率、缓解审查积压的现实可行性，已得到多数国家的认可。在专利审查法律制度的构建中，各成员国的主张均具有本国利益的考量，而专利审查国际协作法律制度的实现正是在于成员国的国家利益在专利审查协作模式中的实现程度。因此，本书从价值论和机理论的角度进行分析，并以此构建制度的理论基础。

制度的确定包含价值的选择和判断，正义、秩序和利益在专利审查国际协作制度中应该都有所体现。正义是法的内在要求，包含平等、自由和安全等价值因素；效用真实表达了主观的满意程度，它指示人们应当的行为。不同的成员国具有不同的诉求，在价值层面也需要得到权衡，同时，还需要对制度的价值进行衡量，以考证制度存在和延续的必要性。对法学进行实证分析能清晰表明专利审查国际协作制度的法律效果。综合研究增强了制度的理论解释力，明确了制度的价值含义。制度有自身的运行机理，通过对运行机理的分析，揭示其创新效应。这些分析建立在定性和定量研究的基础之上，唯有对价值和机理进行阐释和探究，才能明确并完善专利审查国际协作制度的理论基础。同时，

还针对全球一体化的构想提出专利审查全球化的新理论，以期取得理论上的创新和突破，为未来专利审查全球化的实践提供理论支持。

二、实际应用价值：支撑专利审查国际协作制度的实践

各国基于科技进步与发展而协商一致达成审查合作协议，逐步形成专利审查国际协作制度。在该制度下，各国分享审查信息，从而加速专利审查，节省申请成本。本书的制度实践将从国际和国内两个角度来展开分析。

（1）在国际层面，制度实践的研究着眼于专利审查全球化制度的构建。全球的专利申请量激增，各国专利审查机构面临审查积压的压力，一直协同努力建立各种信息共享的专利审查国际协作模式。在解决审查积压、加速审查的同时，专利审查质量需要得到重视。协调实体法的差异性，保障专利申请文件的质量有助于专利审查质量的稳定性。专利审查国际协作有其存在的必要性和可行性，本书从当前的专利审查国际协作的现状出发，以《保护工业产权巴黎公约》和PCT等国际条约为基础，并在WIPO公约体系和WTO的平台支撑上，提出专利审查全球化的构想。

（2）在国内层面，制度实践研究集中在我国专利审查法律制度的健全和完善。在改革开放初期，我国法律处于百废待兴之时，立法的观念和体系都处于初级阶段，立法着重考虑的是国内利益和国内社会秩序的维护，随着中国整体国力的提升，我国已经成为国际事务中举足轻重的参与者，立法的理念应该从国内利益和国内秩序向维护各国利益平衡和整体国际秩序转变。我国当前的民商事法律集中于本国市场上专利权的行使和保护，伴随着一体化的进程，我国的专利技术走向了全球市场，我国的市场也

是全球市场中不可分割的一部分，并且将越来越重要。在涉外民商事关系立法完善中应考虑国际合作的趋势，考虑在国际合作环境下的专利权保护。本书以理论研究部分的结果为基础，提出完善我国专利审查制度的建议，并为我国现行的法律制度与专利审查国际协作制度的衔接提供解决途径。

第三节 国内外研究现状及评析

一、关于专利审查制度与专利审查工作的研究成果及评析

专利审查是获得专利授权的前提，由于专利权具有地域性和排他性的法律特点，因此，专利审查在某种程度上被认为是在法律层面上行使国家主权的一种方式。目前，在专利审查国际协作制度方面，国内的研究刚刚起步，国外已有部分研究成果。

（一）专利审查与专利质量

关于专利审查的研究由来已久，罗纳德·J. 曼恩（Ronald J. Mann）和玛丽安·昂德威瑟（Marian Underweiser）❶从专利申请文件和专利审查的历史数据入手分析专利的有效性，用统计数据表明专利审查过程的改进与专利质量的提升具有极大的相关

---

❶ Ronald J. Mann，Marian Underweiser. A new look at patent quality：relating patent prosecution to validity ［J］. Journal of Empirical Legal Studies，2012，9（1）：1－32.

性。克里斯订·奥森加（Kristen Osenga）❶在研究中将专利申请和审查的过程比喻成一场发明人与专利局的对话，这场对话不同于我们的日常对话但又存在相似之处，都需要得到对方的理解和认可，专利审查的难点在通过专利审查自身的语言体系促进有效的合作与对话，改善权利要求的保护结构，以维护较高的专利质量。克里斯托夫·A. 克特罗皮亚（Christopher A. Cotropia）、马克·莱姆利（Mark Lemley）和巴温·桑帕特（Bhaven Sampat）❷在研究中指出审查员几乎不会采用申请人提交的现有技术来限定权利要求的范围，而往往采用他们自己查找到的现有技术来判断申请案的可专利性。审查员认为他们提供的现有技术方案绝大部分是低质量的，在有限的审查时间里，不如自己找寻更合适的现有技术来判定申请案。然而，审查原则是假定审查员已经获知该领域全部的现有技术才得出结论，而这与现实的审查情况不符。在专利侵权诉讼中，法庭认为授权专利已经过审查员对全部现有技术的检索审查，其实审查员只是审查了一部分现有技术。这表明，有效性的假定原则被广泛运用在专利审查过程中，这些专利审查结论可以被现实状况进一步修正，同时应采取措施确保审查员根据该领域全部现有技术进行审查。刘洋、郭剑❸针对我国专

---

❶　Kristen Jakobsen Osenga. Cooperative patent prosecution：viewing patents through a pragmatics lens［J］. University of Richmond-School of Law，2010（13）：3 – 25.

❷　Christopher Anthony Cotropia，Mark A. Lemley，Bhaven N. Sampat. Do applicant patent citations matter? Implications for the presumption of validity［J］. Stanford Public Law Working Paper，2012（1）：2 – 44.

❸　刘洋，郭剑. 我国专利质量状况与影响因素调查研究［J］. 知识产权，2012（9）：72 – 77.

利质量状况与影响因素问题，采用问卷调查的方式收集数据，分析专利质量的评价标准，提出强化专利质量政策导向、提高专利审查透明度等六项措施。

专利审查和专利质量的关系已从多个方面进行探讨，但是从专利质量衍生进一步探讨技术创新的研究有限。

(二) 专利审查与专利诉讼

托马斯·G. 费尔德 (Thomas G. Field)❶ 等研究了专利审查过程中的等同原则，该原则对专利权范围的判断超出了权利要求的字面意思，在专利侵权诉讼中得到广泛运用。丹尼斯·克劳奇 (Dennis Crouch)❷ 的研究表明，在侵权案件中，法院在面对举证双方对权利要求的不同解释时，采用经过审查程序的权利要求来划定专利权的基本保护范围。在他研究的案例中，虽然美国专利商标局并未成为案件的当事人，但其审查过程中对权利要求的确认对案件的判决具有举足轻重的影响，专利审查对专利质量的控制具有重要作用。乔舒亚·L. 索恩 (Joshua L. Sohn)❸ 研究表明专利商标局的专利审查和授权决定在联邦法院的专利侵权诉讼中具有重要的影响。然而，有时联邦法院不会服从专利商标局的认定，比如在专利无效、复审等领域，法院不愿使用审查中的一些规则。波士顿大学法学院的迈克尔·J. 莫伊雷尔 (Michael

---

❶ Thomas G. Field. Controlling patent prosecution history [J]. Pierce Law Review, 2010 (8): 237.

❷ Dennis D. Crouch. An empirical study of the role of the written description requirement in patent prosecution [J]. Northwestern University Law Review Colloquy, 2010 (6): 1–15.

❸ Joshua L. Sohn. Can't the PTO get a little respect? [J]. Berkeley Technology Law Journal, 2011 (26): 1603.

J. Meurer) 和克雷格·艾伦·纳德（Craig Allen Nard）❶ 运用经济分析法学的方法研究了专利法中的等同原则，他们认为等同原则在专利制度中发挥着重要作用，却常常被忽视。等同原则创造了社会效益，它使专利申请人在专利审查程序中的某些细节方面避免浪费。合适的专利制度应平衡成本消费和激励创新，避免通过等同原则的利用产生的寻租成本从而损害竞争。马克·莱姆利（Mark Lemley）❷ 认为美国专利商标局对其审查的专利的客观有效性存在疏漏是合理的。专利商标局需要搜集全部的有效信息才能做出真正有效的判定，而这将耗费极大的时间和精力，现实中无法完全做到。这些决定通过法律诉讼来判定会更有效率，因为只有少部分的专利会面临诉讼或许可。因此，我们可以允许有些许缺陷的专利审查系统的存在。但是，法庭应当对专利案做出全面的判定，不允许有任何疏漏，并且，不能因为专利商标局认为其专利有效而假定该专利的有效性。丽贝卡·S. 埃森博格（Rebecca S. Eisenberg）❸ 认为在专利审查制度的现实运用和专利法的理论性之间有鸿沟。对于产品研发技术人员来说获得并拥有产品或技术专利权的成本是很大的，因为对技术使用者来说他们必须认定出可能会涉及侵权的专利，而对于专利审查机构来说他们必须识别出已经产生侵权行为的技术。专利审查制度对侵权行

---

❶ Michael J. Meurer, Craig Allen Nard. Invention, refinement and patent claim scope: A new perspective on the doctrine of equivalents [J]. Boston University School of Law Working Paper, 2005 (93): 1947.

❷ Mark A. Lemley. Rational ignorance at the patent office [J]. Northwestern University Law Review, 2001 (95): 1–34.

❸ Rebecca S. Eisenberg. Patent costs and unlicensed use of patented inventions [J]. University of Chicago Law Review, 2011 (78): 53.

为的姑息纵容是不会产生任何纠纷的，但或许会对专利审查体系的权威性造成一定影响，而对专利技术的实际拥有者来说也是个打击。用户在寻求专利许可保护的同时付出了极大的时间和交易成本，并且一旦拥有专利权的企业执行成本领先战略来缩小取得专利的正常途径之间的差距的话，用户将面临不可预知的风险。

从专利审查与专利诉讼的关系可以看出，专利审查与专利诉讼联系紧密，即使对专利诉讼产生重大影响，但关于法律制度的改进和完善的研究还需进一步展开，尤其是针对关于我国的专利审查法律制度的完善方面。

(三) 专利审查与科技发展

托马斯·G. 菲尔德（Thomas G. Field）❶ 分析了专利审查的历史演变，指出专利审查对于技术判断的巨大作用；迪亚斯（Diaz）等❷在技术文本、专利审查和技术转移之间关系的基础上研究创新战略，强调专利审查在技术创新中的重要地位。詹姆斯·本森（James Bessen）和迈克尔·J. 穆勒（Michael J. Meurer)❸ 通过实证研究表明专利制度对各个产业有着广泛的影响，它为研发提供动力，然而，它对某些产业的促进较少，理

---

❶ Thomas G. Field. Controlling patent prosecution history [J]. Pierce L. Rev, 2010 (8): 231 – 237.

❷ Diaz, Charlsye Smith. Strategies for writing about innovation: Navigating the relationship between technical documentation, patent prosecution, and technology transfer [J]. IEEE Transactions on Professional Communication, 2014 (57): 113 – 122.

❸ Michael J. Meurer, James E. Bessen. Lessons for patent policy from empirical research on patent litigation [J]. Lewis & Clark Law Review, 2005 (9): 1 – 27.

想的状态是，专利制度应考虑到不同产业的特点，全面促进技术进步。通过对专利审查程序的评估，综合分析专利申请人对专利价值的影响。结论指出某些专利战略对社会的发展是起到阻碍作用的，反垄断的专利诉讼所造成的社会损失需要进一步的实证研究，应设计有效的改革方案遏制专利诉讼所消耗的社会成本。约翰·R. 阿利森（John R. Allison）和马克·A. 莱姆利（Mark A. Lemley）❶通过实证研究得出结论：专利是一项巨大的商业项目。发明专利主要集中在机械领域，另外、软件、计算机和半导体领域也拥有大量的专利。在美国获得专利的专利权人主要来自几个国家，一半以上的美国专利创始于美国，超过 97% 的专利申请集中来自于世界上 12 个国家，绝大多数的美国专利来自发达国家的发明。在美国，获得专利授权的时间越来越长，超过 80% 的专利权人是公司或合作团体，个人专利权人越来越少。来自不同国家的专利申请集中于不同的领域，并比较了美国专利权人与外国专利权人的差异。埃斯特尔·德克莱（Estelle Derclaye）❷指出专利制度能为控制全球温室气体排放作出贡献。美国和英国的专利局为低碳技术提供加速审查程序，削减审查费用，促进绿色技术的创新。

专利审查质量的好坏对科技发展有着促进或抑制的作用，如何控制专利审查质量也得到了讨论，但是如何在国际协作体系下

---

❶ John R. Allison, Mark A. Lemley. Who's patenting what? An empirical exploration of patent prosecution［J］. Vanderbilt Law Review, 2000（53）：2099.

❷ Estelle Derclaye. Not only innovation but also collaboration, funding, goodwill and commitment：which role for patent laws in post-copenhagen climate change action［J］. John Marshall IP Law Review, 2010（9）：161 – 177.

进行专利审查质量的控制还需要进一步研究，更需要讨论的是在国际协作制度中关于专利审查工作的质量控制与协调。

（四）加速审查与专利审查周期

从一般意义上说，申请人希望专利审查周期越短越好，但事实并非全部如此。由于各国专利法律制度的差异性，不同国家的专利权保护期限的起算点不一样，有的国家从申请日开始起算，而有的国家从授权日开始起算。从申请日开始起算的国家的申请人倾向于专利审查周期越短越好，而有部分从授权日开始起算的国家的申请人偏好让专利申请长期处于悬而未决的状态，专利申请时间越久，其竞争对手的不确定性越高，从而排除竞争者进入市场。❶ P. H. 詹森（P. H. Jensen）❷ 的调查研究表明，请求实审的时间长短与专利质量之间呈负相关，专利质量高的申请案倾向于短审查周期。库尔曼（Kumar）等❸通过对生物细胞专利申请战略的分析，指出加速审查的重要作用和影响；埃里克·L. 拉内（Eric L. Lane）❹ 认为，当今世界各国已经认识到发展清洁能源的重要性，以有效对抗全球变暖，因此，他呼吁应为绿色技术建立

❶ Van Zeebroeck. Filing strategies and increasing duration of patent applications ［J］. CEB working paper, 2009 (15): 13.

❷ P. H. Jensen, A. Palangkaraya, E. Webster. Application pendency times and outcomes across four patent offices ［J］. Intellectual Property Research Institute of Australia Working Paper, 2008 (1): 12.

❸ Kumar, Rajeev, Yeh et al. Patent prosecution strategies for stem cell-related applications ［J］. Journal of Biomolecular Screening, 2007 (12): 769 – 774.

❹ Eric L. Lane. Building the global green patent highway: A proposal for international harmonization of green technology fast track programs ［J］. Berkeley Technology Law Journal, 2012 (27): 3.

专利加速审查的通道，激励绿色技术的创新发展。目前，不少国家的知识产权局已经启动加速审查绿色技术的项目，对适格请求和程序限定都做了规定，严格控制专利质量，同时将极大节省金钱和时间成本，有效促进专利权人在最短的时间内将其发明付诸实际运用。

加速审查对于专利局和专利相关人都有利益的积极影响，但是关于加速审查对于创新的效应还有待进一步的揭示。

（五）专利审查制度和专利审查工作的改进

马克·A. 莱姆利和金伯利·A. 穆尔（Kimberly A. Moore）❶讨论了专利申请中"持续申请"（Continuation applications）的问题，指出"持续申请"是对专利审查资源的过度占用和浪费，这种申请模式应被禁止，又或者国家立法应加强现有申请规则的设计以限制他们的滥用，使审查资源能用到最需要的方面。丹尼斯·克芬奇（Dennis Crouch）❷讨论了先发明制和先申请制各自的利弊，研究了在这两种体制下的新颖性问题，尽管这两种体制有相似的立法目标，但是它们的法律功能还是需要分离地去判断，为美国采用发明人先申请制提供立法建议。夏因·图（Shine Tu)❸通过实证研究指出美国专利商标局在审查过程中的问题。每个专利申请案应该经过专利审查员公正和一致性的审查，这不

---

❶　Mark A. Lemley, Kimberly A. Moore. Ending abuse of patent continuations［J］. Boston University Law Review, 2004（84）：63.

❷　Dennis D. Crouch. An empirical study of the role of the written description requirement in patent prosecution［J］. Northwestern University Law Review Colloquy, 2010（6）：1–15.

❸　Shine Tu. Luck/unluck of the draw: an empirical study of examiner allowance rates［J］. Stanford Technology Law Review, 2011（20）：20–54.

仅要求审查员审查工作的内在一致性，也要求在同一技术领域内与其他审查员保持一致性。研究表明事实并非如此：两种不同类型的审查员可能损害审查体系，一类审查员毫无主见，任意授予专利权；一类审查员极端苛刻，有着很低的专利授权率。应建立质量控制机构对某些审查员的工作进行考核，并对任意驳回申请案的审查员进行惩罚。雷蒙·A. 莫卡多（Raymond A. Mercado）❶研究了专利复审程序中滥用"sham petitioning"对专利审查制度的干扰。欺诈和渎职的情况在第三方和申请人中容易出现，这些负面的影响很容易在专利审查制度中出现，提出对此建立充分的安全防范措施。

目前关于专利审查制度和专利审查工作改进的研究主要集中在美国、欧盟等国家，我国关于这一领域的研究还有待加强。我国的研究应针对我国的具体国情来展开，根据我国科学技术发展的现状来完善我国的专利审查制度，进一步提高我国专利审查工作的效率。

二、基于国际协作的专利审查制度的研究成果及评析

（一）关于专利审查积压

马贝（Mabey）❷对各国专利审查积压状况、积压原因及危害进行了分析，认为目前几个知识产权大国中，美国的专利积压

---

❶　Raymond A. Mercado. The use and abuse of patent reexamination: sham petitioning before the USPTO ［J］. Columbia Science and Technology Law Review, 2011（12）: 92 – 158.

❷　Mabey, Warren K. Deconstructing the patent application backlog: A story of prolonged pendency ［J］. Journal of the Patent and Trademark Office Society, 2010（92）: 208 – 282.

状况最为严重，而欧洲与日本的状况相对缓和一些。马尔维纳·迈耶（Malwina Mejer）与布鲁诺·范·波特博格·德·拉波特（Bruno van Pottelsberghe de la Potterie）认为，❶ 造成不同国家专利审查积压的原因有所不同，EPO 的专利审查积压多是因为申请人的战略性申请行为引起，而 USPTO 的专利审查积压则是由于费用极其低和审查程序不够严造成。不同原因的专利审查积压需要用不同的手段去解决。

欧亨尼奥·豪斯（Eugenio Hoss）❷ 系统地研究了专利审查的延后及其带来的影响等相关问题。他指出当今世界各国，包括发达国家和发展中国家都面临严重的审查积压问题，专利审查的延后不仅损害申请人利益，而且阻碍创新的发展。研究提出的解决方案包括给予发明创造临时保护，延长保护期限，最小化专利条款和建立专利加速审查程序。这些方式在一定程度上缓解了延后审查的消极影响，对专利申请人具有一定的补偿作用，但隐藏的风险依然存在，我们需要进一步寻找避免延后审查的积极方法，而目前最好的方式是国际合作和各国专利局之间的审查信息分享机制。阿亚尔·沙仑（Ayal Sharon）和 Yifan Liu❸ 指出，近几年，美国专利商标局推行了各种各样的改革以削减专利申请案的积

---

❶ Malwina Mejer, Bruno van Pottelsberghe de la Potterie. Patent backlogs at USPTO and EPO：Systemic failure vs. deliberate delays［J］. World Patent Information，2011（33）：122 – 127.

❷ Eugenio Hoss. Delays in patent examination and their implications under the TRIPs agreement［J］. MIPLC Master Thesis Series，2010（11）：21 – 35.

❸ Ayal Sharon, Yifan Liu. Improving patent examination efficiency and quality：An operations research analysis of the USPTO, using queuing theory［J］. Federal Circuit Bar Journal，2007（17）：21 – 40.

压，比如，限制每个申请案的权利要求数，将检索工作外包给商业机构，给申请者提供延迟审查和加速审查的选择等，但收效甚微。他们的研究表明，专利审查过程中，大量悬而未决的驳回案❶才是审查积压的主要原因，美国专利商标局应从这一原因入手解决问题，提高审查效率和专利质量。迪伦·M. 阿斯特（Dylan M. Aste）❷ 的研究指出 2011 年专利改革法案包含了在专利审查中允许第三方提交现有技术。该规定类似于欧洲专利局提出的允许第三方参与观察。允许第三方参与专利审查过程有利于改进专利质量，也有助于缓解美国专利商标局审查员的工作负荷。文家春❸指出为缓解专利审查积压，在保持审查系统内部平衡的基础上改善专利审查行为与技术创新间循环回路的运行效应，应尽快提高我国专利审查费用的标准和建立快速审查请求制度。

伦敦经济研究（London Economics）❹ 的研究表明，韩国最近几年的专利积压状况反而有所缓解，可能是因为韩国知识产权局最近几年在专利审查工作中应用平衡计分卡和六西格玛等先进管

❶　专利申请进入美国后被美国专利商标局发出最终驳回通知（Final rejection），申请人还可以在收到通知的 6 个月内提出继续审查请求（Request for Continued Examination，RCE）。

❷　Dylan M. Aste. To disclose or not to disclose：why the United States properly adopted the European model for third-party participation during patent prosecution［J］. Case Western Reserve Journal of Law, Technology & the Internet, 2011（3）：2 – 47.

❸　文家春. 专利审查行为对技术创新的影响机理研究［J］. 科学学研究，2012, 30（6）：849 – 854.

❹　London Economics. Economic study on patent backlogs and a system of mutualrecognition-final report to the intellectual property office（2010）［EB/OL］. http：//www. ipo. gov. uk/p ~ backlog ~ report. pdf, 2011 – 4 – 25.

理工具的结果。

专利审查积压的问题引起了全球的关注，关于缓解审查积压还需要进一步的寻求对策，在国际协作的大环境下，审查积压的局面会在国与国之间得到缓解还是更加严峻，需要进一步的观察和分析。

（二）专利审查国际协作模式

武兰芬等❶分析了几种不同的国际专利审查信息共享实施模式，探讨国际专利审查合作兴起的原因，并提出我国应积极参与到国际审查合作之中，但不宜与发达国家实行专利互认，并针对海峡两岸专利审查合作的可行性做了定量研究。Dongwook Chun❷对三种信息共享模式做了仔细研究，认为检索信息共享对后续申请局审查质量的影响最小。唐春❸对三种国际专利审查信息共享的模式做了简要的分析，对未来国际专利审查信息共享模式的发展提出了一些展望。

专利审查国际协作模式根据成员国的相互博弈而不断变化，这些研究更关注实证层面，而从立法的价值理念层面进行分析的不多。在专利审查国际协作方面，目前的研究往往是就模式论模式，或者是就问题论模式，很少关注现有专利审查国际协作制度的价值理论基础和现实价值的诉求。

---

❶ 武兰芬，余翔，周莹. 海峡两岸专利审查合作的影响及实施模式研究［J］. 科研管理，2010（11）：80 - 90.

❷ Dongwook Chun. Patent law harmonization in the age of globalization：the necessity and strategy for a pragmatic outcome［J］. Journal of the Patent and Trademark Office Society，2011（3）：97 - 115.

❸ 唐春. 专利审查一体化制度初探［J］. 电子知识产权，2010（4）：52 - 57.

（三）国际协作中专利审查质量的相互影响

约翰·A.（John A. Tessensohn）❶ 指出，在专利审查积压状况不同的国家间实现 PPH 审查信息共享，可能会造成一种专利审查积压的逆向输入问题，即专利审查积压会从更为严重的国家流入不严重的国家。只有实现各国专利制度深层次协调一致，才能避免在专利审查信息共享中专利审查质量过度降低。当前在专利制度差异化的背景下，参与信息共享的后续申请局不能盲目采用首次申请递交局的审查成果，而应仅仅"利用"首次申请递交局的审查信息"加速"本局的审查。Dongwook Chun 认为，❷ 目前唯一可行的就是检索信息共享，建议只有可专利性规定以及程序性专利法的协调获得了实质的进展，才可全面开展国际专利审查信息共享。Koki Arail❸ 通过序贯博弈模型和回归分析得出结论：在国际专利审查信息共享背景下，某合作方一旦降低可专利性标准，就会造成一种连锁反应，使得所有合作国竞相降低可专利性标准，所有合作的专利质量都会因为较低的可专利性标准而受到损害，最终在整个国际大环境下创新强度将受到抑制。

在专利审查国际协作制度下，专利审查质量会受到影响。对此影响应如何控制，或者制度该如何建立能更好避免消极影响，扩大积极影响还需进一步研究。

---

❶　John A. Tessensohn. Whither the global Patent Prosecution Highway？[J]. E. I. P. R, 2008（30）：261 –268.

❷　Dongwook Chun. Patent law harmonization in the age of globalization：the necessity and strategy for a pragmatic outcome [J]. Journal of the patent and trademark office society, 2011（3）：97 –115.

❸　Koki Arail. Patent quality and pro-patent policy [J]. Journal of Technology Management &Innovation, 2010（24）：13 –56.

（四）PPH 制度评价

WIPO 总干事弗朗西斯·高锐（Francis Gurry）❶ 在年度报告中强调了 PCT 和 PPH 和睦关系的重要性。他在报告中提到：PPH 是一个由多项双边协议组成的网络，在该网络中，一件在首次申请国已进行首次实质审查和报告的专利申请，在二次申请国将得到加快办理。这种和睦关系继续得到发展，证明就是目前已经签订了 35 项 PPH 安排（截至 2012 年 9 月 17 日），允许将 PCT 国际检索和国际可专利性初步报告用作 PPH 安排双方加快办理的依据。在 PPH 安排中增加 PCT，对 PCT 和 PPH 双方都有利。

艾丽西亚·皮蒂斯（Alicia Pitts）和乔舒亚·金（Joshua Kim）❷ 认为全球化导致专利申请量的快速增长，对此，各个专利局启动了分享信息、削减积压的预备项目，提出 PPH。通过研究该项目的优势和弱点，可看到 PPH 项目正在逐渐衰败。他们指出 PPH 项目并不能极大地削减全球的申请积压，对很多专利申请者而言，该项目并不是首要的选择；没有解决申请人所关注的项目的确定合法性，在一些国家，存在另外的加速审查渠道，进一步削弱了申请人使用该项目的积极性；因为各国专利制度的差异化，目前不太可能以各国都满意的方式形成全球的知识产权网络来授予专利权，各国参与到该项目中还有其重要的作用，同时，在该项目下专利质量的问题值得关注，并提出该项目应得到合适

---

❶ Francis Gurry. Report of the director general to the WIPO assemblies 2012 ［EB/OL］. http：//www. wipo. int/export/sites/www/freepublications/en/general/1050/wipo_ pub_ 1050. pdf.

❷ Alicia Pitts, Joshua Kim, The patent prosecution highway：is life in the "fast lane" worth the cost? ［J］. Hasting Journal of Science & Technology Law Journal，2009（1）：127.

的引导，成为全球专利战略的一部分。

克里斯托夫·A. 波茨（Christopher A. Potts）❶ 指出由于大量不同国家的专利审查员共存于一个 PPH 网络中，后续申请局利用首次申请局的审查结果，如果首次申请局的审查质量低，同时后续申请局不再检索现有技术进行审查，将使这些低质量的技术快速通过 PPH 系统获得授权。对首次申请局审查结果的有效性假设需进一步考虑。权力产生责任，专利审查高速公路对专利局和申请人而言是强有力的工具，PPH 减轻了专利局的压力，为专利局和申请人都节省了费用，但需要进一步降低后续申请局在审查质量方面的风险。

由于 PPH 运行的时间不长，其在 2011 年后才开启了扩张的步伐，之前的研究更多是基于研究者本国的专利审查法律制度，对 PPH 这一国际协作制度的考虑具有孤立性；同时，由于 PPH 制度实行不久，研究也具有一定的预测性质。因此，关于 PPH 的评价应与时俱进，根据其现实运行的情况及时做出分析和判断。

（五）PPH 的参与率

艾丽西亚·皮蒂斯（Alicia Pitts）和乔舒亚·金（Joshua Kim）❷ 研究了为缓解审查积压的 PPH 这一合作模式的优缺点，并指出使用最为普遍且信息共享程度最深的一种信息共享方式

---

❶ Christopher Potts. The patent prosecution highway：A global superhighway to changing validity standards ［J］. SSRN, 2011（15）：21 – 65.

❷ Alicia Pitts, Joshua Kim. The patent prosecution highway：is life in the fast lane worth the cost? ［J］. Hasting Journal of Science & Technology Law Journal, 2009（1）：127 – 131.

PPH 的申请人将不会太多。因为一方面有些申请人出于战略目的而希望延长等待授权时间，另一方面是 PPH 为防止后续申请局审查质量下降而规定了申请人向前后两局递交的专利申请的权利要求必须前后一致。

Daisuke Nagano❶ 通过研究认为，专利申请文件的苛刻要求、授权后权利的稳定性问题可能导致申请人参与率过低。艾丽森·布赖洛姆（Alison Brimelow）❷ 认为，参与率过低的原因还在于，在 PPH 模式下，专利制度差异化可能会导致后续申请局的审查质量受到损害，增加了申请人在专利授权后无效与诉讼的风险。黑尔戈夫特（Helfgott）❸ 和 Kurtycz❹ 研究后均指出，构建 PCT – PPH 可以扩大国际专利审查信息共享的适用范围。

现实中，专利审查协作制度的建立和维持往往是基于多国的需求，需要从多国的意愿和审查制度综合考虑；同时，由于全球科技的进步和市场对先进技术的要求，PPH 将致力于高质量专利的产生，而不会为拖延审查周期的低质量专利提供便利。研究视角的差异会导致不同的结论，那么，PPH 的参与率是提升还是降低？PPH 是在进一步发展还是衰退呢？需要根据 PPH 运行的实际

---

❶ Daisuke Nagano. Expectations for Patent Prosecution Highway by Japanese Users［EB/OL］. http：//www. jpo. go. jp/torikumi_ e/t_ torikumi_ e/pdf/highway_ userseminar/jipa_ happyoe. pdf.

❷ Alison Brimelow. Hitch a hide on the patent highway［J］. Managing Intellectual Property, 2008（2）：21 – 23.

❸ Helfgott, Samson. Patent offices should embrace the PCT, not the PPH［J］. Managing Intellectual Property, 2008（179）：30 – 30.

❹ Kurtycz, Eric R. Commentary：New process allows "fast ~ tracking" of some PCT applications［J］. Michigan Lawyers Weekly, 2011（27）：13 – 16.

情况，通过数据对比分析，揭示 PPH 的发展态势和动因，并据此为我国的专利政策或措施提供有意义的启示。

（六）价值分析在专利领域的运用

克里斯托夫·M. 赫尔曼（Christopher M. Holman）❶ 评论了"Ethics"在专利领域的使用以及在法律实践中，专利法律工作人员和相关专业工作人员的责任。吴汉东❷以近现代思想家形而上学作为哲学分析工具，回答了知识产权制度一般性问题，为我们论证知识财产的无形性特征、知识产权的合理性理由、知识产权法的公益性原则提供了法哲学依据。戴维·赫里西克（David Hricik）和梅塞德斯·梅耶（Mercedes Meyer）❸ 论述了在美国专利商标局对技术审查授权以前，专利参与人的活动规则和理念是很重要的，这超出了法律的要求，是道德的范围。专利审查行为是将符合法律保护要求的技术和不符合法律保护要求的技术区分开来。在此之外，专利代理人有许多不属于审查程序要求的事务，比如许可、合同等。戴维·赫里西克（David Hricik）和梅塞德斯·梅耶（Mercedes Meyer）同时讨论了对此的引导和专利代理人和代理机构对此发挥的作用。乔舒亚·L. 佐恩（Joshua L. Sohn）❹ 认为法院不服从专利商标局的认定可以解释为是更加

❶ Christopher M. Holman. Book review patent ethic：prosecution ［J］. The IP Law Book Review，2010（1）：40 – 45.

❷ 吴汉东. 法哲学家对知识产权法的哲学解读 ［J］. 法商研究，2003（5）：77 – 84.

❸ David Hricik，Mercedes Meyer. Patent ethics：prosecution ［J］. Oxford University Press，2009：392.

❹ Joshua L. Sohn. Can't the PTO get a little respect? ［J］. Berkeley Technology Law Journal，2011（26）：1605 – 1607.

公正的一种判断，这种判断主要是关于审查质量和专利商标局的决策效率。他指出，美国专利商标局缺乏充足的合格专利审查员来进行有效的工作，他们缺乏训练且超负荷工作，极大地影响了专利质量，而专利申请人需要更长的时间才能在专利商标局得到关于自己专利的评价，这将不利于在侵权案件中维护实质的正义。

目前的价值分析在专利审查领域中并没有进行有针对性的研究，而是在讨论其他的问题时进行附带的阐述。价值理念是制度完善和构建的理论基础，需要在充分认识并尊重国际协作的实际情况下，得到全面的阐述和理解。

（七）参与国际协作的专利制度内容及我国的策略

白光清[1]指出，从专利法国际协调的历史看，每次国际协调的成果都对各国专利法的发展起到推动作用，这要求我国应当对未来的发展有合理的预见，如在未来协调中，中文的地位问题、如何利用共同互惠原则使双边或多边协议更有利于中国。同时，我国还应加快专利审查队伍的建设，为未来专利法国际协调做好各方面的准备。朱雪忠、唐春[2]提出了专利制度国际协调的全球专利权的构想，分析我国加入全球专利制度的利弊并提出相关对策。吴汉东[3]指出，在私人层面，知识产权是知识财产私有的权利形态；在国家层面，知识产权是政府公共政策的制度选择；在

---

[1] 白光清. 从专利法国际协调看美国专利制度的发展 [J]. 知识产权，200313（3）：54–59.

[2] 朱雪忠，唐春. 拟议中的全球专利制度研究 [J]. 中国软科学，2005（7）：55–68.

[3] 吴汉东. 知识产权本质的多维度解读 [J]. 中国法学，2006（5）：97–106.

国际层面，知识产权是世界贸易体制的基本规则。吴汉东❶还指出知识产权国际保护制度是一种法律秩序，这种秩序从程序到实体的一体化，从保护体系到贸易体制的一体化，表明知识产权制度的基本特征，也凸显了知识产权与基本人权的冲突，形成国际知识产权利益的新格局。詹映、佘力焓❷探讨了我国知识产权战略实施中完善知识产权立法和知识产权执法实施绩效的评价方法及其指标体系。吴汉东❸研究了知识产权制度的一体化与中国的立法选择，指出基本人权应优先于财产权保护，权利保护应寻求平衡。张平❹从创造性标准对美、日、欧三方专利审查进行比较研究，指出专利制度的目的是鼓励创新，而创造性的审查标准直接评估创新的程度，不应降低创造性标准。吴汉东❺还指出西方发达国家的知识产权法是在个人主义、自由主义、理性主义的私法理念上发展起来的，与我国的法律文化的融合存在差异性，应对此重构或强化，并以此作为知识产权文化创新的重要内容。

目前我国尚无关于专利审查方面的法律价值分析的研究，更不用说关于专利审查国际协作方面的制度价值分析，因此无法为

❶ 吴汉东. 知识产权国际保护制度的变革与发展 [J]. 法学研究，2005（3）：126－140.

❷ 詹映，佘力焓. 国家知识产权战略实施之法治环境完善绩效评价研究 [J]. 科技进步与对策，2011（28）：124－126.

❸ 吴汉东. 后 TRIPs 时代知识产权制度的变革与中国的应对方略 [J]. 法商研究，2005（5）：3－7.

❹ 张平. 论商业方法软件专利保护的创造性标准：美、日、欧三方专利审查之比较 [J]. 知识产权，2003，13（1）：25－28.

❺ 吴汉东. 知识产权法律构造与移植的文化解释 [J]. 中国法学，2007（6）：49－61.

专利审查法律制度的完善和进一步立法提供法学理念指导。在吸收和借鉴外国的立法方面，法律移植需要考虑双方的现实基础和背景。在专利审查制度方面，我国的研究还不够全面，需要考虑到我国参与国际协作的情况，做出完善和调整。

第四节　研究范围和研究方法

一、研究范围

本书研究涉及专利审查国际协作制度的现状及应用、专利审查国际协作制度的价值阐释及探析、专利审查国际协作制度的特征及创新效应、专利审查国际协作制度的完善与构建和我国面向国际协作的专利审查制度建设等。当全球专利申请激增带来审查积压、单个国家不能提供更多的资源来解决当前的困境时，将会有意愿寻求专利审查国际协作来改变原来的资源和人手的不足。在资源稀缺的情形下，专利审查国际协作制度在于利用现有资源最有效地满足决策者的需要。目前实施的 PPH 基于降低交易成本、改善工作效率而设立，协调成员之间的审查程序和审查规则，有利于审查周期的缩短和审查成本的节省，但仍存在制度协调的长期性、制度操作的严苛度和制度模式的不稳定性等亟待解决的问题。根据对成本收益、公平效率、法律文化和身份认同等方面的探讨，从客观性、公平性、合作性和执行性等方面着眼，进一步完善协作机制，理性均衡各成员国利益，以期达到专利审查的现实对法律的需求处于供给平衡的状态，进一步完善协作机制、理性均衡各成员国利益，从而保持协作模式的长期可持续发展。

二、研究方法

综合运用法学、经济学和管理学的研究方法。本书多层面、多视角对专利审查国际协作制度进行研究，在基础理论研究中运用法学的价值分析方法；在制度评判和制度创新机理研究中综合运用法经济学方法；比较法分析方法、历史分析方法、法社会学分析方法、自然法学分析方法、分析实证法学分析方法等都在本书中得到了一定程度的运用。

1. 法学价值分析方法

法学价值分析方法主要用于构建专利审查国际协作制度的理论基础。目前鲜有从理念层面对专利审查制度进行价值分析的研究，更不必说专利审查国际协作制度的价值探析。本书综合运用法哲学、社会学、经济学等领域的有关理论，对专利审查国际协作制度进行基础理论研究。

2. 实证分析方法

实证分析方法贯穿全书。通过对现行数据的分析和论证，揭示当前专利审查国际协作制度的运行态势，并对未来的发展趋势进行预测。同时，实证分析也是进行法学理论研究的事实基础和依据。

3. 法社会学分析方法

专利审查国际协作制度所包含的专利审查周期和授权率等内容对科技发展和社会进步产生影响，并在一定程度上激励创新和维护社会的秩序。本书在进行专利审查国际协作制度的价值探讨时，结合法社会学的分析方法，探寻价值的选择。

4. 法经济学分析方法

专利审查国际协作制度并非简单的技术体系，而是对技术创新和社会发展有着全面影响的制度系统，因此，需要对其影响进行利弊分析，并将制度的优势效用最大化。本书运用法经济学分析方法，在进行价值衡量时，从制度的成本——收益角度找寻制度的平衡点，以求价值定位的合理性。

5. 比较法分析方法

专利审查国际协作制度是各国专利局的审查合作体系，成员国都面临国与国之间审查制度差异性的问题。比较法分析方法对主要国家的专利审查制度进行分析，以求找到合适的制度协调路径。

第五节　本书的理论框架和主要创新点

一、理论框架及主要内容

在对专利审查国际协作制度的现实情况进行分析的基础上，本书主要进行以下问题的研究。

（1）制度的现实论。从专利审查国际协作制度的现状切入，分析专利审查国际协作制度的起源、背景以及国际社会长期以来的协同努力。分析专利审查国际协作制度的法律性、技术性和经济性特征，并指出三大特征之间的有机统一联系。研究专利审查国际协作制度的理论基础，运用比较法分析主要国家的专利审查法律制度的差异性，为国际协作寻求协调的途径。其中重点研究当前运用最为广泛的 PPH，分析 PPH 的优势和目前存在的问题，探究解决困境的方式和方法。

（2）制度的价值论。制度的建立和完善需要以一定的价值理念为基础。本书以专利审查国际协作制度的价值性为起点，对其正义、秩序和利益价值进行分析，研究价值理念在专利审查国际协作制度中的表现与作用。由于不同国家发展状态的不同，价值诉求也千差万别，不同利益主体之间存在价值困境。本书针对价值困境展开研究，从制度理性的角度对专利审查国际协作制度进行价值选择，探寻诉求冲突的价值调适方式。最后，本书运用法经济学的方法对价值进行衡量，研究使价值效用最大化的途径，并为专利审查国际协作制度的价值定位提供建议。

（3）制度的机理论。本书从专利审查国际协作制度的机理分析入手，对专利审查国际协作制度的特征和创新效应进行研究。针对 PPH 运行的状况探寻其发展趋势，同时，从 PPH 演变的视角，通过 STS 分析专利审查国际协作模式和构建平台的多元性、审查体系成员的广泛性、审查制度和审查体系的虚拟重构、体系的"共时性"和制度的"历时性"等。同时，通过对 PPH 创新效果的分析，研究 PPH 对于创新的激励作用，并据此探究我国技术创新的途径。

（4）制度的建构论。本书从专利审查国际协作制度的发展历程开始研究专利审查国际协作制度的全球化构建。虽然该制度在发展进程中面临专利权的地域性、审查制度差异化、语言以及各国文化多样性等问题，但各国基于合作的共同诉求，努力建立积极的对话和协调机制，为专利审查国际协作的全球化构建开辟了广阔的前景。本书通过对现有模式的反思，提出专利审查国际协作制度的理论构建模型，分析构建的模式、内容、制度实现的可能性和长期性等问题，并在此基础上提出进一步完善的具体方案。最后，为专利审查国际协作制度的整体性发展策略提供建议，指出我国应重视专利审查全球化发展趋势，预设发展态势和对策，完善专利审查法律制度，为专利制度的国际秩序奠定良好基础（见图1.2）。

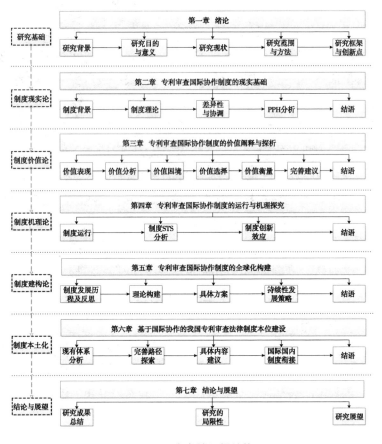

图 1.2　本书的逻辑结构

（5）制度的本土化。本书对我国现有的专利审查法律法规体系进行系统的归纳和总结，范围涉及《专利法》《专利法实施细则》《专利审查指南》、PCT 及 PPH 相关条约等。分析我国专利审查法律制度的主要内容和特点，具体涉及立法目的、管理体制和法律责任等；分析我国的 PPH 相关数据，并基于上述分析和专利审查国际协作制度的价值选择、创新效应以及制度构建等内容，提出健全和完善我国专利审查法律制度的建议。

上述五个方面的内容将分为五章进行研究。这五章在逻辑上相互关联：制度现实论是本书研究的起点，从现状入手，分析制度产生的背景、各国专利审查制度的差异性及协调，通过实证研究着重探析 PPH 的成效和运行情况，同时指出其存在的问题，并据此提出我国对于目前专利审查国际制度的状态应有的策略和作为。在制度现实论的基础上，从制度价值的角度对其进行理论研究。通过价值分析为制度的全球化构建和本土化明确价值的定位，同时也为制度机理的效果判断提供衡量标准。在价值论的引导下，通过对制度的运作机理的剖析，明确制度的创新效应，这将进一步对制度的全球化构建和本土化产生激励效果。根据现实论、价值论和机理论的研究结果，提出制度全球化的构想，并研究制度本土化的方式。全球化使得世界范围内的法律制度比以往更紧密地联系在一起，而本土化本身即是全球化中不可或缺的一部分，两者相互激励，相辅相成。另外，研究背景、研究目的和意义、国内外研究现状和评析、研究方法、研究框架和内容、研究的创新点在第一章绪论中进行探讨，最后一章，即第七章，将对全文的研究成果进行总结，并后续研究进行展望。

二、主要创新点

本研究的核心观点是：专利审查国际协作制度由专利审查相

关主体基于价值效用最大化的需要，在审查实践中通过一国审查和多国审查合作的利害权衡而建立的一种审查优化机制，通过集体的分工合作来调整个体的审查行为，并可以在创新机理的基础上形成全球化的审查组织，促进我国专利审查法律理念从调整国内秩序向维护国家利益均衡和整体国际秩序的转变，主动参与国际协作制度的构建。据此，本书的主要创新点详述如下。

（1）通过对专利审查国际协作制度进行系统研究，界定专利审查国际协作制度的概念，揭示其运行优势、现存问题并提出完善策略，指出专利审查国际协作制度是由专利审查相关主体基于价值效用最大化的需要，在审查实践中通过一国审查和多国审查合作的利害权衡而建立的一种审查优化机制，通过集体的分工合作来调整个体的审查行为。本书以 PPH 为具体研究模式，从制度实际运行的角度，通过实证分析得出专利审查国际协作制度由于实现了信息共享，减少审查过程中的发文次数，缩短审查时间，提高授权率，降低了申请人的专利申请相关费用，有效减少了申请人获取专利权的成本，提高了专利审查机构的工作效率，有效缓解了审查积压。

（2）通过对专利审查国际协作制度的价值进行法学分析并采用经济分析法学进行衡量，揭示制度的价值内涵，明确制度的价值定位，明确实现最大多数国家的最大效用是专利审查国际协作制度的目标，同时，也应该保障在协作中境况最差的国家的科技进步与发展，满足每一个协议成员国最基本的科技发展权是审查协作制度设计的底线。在专利审查国际协作制度中，各国都应尽其所能并各得其所；通过该制度，各国所付出的资源和努力与制度所回馈的机遇和发展相匹配，制度的内核应是符合正义的。同时，通过均衡分析表明，各国的专利审查机构应提高工作效率，加速审查，在审查制度方面提供充足的供给，甚至能提供更完备的制度和更先进的管理来降低审查成本，使供给曲线移动的幅度大于需求曲线移动的幅度，将有效提升专利申请人的效用，激励创新。

（3）专利审查国际协作制度具有创新效应，并可以在效用价值定位和创新机理的基础上形成全球化的审查组织；面临专利审查的全球化，我国专利审查法律理念从调整国内秩序向维护国家利益均衡和整体国际秩序的转变，主动参与国际协作制度的构建。当前的专利审查还处于国际化的阶段，尚未实现全球化。本书研究专利审查国际协作的运行机理，揭示制度的创新效应并在此基础上构建专利审查国际制度全球化的理论框架。专利审查的权利要求数、专利审查意见的发文次数、专利审查周期、专利审查费用、专利申请费用和授权率之间有相互影响的逻辑联系，共同实现对创新的激励。同时，审查协作制度可以循序渐进地发展，从各国间相互利用专利审查结果到相互承认专利审查结果，最后构建专利审查的全球化体系。同时，本书探讨并提出建立基于专利审查国际协作的专利策略和法律制度。随着中国整体国力的提升，我国已经成为国际事务中举足轻重的参与者，我国当前的民商事法律集中于本国范围内专利的审查和保护，应进一步考虑到国际合作的趋势，考虑到在国际合作环境下的专利审查制度执行与作用。从法律的层面考虑专利审查的国际协作，为我国的科技创新提供更高更大的平台，为我国的科技的全球战略布局提供先机。

第二章

专利审查国际协作制度的现实基础

然而，人类既不能产生新的力量，而只能是结合并运用已有的力量；所以人类便没有别的办法可以自存，除非是集合起来形成一种力量的综合才能克服这种阻力，由一个唯一的动力把他们发动起来，并使他们共同协作。●

——卢梭

科学知识的目的在于去掉一切个人的因素，说出人类集体智慧的发现。❷

——罗素

第一节 专利审查国际协作制度之缘起

一、全球专利申请的现状及面临的问题

近年来，随着技术的迅猛发展和经济全球化的促进，越来越多的发明创造着力寻求全球范围内的专利保护。从专利的立法本意上来说，专利法律制度是为"天才之火添加利益之油"。现代专利法律制度对发明创造等智力劳动成果的有力保护促进了技术创新，而这也符合基于私权领域的私有财产保护理念和基于公权领域的社会发展理念。在 WTO 的法律框架下，国际技术贸易在

● ［法］卢梭. 社会契约论［M］. 何兆武，译. 北京：商务印书馆，2003：18 - 19.

❷ ［英］罗素. 人类的知识［M］. 张金言，译. 北京：商务印书馆，1983：10.

全球贸易市场中占据的份额日益增大。获得专利权的发明创造是进行国际技术贸易的基础和有力保障，而这也是不少申请人愿意在全球范围内申请专利、寻求保护的主要动因，从而导致全球专利申请量持续增长。

通过 PCT 途径的全球专利申请的数量总体上呈现大幅上升的态势。❶ 如图 2.1 所示，1991～1995 年，PCT 专利申请缓慢地增长；1995～2008 年，PCT 专利申请快速增长；受 2008 年全球金融危机的影响，2008～2009 年，PCT 专利申请出现了小幅的下滑；2010 年，PCT 专利申请出现强劲反弹，申请量增长 5.7%，专利申请量的恢复快于全球整体的经济复苏（2010 年全球国内生产总值的增长为 5.1%），增长的申请量中，中国和美国所占的份额最大。自 2010 年以后，PCT 专利申请呈现持续上升趋势。从总数量上看，全球 PCT 专利申请自 1991 年以来保持了持续上升的

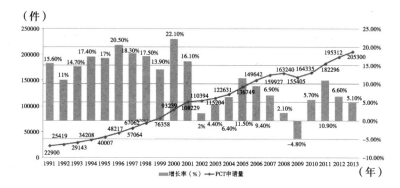

图 2.1　PCT 申请趋势

资料来源：WIPO：Statistics on the PCT System。

---

❶　WIPO：Statistics on the PCT System［EB/OL］. http：//www. wipo. int/ipstats/en/statistics/pct/，2014 – 04 – 04.

态势。由于专利申请的基数越来越大，增长率在某些年份会出现下滑，除受到经济危机影响的 2009 年以外，自 1991～2012 年的全球 PCT 专利申请均保持增长。

2013 年，全球的专利申请呈现出强劲的增长势头。❶ WIPO 统计的全球 PCT 专利申请总量为 205 300 件，相比 2012 年增长 5.1%。❷ 其中，美国占 PCT 申请增长量的 56%，中国占 29%。❸ 在 PCT 申请排名前十的国家中，中国（15.6%）、美国（10.8%）和瑞典（10.4%）的增长速度分列前三。❹ 美国出现

---

❶ Patent filings under the Patent Cooperation Treaty in 2013［EB/OL］. http：//www. wipo. int/export/sites/www/ipstats/en/docs/infographics ＿ patents ＿ 2013. pdf，2014－03－20.

❷ US and China Drive International Patent Filing Growth in Record-Setting Year，The PCT system allows users to seek patent protection simultaneously in multiple jurisdictions by filing a single international patent application；PCT application data are estimates as WIPO continues to receive in 2014 PCT applications that were filed with national offices in 2013；http：//www. wipo. int/pressroom/en/articles/2014/article＿ 0002. html#2&quot；&quot，2014－03－21.

❸ "The United States of America（US）saw double digit growth in PCT filings and together with China accounted for 56% and 29% of the total PCT growth，respectively. " *US and China Drive International Patent Filing Growth in Record-Setting Year*，The PCT system allows users to seek patent protection simultaneously in multiple jurisdictions by filing a single international patent application；PCT application data are estimates as WIPO continues to receive in 2014 PCT applications that were filed with national offices in 2013；http：//www. wipo. int/pressroom/en/articles/2014/article＿ 0002. html#2&quot；&quot，2014－03－21.

❹ Patent filings under the Patent Cooperation Treaty in 2013［EB/OL］. http：//www. wipo. int/export/sites/www/ipstats/en/docs/infographics ＿ patents ＿ 2013. pdf，2014－03－20.

了自 2001 年以来最快的增长率，而中国保持了与 2012 年相似的增长速度。

大量的专利申请使各国专利审查机构面临巨大的工作挑战。WIPO 在《2011 年世界知识产权指标报告》指出，在 2010 年，全球审查积压量约为 517 万件。❶ 申请的积压延缓了决定专利的授权与否，影响到发明创造的转化运用，对技术创新起了阻碍作用。❷ 目前，创新是世界大多数国家的发展战略之一，申请量的积压对技术创新的延缓和耽搁让各国感到问题的紧迫性，这也是各国需求专利审查国际协作的主要动因。因此，如果全球经济持续发展使得全球专利申请量的激增不可避免，则各国专利局应全面考虑当前的审查机制。审查积压增加专利系统的不确定性风险、降低专利审查的品质，❸ 为当前的审查机制敲响了警钟。各国专利审查机构居高不下的积压量表明现行的审查制度面临极度严重的问题，而这些问题需要各国的通力合作来解决。

二、建立专利审查国际协作的必要性

专利权并非起源于任何一种民事权利，也并非起源于任何一种财产权，而起源于"特权"。这种"特权"由代表国家权力的机关或个人来授予。❹ 一些大陆法系国家在财产法或担保法中把

---

❶ WIPO. World intellectual property indicators 2011 [C]. Switzerland：WIPO economics & statistics series，2011：90 – 91.

❷ 文家春. 专利审查行为对技术创新的影响机理研究 [J]. 科学学研究，2012，30（6）：849 – 854.

❸ 曾志超. 全球专利积案问题与对策研究 [C]. 易继明主编. 私法. 第 11 辑. 武汉：华中科技大学出版社，2014（2）：8 – 13.

❹ 郑成思. 知识产权论（第三版）[M]. 北京：法律出版社，2007.2.

专利权称为"以权利为标的的物权"，有些英美法系国家则把它称为"诉讼中的准物权"或者是"无形准动产"，❶ 不论其对专利权如何归类，这些概念都体现了专利权自身的特点。

在《建立世界知识产权组织公约》❷ 和 WTO 签订的协议《与贸易有关的知识产权协议》（TRIPs 协议）中，专利权都处于知识产权包含的范围。专利权最明显的特点是"无形"，其客体表现为一定的信息，❸ 这一特点将其与有形财产区分开来，各国根据自身科学技术和经济社会发展的需要，由申请人提出专利申请，国家设立专利审查机构予以审查，对符合条件的发明创造授予专利权。在专利法的调整下，专利权还具有时间性、地域性和专有性的特点，即专利权人在一定时间和一定地域范围内对专利权具备专有性。专利法对其专有性的保护也是维护其价值的一种途径。

全球经济和科技的迅速发展，技术在各个国家之间的转换和交易，专利权亟须打破一国国界的限制，在他国获得有效的权利保护，以便促进技术转移和经济贸易。知识产权国际保护制度兴起于 19 世纪 80 年代，现已成为国际经济、文化、科技、贸易领域中的一种法律秩序。❹ 如果能够设立一种制度来打破专利授权的地域性，也能有效保护各国的权益，将极大地改进目前专利全

---

❶　郑成思．知识产权论（第三版）［M］．北京：法律出版社，2007：46.

❷　世界知识产权组织（WIPO）根据该公约成立。

❸　《中国民法典知识产权篇》第五条。参见郑成思．知识产权论（第三版）［M］．北京：法律出版社，2007：58.

❹　吴汉东．知识产权国际保护制度的变革与发展［J］．法学研究，2005（3）：126－140.

球申请和专利审查积压的现状。然而，法律保护的地域性是各国主权行使的象征，在全球范围内来协调主权行使的方式是一项长期而艰巨的工作，WIPO 在这一方面进行了多次尝试，暂时还没有取得实质性的进展。在当前的情形下，从专利审查这种偏向程序性的制度来构建各国之间的合作更具有现实可操作性。目前各国专利审查的工作有相当一部分是重复审查，如果国与国之间彼此能认可对方的审查结果，将减轻后续申请国专利审查的工作量，从而有效缓解在全球专利申请激增的情形中专利审查的积压量。专利审查国际协作还能更容易地带来某些实质性的经济利益，有效推进全球的贸易合作，这进一步促使科学技术和经济贸易相对发达的国家积极投身于专利审查国际协作之中。

三、国际社会和各国所作出的努力

世界各国专利局多年来一直在协同努力建立各种国际专利审查信息共享模式。如 EPO、JPO 和 USPTO 成立的三方局合作模式。专利审查国际协作模式还有基于检索与审查信息即时共享的新路线（New Route）与专利申请快速审查策略项目（SHARE）。由 USPTO 和 JPO 开始的专利审查高速路模式❶（Patent Prosecution Highway，PPH）现已扩展到世界许多国家，PPH 与 PCT 完全兼容，形成专利审查高速路——专利合作条约衔接模式（Patent Co-

---

❶ The PPH allows patent applicants who have received a favourable decision by a first Office to request an accelerated examination of a corresponding patent application filed at another Office［EB/OL］. http：//www. ipo. gov. uk/p-pph-pilot. htm，2013 – 06 – 20.

operation Treaty—Patent Prosecution Highway，PCT – PPH）。❶ 同时，还有在先审查局利用在后审查局审查结果的 PPH MOTTAINAI 项目。目前，信息共享程度较深且使用较为普遍的是 PPH 和 PCT – PPH。国际社会在专利审查方面一直在努力探索各种合适的国际协作模式，具体内容将在本书得到进一步阐述（参见附录二图 I）。

第二节　专利审查国际协作制度之理论基础

对专利审查国际协作进行制度研究，首先必须要有能够支撑研究充分展开的制度理论。这个制度理论能够贯穿全文，包含研究所需要的基本概念和原理，是后续进行制度价值分析和机理分析的基础。

一、专利审查国际协作的制度关联

专利审查国际协作究竟有没有形成一种制度？或者，这究竟是怎样一种制度？首先需要对制度的概念进行分析。"一个概念是一种可以容纳各种情况的权威性范畴，因而，当人们把这些情况放进适当的框子里时，一系列的规则、原则和标准就都可以适

---

❶　Francis Gurry，Report of the Director General to the WIPO Assemblies 2012 ［EB/OL］. http：//www. wipo. int/export/sites/www/freepublications/en/ general/1050/wipo_ pub_ 1050. pdf，2012 – 12 – 30.

用了。"❶ 制度范畴是本书研究的一个内容，并且是进行理论和实践分析的基础。对研究对象进行界定是研究工作的前提，因此，对制度的范畴进行梳理，分析制度的含义和作用，进而厘清专利审查国际协作制度的内涵和外延。

在法学的角度，罗尔斯"把制度理解为一种公开的规范体系"。❷ 美国的制度主义学派在经济学中对制度进行了更全面的研究，例如，西方制度经济学的代表人物诺斯对制度有多方面的阐述，"制度是一系列被制定出来的规则、守法秩序和行为道德、伦理规范，它旨在约束主体福利或效用最大化利益的个人行为"。❸ "制度是一个社会的游戏规则，更规范地说，他们是决定人们的相互关系而人为设定的一些契约。"❹ 也有经济学家从规则的角度来解释制度，"从最一般的意义上讲，制度可以被理解为社会中个人遵循的一套行为规则"。❺ 康芒斯认为制度的界定本身就是一个难题，"如果我们要找出一种普遍的原则，适用于一切所谓属于制度的行为，我们可以把制度解释为：集体行动控制个体行动"。❻

---

❶ ［美］罗斯科·庞德. 通过法律的社会控制［M］. 沈宗灵，译，楼邦彦校. 北京：商务印书馆，1984：23.

❷ ［美］罗尔斯. 正义论［M］. 何怀宏，何包钢，廖申白，译. 北京：中国社会科学出版社，1988：50.

❸ ［美］道格拉斯·C. 诺斯. 经济史中的结构与变迁［M］. 上海：上海三联书店，1991. 226.

❹ ［美］道格拉斯·C. 诺斯. 制度、制度变迁与经济绩效［M］. 上海：上海三联书店，1994：3.

❺ ［美］R. 科斯，A. 阿尔钦，D. 诺斯等. 财产权利与制度变迁［M］. 刘守英，等，译. 上海：上海三联书店，上海人民出版社，1994：375.

❻ ［美］康芒斯. 制度经济学［M］. 北京：商务印书馆，1997：87.

综上所述，制度（Institution）是以规则或运作模式来规范对象行动的一组规范的集合，规则是规范的构成要素。这种规则包含价值的取向，制度的运行彰显社会的秩序，目的是约束人的行为，体现了规范主体的博弈性，具有利益最大化的需要，表达了最优行为模式构建的诉求，是一种常态化的协同运行机制。

法律包含一部分制度，制度中的一部分是法律，两者之间有明显的重叠部分。因为"有各种次要制度，大部分被公认为是法律制度的一部分，它们的共同点在于都是制度，以规范或规则运行，与国家相连，或有一个至少和国家行为相类似的权力机构"。❶ "对我们来说，法律，至少法律制度，也是社会科学主题，不是社会独立的社会科学，确实算不上是科学。"❷因此，法律制度没有一个真实的科学定义。❸ 可以理解的是，法律制度研究法律与社会的关系，这种制度被广泛接受并且有强制力保证实施。

"原则上，存在两种类型的制度，这两种类型的正式制度是：（1）法律意义上的制度（如德国宪法或者德国民法典），以及（2）权利意义上的制度（如产生于自愿达成的劳动合约基础之上

---

❶❷　［美］劳伦斯·M. 弗里德曼 . 法律制度——从社会科学角度观察 ［M］. 北京：中国政法大学出版社，2004：13.

❸　如果我们相信法律是一门单独的科学，没有精确的定义可能是个严重的缺点。而如果认为"科学"意味着法律原则可以通过实验来证实，通过归纳而发现，或像几何学或生物学那样，互相推断出来，则"法律"不算科学。另外，大陆法系的法学家主张"法律科学"的概念，他们认为物理学家从研究物理材料中能发现自然规律，法学家也能从研究法律材料中发现某些原理和关系。参见 ［美］劳伦斯·M. 弗里德曼 . 法律制度——从社会科学角度观察 ［M］. 北京：中国政法大学出版社，2004：12－13.

的具体诉求)。"❶ 专利审查国际协作是国家或地区的专利局倡导并设立的合作模式，具有自身的规范体系，用以规范专利审查机构和人员的行为。合作中包含价值的判断，审查过程中蕴含既定的秩序规则。专利审查国际协作模式的构建体现了协作成员之间的博弈性，成员参与协作都有利益最大化的诉求。在几十年的运行中，专利审查国际协作已成为一种制度，具有相对稳定的协同运作机制，并处于持续的发展之中。当前，专利审查国际协作制度中的一部分是法律制度，这主要是由各国国内法确立并由国家强制力保证实施的部分，比如专利授权。从广泛的理解上来看，专利审查国际协作制度是各国自愿达成的协议基础之上的诉求集合，更大程度上是权利意义上的制度。

二、专利审查国际协作制度的内涵

为专利审查国际协作制度确立一个概念，其实颇为困难，因为"制度"这个名词的意义不确定。❷ 专利申请、专利审查和专利授权其实都是专利审查国际协作的部分，在考虑到国家法律主权的问题上，专利授权的协作只是在小部分的范围内得到实施。除了上述的三个部分以外，专利局的建制、工作语言的选择等也是协作内容的一部分。根据康芒斯在制度经济学中对于"制度"的界定，本书将专利审查国际协作制度解释为：在专利审查及其相关领域，由专利审查相关主体基于效用最大化的需要，在审查

---

❶ ［美］埃里克·弗鲁博顿，［德］鲁道夫·芮切特. 新制度经济学［M］. 姜建强，罗长远译. 上海：上海三联书店，上海人民出版社，2006：19.

❷ ［美］康芒斯. 制度经济学［M］. 北京：商务印书馆，1997：86.

实践中通过一国审查和多国合作审查的利害比较而建立的一种审查优化机制，并在此基础上形成组织，通过集体的分工合作来调整个体的审查行为。

　　制度是人们为了一定目的，有主观意识的建制。建制的确立蕴含着价值的选择与定位，影响和规范着制度中主体的行为。专利审查国际协作成为一种制度，则不同国家的专利审查制度的规则都会不同，主要是基于不同社会对于专利审查制度价值观的不同而产生的结果。如果一个国家持有专利审查制度应该更注重效率的价值观，则这个国家对于加速审查制度的建设将投入更大；如果一个国家认为专利审查制度应该重视权利人的权益，则这个国家更注重制度在保障实质公平上的投入，比如规定"先发明制"，保障实质发明人的权益。

　　在专利审查国际协作制度中，各主权国家都是平等的，是否加入专利审查国际协作是各国自由意志决定的。一般来说，协议内容所规定的权利和义务对协议成员国的约束是一致的。罗尔斯认为制度是一种公开的规范体系，每个介入其中的人都知道当这些规范和他对规范规定的活动的参与是一个契约的结果时他所能知道的东西。❶也就是说，制度的参与者明白制度的内容，并理解自己在制度中享有的权利和承担的义务，同时，也明白其他的制度参与者在其中的权利和义务，并且也能确认其余的参与者都理解了制度的规定，所有人都将按照规定行事。

---

❶　［美］罗尔斯．正义论［M］．何怀宏，何包钢，廖申白，译．北京：中国社会科学出版社，1988：51．

三、专利审查国际协作制度的规则

"人类行动以规则为基础组织起来，这些规则组合、创建并维持了社会系统。"❶ 从这个意义上理解，制度的实现需要通过规则。对制度进行判断和评价，首先需要分析规则是否完善和健全。

专利审查国际协作制度规则的结构主要有三个层次，其一是国与国之间的双边条约或多边条约，其二是成员国或地区的专利审查法律法规，其三是知识产权国际组织的章程和规定。

具体来说，专利审查国际协作制度是伴随合作条约而产生的一种规则现象。在国际条约方面，由于并不存在一个高于主权国家的组织存在，因此，条约的实施并不具备传统上法律的强制力，这一部分规则主要依靠国际秩序来维持。其实，国际秩序也是保障主权的必要条件，缺少国际秩序，主权最终也将受到破坏，只有在国家利益和国际利益协调共同发展的基础上，条约的规则实施才能有序进行。正基于此，在下面的价值分析和全球化的制度构建中，需要多方面考虑各成员国权益的平衡和调整。在国内法方面，当一国成为专利审查国际协作制度的成员，其本国法就将成为协作制度中不可回避的一个环节，各国的法律制度和文化不尽相同，各国专利审查法律制度的差异性及协调将在下面进一步展开阐释。在知识产权国际组织的章程方面，各项规则和规定都由各成员国协议达成，在实行方面类似于国际条约，主要依靠国际秩序得以执行和贯彻。

---

❶ ［美］詹姆斯·马奇等．规则的动态演变［M］．童根兴译．上海：世纪出版集团，上海人民出版社，2005：7.

第三节　专利审查国际协作制度之特性

一、制度的法律性

专利审查国际协作制度是各国通过条约或协议而达成，如前文所述，该制度与法律有交叉重叠的部分，其中由国内法控制的一部分具有民事法律体系中专利法的特征；由国际条约控制的一部分具有国际法的性质。

国际社会是一个由主权国家和地区构成的平权型社会，也可以理解为一个横向的社会模式；国内社会是一个具有统治权力的纵向型社会。专利审查国际协作制度中的法律在这两种社会结构中是不同的表现形式。国内社会有统一的立法机关和司法机关，解释和适用法律。国家是法律的制定者，也是执行者，在专利审查国际协作制度方面，考虑更多的是国内法与国际条约或协议的衔接适用。国际社会是平权结构，所形成的专利审查国际协作制度主要依据国家的同意而形成，不存在具有垂直结构及强制力的立法体制，各种审查协作制度模式相互独立，可以并存，法律制度的实现具有一定的不确定性。

二、制度的经济性

通过专利审查国际协作，由于检索信息和审查结果的共享，平均的审查周期大幅缩短，审查速度加快，专利申请授权的可预期性提高，审查效率提高，减少了重复审查的工作量，各国的审查和检索资源彼此之间得到高效和充分的利用。

同时，在专利审查国际协作的模式中，专利申请的授权率提高，❶ 高授权率增加了申请人对于专利申请费用的可预期性，相比一般的巴黎公约途径和 PCT 途径，其具有较高的一次授权率。这也将进一步节省专利申请人答复审查意见通知书及后续为获得授权而支付的各项费用。由于有首次申请局的审查结果可供参考，权利要求的严格对应在一定程度上减轻了后续申请局在审查中对可专利性进行判断的工作量，从而减少发放审查意见通知书的次数，为专利申请人节省了在专利申请过程中多次答复审查意见通知书的费用，同时规避了答复延期、请求恢复权利等风险。❷ 在专利审查国际协作的模式下，继续审查请求和申诉率减少，❸ 节省官费，减少律师服务费的支出。

专利审查国际协作制度可以实现资源共享，加速审查，时间成本和经济成本大幅节省，提高专利申请人在全球申请专利的效用。

三、制度的技术性

专利审查是一项技术性的工作，通过对专利申请的新颖性、

---

❶ JPO：PPH Portal Statistics ［EB/OL］. http：//www. jpo. go. jp/ppph-portal/statistics. htm#pph_ gr, 2014 - 04 - 08.

❷ 2011 年 ALPLA（American Intellectual Property Law Association）经济调查报告［R］；Hung H. Bui：Patent Prosecution Highway（PPH）-Recent PPH Statistics from USPTO & PPH Cost Savings Data［R］. September 7, 2011, Washington D. C.

❸ Paolo Trevisan. The Patent Prosecution Highway（PPH）Program, Office of Policy and International Affairs, United States Patent and Trademark Office［R］.

创造性和实用性的审核来判断是否可以授予专利权。就技术工作的本身而言，无关或对或错的价值判断。正如雅斯贝尔斯所言："技术是一种手段，它本身并无善恶。一切取决于人从中造出什么，它为什么目的而服务于人，人将其置于什么条件之下。"❶ 国家设置专利制度的初衷是从保护技术的角度，鼓励发明创造，推动发明创造的运用，激励创新，促进科学技术进步和经济发展。专利审查工作是针对技术是否符合法律规定的授权要求开展的审核工作，其所依据的专利审查指南正是对技术进行限定性描述的法律性文件。通过技术审查的发明创造，在授予专利权后，具有一定时效的排他性。这种有限的垄断性为专利权人开拓市场，赢得经济收益提供了条件。

专利审查国际协作制度在专利审查这项技术性的工作的基础上建立，专利技术的授权认定是制度中极为重要的一个方面。权利要求"被认定为可授权/具有可专利性"是各合作国协商的重点。在加速审查的过程中，要求专利申请在后续审查局至少有一个对应申请，其具有一项或多项被后续审查局认定为可授权/具有可专利性的权利要求，审查才得以在前后两局之间交接顺利，缩短审查时间，提高授权效率。检索工作确定了专利申请的对比文件，该对比文件是判断申请授权发明创造的新颖性、创造性和实用性的关键，区分技术领域开展检索工作是专利审查国际协作制度的重要环节。如果前后两局的检索对于技术领域的区分存在差异，则导致对比文件的差异性极大，很可能出现可以授权的发明创造最终无法取得专利权，而缺失新颖性、创造性和实用性的

---

❶　［德］卡尔·雅斯贝尔斯. 历史的起源和目标［M］. 魏楚雄，俞新天，译. 北京：华夏出版社，1989：142.

专利申请由于对比文件的选择偏差而获得授权。

四、法律性、经济性与技术性的有机统一

对于行为价值的偏颇，立法将权衡各方行为人的权利来做出评价，并尽量使参与各方的权利得到不偏不倚的保护以实现正义。在经济学的思考中，实现稀缺资源的有效配置是追求的目标。因此，就专利审查国际协作而言，法学维护的是参与国之间的正义和公平，而经济学考虑的是如何将有限的审查资源最大化地利用。其实，可以将经济学的理论和方法全面运用于法律制度分析，毕竟"每种法学理论都只是对一个真理的局部表达，需要其他理论做补充"。❶

经济学分析法学有三种权衡方式：经济学观点分析法律规则的形成；经济学分析法律的收益和分配效应；利用成本—收益理论来分析法律程序的抽象模式。❷ 法律是广泛、复杂和理论化的体系，对法律进行实证分析可以更深刻地研究法律效果，从而对法律应当是什么提出法律实际是什么的看法，在立法之时有更准确的预见。专利审查国际协作制度的构建从美日欧的"Trilateral Cooperation"到美日欧中韩的 IP5，未来将如何发展，什么样的制度能将更多的国家联系在一起，单纯从理论到理论不足以说服有意愿协商的各国。数字化的发展可以使法学家收集到研究这一问

---

❶ 同时指出"各种法学流派都包含着有益的成分，但哪一个学派都不可能，也不试图解决一切法律问题"。参见张文显. 西方法哲学［M］. 北京：法律出版社，2011：5.

❷ Hirsch W Z. Law and economics［M］. Boston：Academic Press. 1988：1－56.

题的更多数据，改善研究的方式和工具。法律的经济分析，抑或法学的实证研究能够更快速、更实在地反映法所维系的社会关系。在全球化和大数据时代的背景下，研究范式的"转变是可能的"。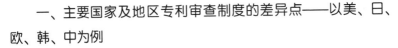

专利审查制度基于激励技术创新制度的目的，需要充分体现技术、经济和法律三方面的因素。技术因素构成专利审查工作的内容，经济因素是专利审查工作的目标，而法律因素规定了专利审查工作的技术内容，维护专利审查工作经济目标的实现。法律因素、技术因素和经济因素共同促进专利审查国际协作制度的发展演进。

第四节　基于法律差异性的专利审查制度之协作

一、主要国家及地区专利审查制度的差异点——以美、日、欧、韩、中为例

（一）可授予专利权的类型和保护期限

根据美国专利法，专利应授予给新的发明创造（whoever invents or discovers any new and useful... composition of matter），❷ 但是自然法则、自然现象和抽象的概念不在专利保护的范围内

---

❶　［德］赫尔穆特·施密特（Helmut Schmidt）. 全球化与道德重建［M］. 柴方国，译. 北京：社会科学文献出版社，2001：100.

❷　35 U. S. C. A. §101.

（"laws of nature, natural phenomena, and abstract ideas" " are bas-
ic tools of scientific and technological work" that lie beyond the domain
of patent protection）。❶ 2014 年，美国专利商标局颁布了依据《美
国法典》（*United States Code*）第 35 篇（title 35）第 101 条（Sec-
tion 101）对可专利性判断的审查指南。审查指南明确了所有的专
利申请的权利要求，当涉及自然规则、自然现象和自然产品时，
必须适用该指南。❷ 该审查指南并没有改变对于抽象概念的审查，
它进一步分析了使用既有审查指南主体的合理性。因为，目前审
查员已经意识到单凭《美国法典》第 35 篇第 101 条不足以决定
涉及自然规则、自然现象和自然产品的权利要求的审查。许多申
请案的权利要求覆盖到司法例外（judicial exception）❸ 的多种情
况，《美国法典》第 35 篇第 102 条、第 103 条和第 112 条都将作
为审查依据来判断权利要求是否满足可专利性要求。目前，美国
的专利权类型可以分为两大类：一类是发明专利（Utility Pa-
tent）❹ 和植物专利（Plant Patent）；另一类是设计专利（Design

---

❶ Mayo Collaborative Services v. Prometheus Laboratories, Inc. , 132
S. Ct. 1289（2012）.

❷ "In Summary, all claim （i. e. , machine, composition, manufacture
and process claims） reciting or involving laws of nature/natural principles, natural
phenomena, and/or natural products should be examined using the Guidance. "
From：Commissioner for Patents, United Sates Patent and Trademark Office,
www. uspto. gov.

❸ 司法例外包括抽象概念、自然法则或自然规律、自然现象和自然产物。

❹ Utility Patent 直译为实用专利，并非我国专利法规定的实用新型专
利。美国专利法保护有三类客体，它是除植物专利（Plant Patent）和设计专
利（Design Patent）以外的其他专利的统称，由于它的审查标准与我国的发
明专利类似（专利类型并非对应），因此，将其翻译为发明专利。

Patent）。前者的保护期限是从申请日开始起算 20 年；后者的保护期限是从授权日开始起算 14 年。

欧盟国家自 2014 年起实施欧盟统一专利制度，欧盟 25 国（除意大利和西班牙）开始适用统一的专利制度。❶ 欧盟的单一专利（Unitary Patent）❷ 开始生效后，它与成员国专利和传统的欧洲专利（European Patent）❸ 并行，采用现有的欧洲专利体系，根据《欧洲专利公约》（*European Patent Convention*）的规定进行申

---

❶　The unitary patent-or "European patent with unitary effect" -is a European patent, granted by the EPO under the rules and procedures of the European Patent Convention, to which, upon request of the patent proprietor, unitary effect is given for the territory of the 25 Member States participating in the unitary patent scheme. The unitary patent will co-exist with national patents and with classical European patents. Patent proprietors will in future be able to choose between various combinations of classical European patents and unitary patents. 参见 http：//www. epo. org/service-support/faq/procedure-law/faq. html.

❷　欧洲的单一专利（Unitary Patent）有多种表述方式，如欧盟专利（European Union patent 或者 EU Patent）、共同体专利（Community patent）或者欧共体专利（European Community Patent），本书采用 EPO 官方的表述方式"Unitary Patent"，并将其翻译为"单一专利"。另外，欧洲专利公约组织的成员国除了所有欧盟成员国外，还有瑞士、土耳其等非欧盟成员国，而单一专利及统一专利法院仅对欧盟成员国开放，因此本书采用"欧盟统一专利制度"的表述。

❸　欧洲专利（European Patent）是由欧洲专利局根据《欧洲专利公约》（*European Patent Convention*，EPC）审查并授权的、可以在其成员国生效的发明专利。目前所适用的《欧洲专利公约》于 2000 年 11 月 29 日修订，2008 年 12 月 13 日开始生效，也被称为《欧洲专利公约 2000》（EPC2000）。参见［德］汉斯·高德，［德］克里斯·阿尔贝特，王志伟. 欧洲专利公约手册（第三版汉英对照）［M］. 北京：知识产权出版社，2013：185－188.

请和审查。❶ 单一专利与传统的欧洲专利保护期限相同，自申请日起算 20 年。另外，欧盟国家还有一类欧盟外观设计，其中注册制的外观设计（Registered Community Design，RCD）保护期限自申请日起算 5 年，非注册制的外观设计（Unregistered Community Design，UCD）自在欧盟公开日起，自动享有 3 年的保护期。❷

在日本，发明（Patent）、实用新型（Utility model）和外观设计（Design）分别由《日本特许法》《日本实用新案法》和《日本意匠法》进行规制。❸ 其中发明的保护期限是自申请之日起 20 年，实用新型的保护期限是自申请之日起 10 年，外观设计的保护期限是自注册（registration）之日起 20 年。

《韩国专利法》第 2 条规定，发明是指利用自然规律作出的

---

❶ The European patent with unitary effect（"unitary patent"）will be an another option for users besides already-existing national patents and classical European patents. With the exception of Italy and Spain, 25 EU member states have embarked on enhanced co-operation with a view to creating unitary patent protection for their territories. 参见 Unitary Patent ［EB/OL］. http：//www. epo. org/law-practice/unitary/unitary-patent. html，2014 – 11 – 12.

❷ 《共同体外观设计法》［欧盟理事会规则（EC）第 6/2002 号］建立了一种统一的共同体外观设计注册法律制度。参见 ［英］David Musker. 欧盟外观设计专利制度介绍 ［J］. 刘新宇，龙文，译，电子知识产权，2004，（4）：29 – 32.

❸ 日本专利法于 2014 年 4 月 25 日通过国会表决，5 月 14 日公布，修正部分于 2015 年 4 月 1 月生效。此次修正的内容涵盖日本特许法、日本意匠法、商标法及专利代理人法。参见 http：//www. jpo. go. jp/torikumi/ibento/text/pdf/h26_ houkaisei/h26text. pdf。

在技术领域具有高度创造性的创作。❶

中国的专利法保护的客体分为三类：发明、实用新型和外观设计。其中，发明是指对产品、方法或者其改进所提出的新的技术方案。实用新型是指对产品的形状、构造或者其结合所提出的适于实用的新的技术方案。发明专利的保护客体既可以是产品，也可以是方法；实用新型专利的保护客体只能是产品。对于发明专利，我国需要对其进行实质审查，从新颖性、创造性和实用性三个角度进行考察。

（二）保护期限的延长

在欧盟，国家专利有保护期限延长的可能，这些延长保护期限的专利主要为药品和植物专利，主要是根据各国自身的专利法律制度来规定，例如德国专利法规定，医疗产品和使用该医疗产品的方法等专利可以延长保护期限。韩国也对人用药品和农用化学品提供了最多延长 5 年保护期限的规定。美国实施的是专利保护期限补偿制度，这项制度主要用于人用药品、医疗器械、食品或颜料添加化学药剂等专利，以补偿发明人进行研发和等待政府许可的时间。一项专利最多可以延长 5 年的保护期限，同时必须满足，自产品获得行政许可之日起，产品的专利有效期限（original remaining term + extension period）不得超过 14 年。如果专利的保护期限达到或者超过 14 年，则不能获得专利保护期限的延长。日本的专利期限延长制度多沿袭美国的做法，但也有自

---

❶ The term "invention" means the highly advanced creation of technical ideas utilizing laws of nature. 参见 PATENT ACT（Act No. 12313, Jan. 21, 2014）, Reproduced from Statutes of the Republic of Korea. Copyright © 1997 by the Korea Legislation Research Institute, Seoul, Korea.

身的特点，人用药品、兽用药品和农用化学药品都可以延长保护期限，最多延长 5 年；专利保护延长期限起算于专利登记日、临床试验启动日之中靠后的一个日期，终止于获得行政许可日，延长保护期限不适用于医疗器械的专利。目前，中国不存在任何情况的保护期限延长。

（三）优先权

《保护工业产权巴黎公约》规定了优先权制度，申请人在一个《保护工业产权巴黎公约》成员国第一次提出申请后，发明专利和实用新型在先专利申请日（优先权日）起 12 个月届满前就同一主题向其他《保护工业产权巴黎公约》成员国提出申请，在后申请的某些内容被视为在第一次申请的申请日提出的。也意味着，申请人提出的在后申请与其他人在其首次申请日之后提出的申请相比，具有优先的位置；其在后申请具有与在先申请相同的申请日，破坏了其他人在其首次申请日之后提出的相同主体申请的新颖性。另外，《专利合作条约》（*Patent Cooperation Treaty*，PCT）成员国的专利申请人可提交 PCT 申请，向国际局或 WIPO 指定的受理局提交一份申请，可同时获得多国（均为《专利合作条约》的成员国）申请日。申请人可在国家申请提出后 12 个月内按照 PCT 规定提交国际申请，可要求《巴黎公约》的优先权，在完成国际阶段程序后，在 30 个月进入国家阶段，[1] 相当于将优先权期限从 12 个月延长到 30 个月向其成员国申请国家专利。美国、日本、欧盟、韩国和中国都是《巴黎公约》和 PCT 的成员国，因此，在优先权的规定上具有一致性。

---

[1] 目前仍有国家还没有接受《专利合作条约》第 22 条的修改，需要在提出国际初步审查请求后才可以在 30 个月内申请国家专利。

（四）申请案之间的转换机制

在欧洲专利局提交的专利申请不存在申请案类别之间的转换，但是在传统欧洲专利的情形下，专利授权后是根据各成员国本国的专利法律制度生效，则根据各国法律制度的不同要求，存在转换的可能性。针对同一发明的分别在欧洲专利局和欧洲专利条约的成员国提交申请，在同一个国家寻求保护有这样的可能性，但是大多数国家不允许同一个专利得到欧洲专利和国家专利的双重保护。由于单一专利采用了传统欧洲专利相同的法律基础，双重保护在大多数国家得不到承认。

中国不存在申请案之间的转换，❶ 如果对一件发明创造既提出发明专利申请又提出实用新型申请，如果实用新型先授权，则发明专利申请将被驳回；如果发明专利需要授权，则必须放弃已经授权的实用新型专利。

美国的态度居中，一般来说，申请案之间类型的转化没有可能性，但是，设计专利申请有可能被认为是早前发明专利申请的继续申请（continuing application）。反之，在满足继续申请的条件下，发明专利申请可以采用在先设计专利申请的优先权日。除此之外，设计专利申请还可以主张早先发明专利的 PCT 申请日，为自身申请在申请时间上赢得优势。

（五）公开日

依照国际惯例，专利申请之日起满 18 个月即行公布。❷ 多数国家采用 18 个月的期限主要是考虑到发明专利可以拥有 12 个月

---

❶ 参见《专利法实施条例》第 41 条。

❷ 尹新天．中国专利法详解［M］．北京：知识产出版社，2011：424.

的优先权日。申请人在外国申请专利时，可能直到优先权期限届满才向本国提出专利申请，而本国对此申请还需要一段时间的受理和初步审查，所以多数国家规定18个月才予以公布。长期的实践表明18个月符合申请的现状，因此，PCT在其国际公布中要求国际申请自优先权日起18个月届满后，国际局应当立即予以公布（如果国际申请的制定国是在加入条约时声明不要求公开的国家，则不予公布），国际检索报告与国际申请一同公布。

日本、韩国和中国规定相同，发明专利申请自申请日（要求优先权的申请为优先权日）起满18个月，即行公布。另外，申请人也可以申请提前公布。欧洲专利局同样是自申请日（要求优先权的申请为优先权日）起18个月公布专利申请，检索报告有可能在公布之前作出，也有可能在公布之后才能发出。美国的专利申请的公开规定发明专利申请自申请日（要求优先权的申请为优先权日）起满18个月，即行公布；申请人也可以申请提前公布。但也规定了申请人可以请求不公开专利申请文件，将专利文件延迟到待其获得授权时再公开，这种情况有条件限制：该不公开申请仅限于申请美国专利，且该专利必须没有在实施18个月公开制度的国家有在先申请，也不得向实施18个月公开制度的国家提出申请。

（六）实质审查

欧洲、日本、韩国和中国的专利申请都需要经实质审查请求才会开启实审程序。在欧洲，实质性审查的请求必须在欧洲专利公告公布欧洲检索报告之日起的6个月内提出。实质审查的请求只有在缴纳审查费用后才有效。❶ 在实质审查期间，由于没有关

---

❶ ［德］汉斯·高德，［德］克里斯·阿尔贝特，王志伟. 欧洲专利公约手册（第三版）［M］. 北京：知识产权出版社，2013：58.

于审查意见通知书以及回复审查意见的限制，所以没有如同美国专利申请中常见的连续申请。实质审查程序在审查机构与申请人之间进行，所以实质审查请求必须由申请人本人提出，这一点与中国的专利法规定相同。我国专利法规定 3 年内可以由申请人提实质审查请求，或者由国务院专利行政部门自行对发明专利申请进行实质审查。❶ 日本和韩国的实质审查请求都可以由本人或第三方提出，提出的审查请求不可以撤回。其中，日本专利法规定，任何人可以自提交之日起 3 年内向特许厅长官提出审查该申请的请求；韩国专利法规定，提交专利申请的可以自该申请的申请日起 5 年内请求实质审查；如果申请人未在上述期限内提出实质审查请求，该专利申请将被视为撤回。美国的专利申请都将自动进入实质审查程序，不需要申请人提出实审请求。

（七）异议或无效制度

《欧洲专利公约》采用授予专利权后的异议制度，通常有 9 个月的异议期，任何人都可以向欧洲专利局对该专利提出异议。如果在异议阶段无人提出异议，或者异议程序已经结束，所有与传统的欧洲专利有关的问题由生效国的专利局各自进行处理，目前实施的单一专利的有关问题仍由欧洲专利局和统一法院处理。在日本，任何人可以在专利授权后的任何时间提无效请求，即使该专利已经过了保护期限。韩国的专利申请获得授权后，工业产权局即在专利注册公报上公布，自公布之日起 3 个月内为异议期。异议期后，审查员做出决定，如果申请人对审查员的最终驳回决定不服，可在收到通知后 30 天内上诉到工业产权法庭。在专利授权后，利益相关方和审查员可以在任何时间提出无效的审

---

❶　《中华人民共和国专利法》第35条。

查，即使该专利已经过了保护期限。《中国专利法》规定："自国务院专利行政部门公告授予专利权之日起，任何单位或者个人认为该专利权的授予不符合本法有关规定的，可以请求专利复审委员会宣告该专利权无效。宣告无效的专利权视为自始即不存在。"2011年专利法改革，美国保留了单方复审程序（Ex Parte Review），取消了双方复审程序，并增加了专利授予后的重审程序（Post-Grant Review）和双方复审程序（Inter Parte Review）。启动"专利授予后的重审"程序的时间为专利权授予之日起9个月以内，启动此程序可以基于任何无效理由，包括新颖性、创造性、实用性、可专利性、书面描述、明确性提出异议，比提起双方复审程序的理由更广泛。"双方复审"程序只能在专利授权日起9个月之后提出。此外，"双方复审"程序只能在"专利授予后的重审"程序终止后申请启动。如果第三方诉请求人侵权，该请求人提出"双方复审"程序的时间必须是被诉1年内。❶"双方复审"适用于美国专利法生效日之前或之后授权的所有专利，但只能以专利和印刷出版物为现有技术。提出"双方复审"的申请人必须结合一个或多个获得专利保护的权利要求，适当阐述其不具有专利性的理由。❷

（八）语言

欧盟单一专利的所有专利书将用英语、德语和法语三种文字书写，语言的集中更有利于专利制度的一体化建设。由于单一专

---

❶ 十二国专利法［M］. 十二国专利法翻译组，译. 北京：清华大学出版社，2013：731.

❷ Patrick J. Coyne. 解析美国专利法修改后的新规定［EB/OL］. http：//www. sipo. gov. cn/mtjj/2012/201207/t20120705_ 720297. html，2014 – 11 – 17.

利的申请需要用英语、法语或德语提交，其他语言的申请文本需要翻译成这三种工作语言之一。我国的《专利法实施细则》规定，在我国提交的文件应当使用中文，应当采用规范用语，外文文献中没有统一的中文译文的，应当标注原文。在日本、韩国和美国，专利申请都是采用本国语言。如果申请人采用 PCT 申请指定中国、日本、韩国、美国和欧洲各国，则可以采用汉语、英语、法语、德语、日语、俄语、西班牙语等任意一种语言。❶

（九）专利维持费用

自申请欧洲专利起的第 3 年开始及以后各年，每年应向欧洲专利局缴纳年费。欧洲专利的年费必须在下一年的欧洲专利申请日所在的那个月的最后一日前交付。❷ 中国和韩国的做法与欧洲接近，授予专利权当年以后的年费应当在上一年度期满前缴纳。❸《韩国专利法》第 79 条规定："专利权人或根据第 87 条第（1）款要求注册专利权的人应当缴纳专利费，缴纳时应缴纳自注册之日起 3 年的专利费，之后，专利权人应在该权利的注册之日每年缴纳一年的专利费。"日本专利也按照专利期限的每一年收取年

---

❶ 办理 PCT 国际申请所需文件时，中国国家知识产权局接受两种语言：中文或英文。《专利合作条约实施细则》（2014 年 7 月 1 日生效）第 49.2 条规定，要求译成的语言必须是指定局的官方语言。如果有几种官方语言，而国际申请使用的语言是其中的一种，则不应要求提供译文。如果有几种官方语言，而且必须提供译文，则申请人可以选择其中任何一种语言。尽管有上述规定，如果有几种官方语言，而本国法规定外国人应使用其中的某一种语言，可以要求提供该种语言的译文。

❷ ［德］汉斯·高德，［德］克里斯·阿尔贝特，王志伟. 欧洲专利公约手册（第三版）［M］. 北京：知识产权出版社，2013：30.

❸ 《专利法实施细则》第 98 条。

费，同时将期限分为四个时段，分别是第一年到第三年每年；第四年到第六年每年；第七年到第九年每年；第十年到第二十五年每年。❶ 在这四个不同时段内，年费收取的额度都不相同。美国的专利法在专利费用中规定了发明专利维持费用，区分为三个时段和一个宽限期。另外，对于外观设计和植物专利的有效维持不需要缴纳费用。

二、主要国家和地区之间的专利审查协调机制

（一）美日欧三边合作

EPO、JPO 和 USPTO 成立了三边局合作模式（Trilateral cooperation），共享专利检索和专利审查信息，并在专利制度其他相关问题上达成了广泛的协作，发起并推动了在五大知识产权局（IP5）框架下的全球档案系统，涵盖了三边专利局以及中国和韩国的知识产权局。在 2012 年日本京都年会上，三方专利机构领导人共同签署了旨在改善文件共享机制、进一步发展世界范围内专利系统的文件。❷ 三方局发起并推动的在五大知识产权局（IP5）框架下的全球档案系统，提供可靠、一步到位的所有同类专利申请的信息接入和管理。❸ 在三边局合作（Trilateral Offices

❶ 十二国专利法［M］. 十二国专利法翻译组，译. 北京：清华大学出版社，2013：265.

❷ Trilateral Offices celebrate 30 years of co-operation and sign declaration to further advance patent systems worldwide ［EB/OL］. http：//www. epo. org/news-issues/news/2012/20121116. html，2013 – 05 – 10.

❸ Trilateral Offices celebrate 30 years of co-operation and sign declaration to further advance patent systems worldwide ［EB/OL］. http：//www. epo. org/news-issues/news/2012/20121116. html，2013 – 05 – 10.

co-operation）成立 30 周年之际，EPO 的局长 Benoît Battistelli 对此评论道："多边合作的模式符合世界发展的需求，专利检索和专利审查的信息共享有助于专利体系的建设。"时任美国专利商标局局长（Director of the USPTO）David Kappos 认为："审查信息共享机制有助于各国专利审查机构改进审查程序的质量，并减少专利申请的时间。"❶

（二）欧盟统一专利制度

"欧洲的一体化源于欧洲民族国家普遍的文化认同感，它通过其语言、伦理、习俗、精神价值的认同，将把欧洲国家的命运紧密地联系在一起。"❷ 2012 年 12 月，欧洲议会批准了有关欧盟国家实施统一专利制度的协议，欧盟于 2014 年起开始实施统一专利制度。

欧洲专利局是我国专利局在审查实践方面重点合作和学习的对象，其在审查机构和方式、审查标准和专利保护的效力等方面对我国的审查实践产生了影响。❸ 欧盟统一专利制度涉及统一专利法、统一专利法院和统一的专利保护体系。这一制度意味着在欧盟国家申请专利时使用统一的法律规则、程序和语言，这将使申请人的申请过程变得简单，极大节省时间和经济成本，也降低

---

❶ Trilateral Offices celebrate 30 years of co-operation and sign declaration to further advance patent systems worldwide ［EB/OL］. http：//www. epo. org/news-issues/news/2012/20121116. html，2013 － 05 － 20.

❷ 计秋枫，冯梁. 英国文化与外交 ［M］. 北京：世界知识出版社，2002：449.

❸ 张清奎. 中国专利法与欧洲专利公约比较研究 ［A］. 国家知识产权条法司编. 专利法研究（2004）. 北京：知识产权出版社，2005：255 － 263.

欧盟各国专利审查机构的工作负荷。2012 年 12 月 11 日，欧洲议会通过了两个关于欧盟单一专利的文件草案。❶ 在所有的欧盟国家（除意大利和西班牙）内实施统一的专利申请和审查，统一授权。2013 年 2 月 19 日，欧盟 24 个成员国在布鲁塞尔就设立统一专利法院（Unified Patent Court，UPC）签订协议，成立一个新的专利诉讼仲裁法院，这个统一专利法院实行单一专利侵权和有效性等问题的专属管辖权，包含初审和上诉审两个级别。单一专利会在欧盟成员国按照统一的模式提供法律保护，欧洲专利局会统一负责专利的管理工作，收缴年费并在各个成员国之间进行合理的分配。

（三）专利审查高速路（PPH）

专利审查高速路是指，申请人提交首次专利申请的专利局（OFF）认为该申请的至少一项或多项权利要求可授权，只要相关后续申请满足一定条件，包括首次申请和后续申请的权利要求充分对应、提交首次申请的专利局的工作结果可被后续申请的专利局（OSF）获得等，申请人即可以提交首次申请的专利局的工作结果为基础，请求后续申请的专利局加快审查后续申请。❷ 在 PPH 模式下，由于后续申请局采用了首次申请局的审查信息，从而减轻了后续申请局的工作负荷，为避免重复审查提供了可能性；基于审查信息的共享，后续申请局有可能提高工作效率，加

---

❶ 一个有关单一专利的保护，欧盟第 1257/2012 号条例；另一个有关单一专利的语言机制，欧盟第 1260/2012 号条例。

❷ 国家知识产权局专利局审查业务管理部组织编写，杨兴，赵晨，牟有伟撰稿．葛树，冯小兵审核．专利审查高速路（PPH）用户手册［M］．北京：知识产权出版社，2012：1.

速审查,❶ 节省专利申请的时间成本和经济成本。但也有不少国家担心该协作制度对其本国法律体系的影响，并努力对此寻求解决方案。PPH 与 PCT 完全兼容，形成 PCT – PPH。❷ WIPO 总干事 Francis Gurry❸ 在 2012 年度报告指出：“专利审查高速路”是一个由多项双边协议组成的网络，在该网络中，一件在首次申请国已进行首次实质审查和报告的专利申请，在二次申请国将得到加快办理。

在现有的 PPH 项目中，提交 PPH 申请必须先获得首次申请局的审查结果，后续申请局才能充分对应需要审查的申请文件。❹ 有时，首次申请局无法在后续申请局接受 PPH 申请前完成审查，从而延误了后续申请局的 PPH 申请，因此，日本特许厅于 2011 年 7 月 15 日启动 PPH MOTTAINAI 试点项目，并得到美国、英国、加拿大、芬兰、俄罗斯和西班牙的参与。在该项目中，当在先申请局的申请结果尚未出来时，申请人可以向后续申请局（Office of Later Examination，OLE）提出 PPH 申请请求，通过前后两局之间的 PPH MOTTAINAI 协议，当在后申请局的审查先出来时，申请人可以要求在先申请局（Office of Earlier Examination，OEE）利用在后申请局的审查结果，在这个过程中，出现了反向的结果

---

❶ The PPH allows patent applicants who have received a favourable decision by a first Office to request an accelerated examination of a corresponding patent application filed at another Office［EB/OL］. http：//www. ipo. gov. uk/p-pph-pilot. htm，2013 – 06 – 20.

❷ PPH 的途径参见附录二图 II。

❸ Francis Gurry，Report of the Director General to the WIPO Assemblies 2012［EB/OL］. http：//www. wipo. int/export/sites/www/freepublications/en/general/1050/wipo_ pub_ 1050. pdf，2012.

❹ 使用 PPH 的流程参见附录二图 III。

利用，从而提高专利审查的工作效率。

第五节　专利审查国际协作制度之模式分析视角：PPH 的成效与困境

一、PPH 的成效

以 PPH 为例，专利审查国际协作制度的信息共享机制允许申请人向世界各专利局提交相同申请时，根据两国之间签订的协议，在首次申请局获得认可的申请，在后续申请局可以采用便捷程序予以审查，同时可以免交部分已获首次申请局认可的文件，利用首次申请局的检索和审查结果以减少审查员的重复劳动。此种合作模式在很大程度上减轻了申请人的时间和金钱成本，并减少了各国专利审查机构的工作量，相比原来的审查方式具有如下自身的优势。

（一）审查意见次数的减少

由于后续申请局利用了首次申请局的专利审查信息，使得结案平均发出审查意见的次数相对减少，如图 2.2 所示。❶

总体情况而言，美国专利审查机构对一件申请案发出的审查

---

❶　JPO. http：//www. jpo. go. jp/cgi/cgi-bin/ppph-portal/statistics/statis-tics. cgi，统计时间截至 2012 年 12 月，最后访问时间：2013 年 2 月 16 日。其中 PPH 申请的数据采集样本的要求为该局加入 PPH 项目 1 年以上且该局已接受 50 件以上的 PPH 申请；PCT - PPH 申请的数据采集样本的要求为该局加入 PPH 项目 1 年以上且该局已接受 20 件以上的 PCT - PPH 申请。

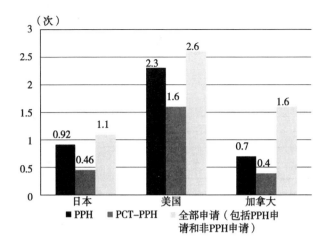

图 2.2　审查意见的平均次数

意见平均次数为 2.6 次，在 PPH 项目中，发出的审查意见平均次数为 2.3 次，而经由 PCT – PPH 途径的审查意见平均次数降低至 1.6 次。在日本，对专利申请的总体情况而言，对一件申请案发出的审查意见平均次数为 1.1 次，通过 PPH 途径，发出的审查意见平均次数为 0.92 次，而经由 PCT – PPH 途径的审查意见平均次数减少至 0.46 次。

（二）审查周期的缩短

提出申请到第一次审查意见的平均时间有大幅缩短，如图 2.3 所示。❶ 通常情况下，在美国提出专利申请到第一次审查意见

❶　JPO. /www. jpo. go. jp/ppph-portal/statistics. htm 统计时间截至 2013 年 12 月，最后访问时间：2014 年 8 月 26 日。其中 PPH 申请的数据采集样本的要求为该局加入 PPH 项目 1 年以上且该局已接受 50 件以上的 PPH 申请；PCT – PPH 申请的数据采集样本的要求为该局加入 PPH 项目 1 年以上且该局已接受 20 件以上的 PCT – PPH 申请。

的平均时间为 18 个月，在 PPH 途径中申请人得到第一次审查意见的平均时间缩减为 4.4 个月，在 PCT – PPH 途径中时间为 5.2 个月。

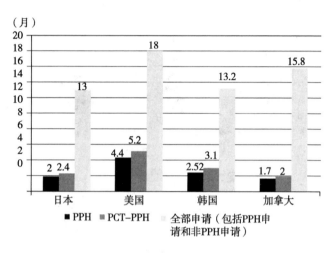

（月）

图 2.3　提出申请到第一次审查意见的平均时间

在日本，总体上专利申请从提出到第一次审查意见的平均时间为 13 个月，通过 PPH 途径申请人得到第一次审查意见的平均时间为 2 个月，通过 PCT – PPH 途径需要 2.4 个月。PPH 途径在日本的专利审查中发挥了巨大的作用，有效利用了首次申请局的审查成果，大幅度提高审查效率，缩短审查时间。

由此，从申请到结案的平均时间也大为缩短，如图 2.4 所示。❶

---

❶　JPO./www.jpo.go.jp/ppph-portal/statistics.htm，统计时间截至 2013 年 12 月，最后访问时间 2014 年 8 月 26 日。其中 PPH 申请的数据采集样本的要求为该局加入 PPH 项目 1 年以上且该局已接受 50 件以上的 PPH 申请；PCT – PPH 申请的数据采集样本的要求为该局加入 PPH 项目 1 年以上且该局已接受 20 件以上的 PCT – PPH 申请。

美国的专利申请的总体情况，从申请到结案的平均时间为 29 个月，通过 PPH 途径时间缩短至 14 个月，而通过 PCT – PPH 途径的申请，时间为 14. 1 个月。

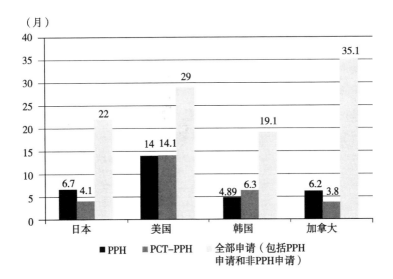

图 2.4 从申请到终局决定的平均时间

在日本，对专利申请的总体情况而言，从申请到结案的平均时间为 22 个月，通过 PPH 途径时间减少至 6. 7 个月，而经由 PCT – PPH 途径结案时间更是减少至 4. 1 个月。从图 2.4 可以看出，在日本，经由 PPH 途径尤其是 PCT – PPH 途径，申请案可以更快通过审查程序，从而为申请人节省时间成本。

（三）授权率的提升

通过 PPH 途径，经第一次审查意见获得授权的比率得到较大的提高，如图 2.5 所示。

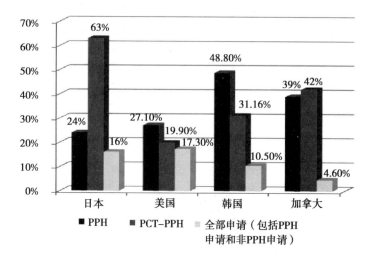

图 2.5　经第一次审查意见即获得授权的通过率

就美国总体的专利申请情况而言，❶ 经过第一次审查意见获得授权的概率仅为 17.3%，通过 PPH 途径获得授权的概率提升到 27.1%，通过 PCT－PPH 途径获得授权的概率为 19.9%，由此可见，经由一般的 PPH 途径在美国专利商标局的审查中具有授权快的比较优势。

但是在不同的国家，专利审查有着不同的情况。日本总体的专利申请经过第一次审查意见后获得授权的概率为 16%，通过 PPH 途径获得授权的概率为 24%，而通过 PCT－PPH 途径获得授

---

❶ JPO.／www. jpo. go. jp／ppph-portal／statistics. htm，统计时间截至 2013 年 12 月，最后访问时间 2014 年 8 月 26 日。其中 PPH 申请的数据采集样本的要求为该局加入 PPH 项目 1 年以上且该局已接受 50 件以上的 PPH 申请；PCT－PPH 申请的数据采集样本的要求为该局加入 PPH 项目 1 年以上且该局已接受 20 件以上的 PCT－PPH 申请。

权的概率为 63%，比通过 PPH 途径的总体情况的授权率高出 1 倍以上。由此可见，经由一般的 PPH 途径在日本特许厅的审查中不占明显优势。相比而言，通过 PCT－PPH 途径的专利申请能在日本较快获得授权。

在 PPH 模式下，专利申请的授权率有了较大幅度的提升，如图 2.6 所示，❶ 美国总体专利申请的授权率为 53%，经由 PPH 途径的专利申请授权率为 87.9%，与一般途径相比高出约 35 个多百分点；经由 PCT－PPH 途径的专利申请授权率为 90.3%，与一般途径相比高出 37 个多百分点。

日本总体专利申请授权率为 71%，通过 PPH 途径的专利申请授权率为 75%，通过 PCT－PPH 途径的专利申请授权率为 94%。PCT－PPH 途径比总体专利申请的授权率高出 23 个百分点，比通过 PPH 途径的专利申请授权率高出 19 个百分点。允许将 PCT 国际检索和国际可专利性初步报告用作 PPH 安排双方加快办理的依据，在日本的专利审查过程中体现了较为明显的优势。

以 PPH 为例的专利审查国际协作制度由于实现了信息共享，减少审查过程中的发文次数，缩短审查时间，提高授权率，降低了申请人的专利申请相关费用，有效减少了申请人获取专利权的成本，提高了专利审查机构的工作效率，有效缓解了审查积压。

缓解庞大的审查积压案是构建 PPH 的初衷，在专利审查国际

---

❶ JPO./www.jpo.go.jp/ppph-portal/statistics.htm，统计时间截至 2013 年 12 月，最后访问时间：2014 年 8 月 26 日。其中 PPH 申请的数据采集样本的要求为该局加入 PPH 项目 1 年以上且该局已接受 50 件以上的 PPH 申请；PCT－PPH 申请的数据采集样本的要求为该局加入 PPH 项目 1 年以上且该局已接受 20 件以上的 PCT－PPH 申请。

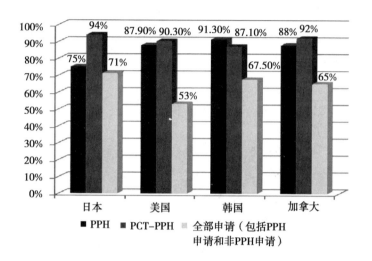

图 2.6 PPH 的授权率

协作制度下的信息共享减少了专利审查部门检索的工作量；由于参照了首次申请局的审查意见，后续申请局缩小了审查的权利要求的范围，并对授权意见的确定有了支持的信息，便于其及时高效做出决定。对专利局而言，采用专利审查高速路，就是为了有效节省成本，缓解审查积压，提高工作效率。由于各国专利制度的差异化，各国还不能实行相互承认审查结果，而各国努力达成的审查信息共享机制已经是目前可供选择并可行的制度方案中效率较高的方案。

中国自 2011 年 11 月 1 日启动首个 PPH 试点以来，已与日本、美国、德国、俄罗斯、芬兰、丹麦、墨西哥、韩国、奥地利、波兰及新加坡等 19 个国家签署了 PPH 协议。截至 2013 年年底，我国专利申请人利用该合作机制，已就 836 件国外专利申请提出了 PPH 请求，这些专利申请均获得了不同程度加快审查，有些在短时间内就获得授权。❶ 研究表明，专利审查过程的改进与专利质量的提升具有极大的相关性。❷ 在国际性贸易越来越频繁的当今世界，专利审查信息共享机制削弱了专利地域性对贸易和保护带来的消极影响，顺应了国家间的专利制度协调和统一的客观需求，是各国努力寻求专利法律制度供求均衡的一种有益尝试。

二、PPH 制度亟待解决的问题

目前，以 PPH 为代表的专利审查国际协作制度处于发展之中，该制度的运行还存在如下亟待解决的问题。

（一）PPH 与 PCT 制度协调的长期性

当前 PPH 更多的是一种程序制度，涉及专利审查的可专利性要件的协调部分甚少。法律程序的目标是最小化社会成本，❸ 换言之，一种制度之所以存在，主要原因之一是通过这种制度的运行能有效减少交易成本，从而实现效用的最大化。申请人之所以进行发明创造、申请专利权，也是期望能够实现自身发明创造效用的最大化，这不得不考虑效率问题。效率的内容主要指投入与产出或成本与收益的关系，它描述了这样一个均衡点，该点意味

---

❶ 贺延芳．我国专利审查高速路对外合作网络已初步形成［EB/OL］．http：//www. sipo. gov. cn/zscqgz/2014/201403/t20140328 ＿ 924130. html，2014－03－30.

❷ Ronald J. Mann, Marian Underweiser. A new look at patent quality：relating patent prosecution to validity［J］. Journal of Empirical Legal Studies，2012，9（1）：1－32.

❸ ［美］罗伯特·考特，托马斯·尤伦. 法和经济学［M］. 第六版. 史晋川，董雪兵等，译，史晋川审校. 上海：格致出版社，上海三联书店，上海人民出版社，2012：379.

着不存在浪费，该技术和生产资源为人们提供了最大程度的满足。据前文分析，以 PPH 为代表的专利审查国际协作制度，较全部国际申请（含 PPH 申请和非 PPH 申请）明显降低了获得授权保护的交易成本，使申请人获得授权专利的成本与收益之间的关系有可能接近该均衡点。

PCT 为专利的国际申请提供了除国家申请之外的另一种途径。《专利合作条约》成员国的专利申请人可提交 PCT 申请，向 WIPO 国际局或 WIPO 指定的受理局提交一份申请，可同时获得多国（均为《专利合作条约》的成员国）申请日。将 PPH 与 PCT 途径结合起来，理论上将更有利于专利申请的效率。从整体上看，通过 PCT - PPH 比 PPH 更加缩短了审查时间、提升了授权率，但在各个 PPH 参加国，情况并非一致。从图 2.3 可以看到，在日本，PPH 途径中申请人得到第一次审查意见的平均时间为 2 个月，而在 PCT - PPH 途径中时间为 2.4 个月，通过 PCT - PPH 途径耗时更长；在图 2.6 中，韩国通过 PCT - PPH 获得授权的概率为 87.1%，比通过 PPH 获得授权的概率低了 4.2 个百分点。

PPH 与 PCT 均为专利的国际申请提供了便利，但两者在目前的状态下并未在各个方面达到很好的融合，存在差异性。PCT 体系是专利申请体系，不是专利授权体系，申请人的发明能否获得专利权仍需要各国根据本国的专利法律予以确认，获得的专利权仍具有地域性；国际检索和国际初审的结果不具有强制约束力，各国仍根据本国的检索和审查给出授权意见。目前的 PPH 多是国与国之间的双边协议，PCT 体系的国际检索和国际初审耗费了时间，也许在 PPH 协议的双方并未起到加速审查的任何作用。❶ 这将导致在某些国家、在某种情况下，PCT‒PPH 的效率比 PPH 低，这有悖于将 PCT 与 PPH 结合的初衷。因此，需要构建一个良好的机制，将 PPH 与 PCT 结合起来，减少国与国之间双边协议的签署，统一审查程序与审查标准，更大程度地发挥 PPH 的优势。

（二）前后两局对权利要求过于严格的限制

在提出 PPH 请求时，需要提供与首次申请专利局受理的申请相关的信息并说明后续申请中的权利要求是如何与该首次申请中的权利要求相对应的。由于各国的专利法和审查习惯不一致，对于首次申请局获得允许的权利要求在后续申请局可能会被限制，这将导致在各个国家获得保护的权利要求范围不一致。不同的国家对权利要求的修改也不一致，这将加大申请人撰写权利要求的工作量；如果对后续申请国的专利法或审查习惯不熟悉，将限制申请人进一步使用 PPH 项目来获得授权。

各国专利制度的差异化导致 PPH 项目的使用成本增加，尽管这一审查程序制度的目标是节省社会成本、减少工作量。但是，在面对专利权的地域性时，各国仍需要根据本国的专利法和审查制度开展工作，即便是可以分享首次申请局的审查信息。各国对权利要求严格且复杂的规定增加了申请人在申请过程中的工作量，无形中增加了时间成本和代理费用，阻碍了申请人对 PPH 的实际运用。

（三）审查协作模式状态的不稳定

目前，多数国家运行的 PPH 处于试行状态，经历了试行阶段的国家协议多数的合作时间为 2~3 年。如根据《中华人民共和

---

❶　比如，国际检索与国际初审在 PPH 协议双方之外的第三国进行，则 PPH 协议的双方均可以不予采纳该结果。

国国家知识产权局与葡萄牙工业产权局关于专利审查高速路试点的谅解备忘录》和《中华人民共和国国家知识产权局与西班牙专利商标局关于专利审查高速路试点的谅解备忘录》，中葡专利审查高速路（PPH）试点和中西专利审查高速路（PPH）试点同时于 2014 年 1 月 1 日正式启动。其中，中葡两国的 PPH 试点项目为期 2 年，至 2015 年 12 月 31 日止；中西两国的 PPH 试点项目为期 3 年，至 2016 年 12 月 31 日止。❶

这种专利审查高速路制度在增加合理性的同时却包含了行为的不确定性，申请人在申请专利时对自己的加速申请行为的长期合法性是不明确的。法律规则的作用之一是提高行为的可预见性，降低对合法性认识的不确定性。由于对此项制度的不安全感，专利申请人如果预估自身申请在时间上的风险，则很有可能选择其他的途径向他国申请，以确保自身的发明创造在可预见的时间内获得授权，从而能有效实现自身专利的效益。

2013 年 9 月，EPO、JPO、USPTO、KIPO 和 SIPO 的相关官员在瑞士日内瓦举行会议，就 2014 年 1 月启动一项全面的 IP5 专利审查高速路试点达成一致意见，❷ 这将推动专利审查国际协作的全球化进程，有助于实现一国可授权的审查意见在他国得到承认，加速专利审查的进程。2014 年 1 月 6 日，IP5 专利审查高速

---

❶ 中葡、中西 PPH 试点将于 2014 年 1 月 1 日启动 [EB/OL]. http://www.sipo.gov.cn/yw/2013/201312/t20131230_893145.html，2014 – 03 – 16.

❷ IP5 的 PPH 试点将进一步利用和巩固 PCT 及各国/地区的审查结果，提高五大知识产权部门之间的工作效率，已有的 PPH 协议将与该覆盖面更广泛的试点进行整合。相关合作进展和细节详情参见 www.sipo.gov.cn/ztzl/ywzt/pph/，最后访问日期：2014 年 4 月 4 日。

路（PPH）正式启动，这预示着 PPH 的实行进入了可持续发展的态势。经过前几年各国通过双边或多边协议达成的审查信息共享合作，各国都意识到这种审查合作模式的优越性。但是，即使是在合作模式相对成熟和稳定的 IP5 之中，以上的 PPH 问题可能还会在一段时间继续存在，原因在于以下三点：（1）制度模式有待融合。IP5 的各国发展状况不均衡，各局的专利管理水平有差异。在 PPH 高效模式的指引下，将有越来越多的申请人选择该途径在 IP5 寻求授权，如果专利申请量激增，可能会出现个别局的审查速度无法跟上，从而拖延授权的时间，PPH 的优越性无从发挥。（2）专利授权依然存在地域性。各国的专利法和审查规则不一致，在核心的授权审查环节，各国仍然需要根据各国自身的专利法来确定权利要求"被认定为可授权/具有可专利性"；同时又需要协调其他四国的法律规定，寻求至少一个对应申请，具有至少一项被该局认定为可授权/具有可专利性的权利要求。（3）各国专利制度发展不均衡。目前的 IP5 PPH 试点项目为 3 年，一旦出现专利申请数量和审查要求超出某国承受的范围或出现其他任何原因，该国可先行发布通知，提前终止该项目的运行。合作模式仍然存在不确定性的风险。

三、完善 PPH 的路径探索

目前，PPH 制度存在潜在的制度利润，并且专利审查制度的立法需求大于实际需求，潜在供给大于实际供给。供给与需求不一致，存在制度供求的非均衡，而该非均衡是制度发展的动因。因此，PPH 需要进一步调整和改进，主要表现在以下四方面。

（1）进一步简化申请流程和申请文件，减少申请人的申请成本。以我国参与的 PPH 为例，SIPO 和 JPO 对在中日 PPH 试点项目下向 SIPO 提出 PPH 请求和对日中 PPH 试点项目下向 JPO 提出 PPH 请求的流程均进行了修改，❶ 进一步方便申请人；从 2013 年 1 月 1 日起中美 PCT – PPH 附加文件提交方式开始简化，❷ 减轻申请人的文件负担。

（2）PPH 需进一步保持降低成本的优势，但同时需要避免该项制度的不确定性。从制度需求理论上讲，通过法律使显露在现存制度安排结构之外的利润内在化，是法律需求产生的基本原因。❸ 制定方案，将 PPH 与 PCT 体系融合，减少国与国之间双边协议的签署，稳定加速审查的协作模式，真正做到 PCT 国际检索和国际初审可以用作 PPH 后续申请局加快办理的依据，从而节省审查时间，提高审查效率。

（3）稳定合作模式，减少制度不确定性风险。当前，中美两

---

❶ 对于常规 PPH（第一部分），若 JPO 的审查意见通知书及其译文可通过日本特许厅的文件访问系统（AIPN）获得，则申请人可以不必提交上述文件的副本及其译文；对于常规 PPH（第一部分），若 SIPO 的审查意见通知书及 SIPO 认为具有可专利性/可授权的所有权利要求可通过 SIPO 的文件访问系统（http：//cpquery. sipo. gov. cn/）提供时，则申请人不必提交上述文件的副本。在中日/日中专利审查高速路（PPH）试点项目下提出 PPH 请求的流程修改说明［EB/OL］. http：//www. sipo. gov. cn/ztzl/ywzt/pph/zxdt/201211/t20121130_ 776362. html，2013 – 07 – 17.

❷ 对于请求参与中美 PCT – PPH 的相关申请，若对应国际申请中被最新国际工作结果认为具有可专利性的权利要求的副本，以及对应申请中国际阶段的最新工作成果及其译文可以通过 WIPO 的在线文件访问系统获得，则申请人可以不必提交上述文件的副本及其译文。从 2013 年 1 月 1 日起将简化中美 PCT – PPH 附加文件提交方式［EB/OL］. http：//www. sipo. gov. cn/ztzl/ywzt/pph/zxdt/201212/t20121228_ 781883. html，2013 – 07 – 17.

❸ ［美］R. 科斯，A. 阿尔钦，D. 诺斯等 . 财产权利与制度变迁［M］. 刘守英等译 . 上海：上海三联书店，上海人民出版社，1994：266.

国已经开启良好的专利审查国际协作。中美之间的 PPH 试点项目自 2011 年 11 月 8 日签署，第一期中美 PPH 试点项目本应于 2012 年 11 月 30 日截止。后来，双方商定延长一年，即中美 PPH 试点项目将于 2013 年 11 月 30 日截止。目前，中美两局共同决定，从 2013 年 12 月 1 日起，中美 PPH 的合作模式将无限期的延长，相关的申请要求和运作流程保持不变。❶ 可持续的协作模式保障了该法律制度的稳定性和可预期性。

（4）在加速审查的协议中，对各国可专利性的实质要件进行协调，优化处理专利制度的差异性和专利权的地域性，使申请人的跨国申请从程序到实体都能更有效率。

第六节　本章小结

全球专利申请量激增导致各国面临专利审查的积压，由此产生专利审查国际协作制度。该制度可以解释为：在专利审查及其相关领域，由专利审查相关主体基于效用最大化的需要，在审查实践中通过一国审查和多国合作审查的利害比较而建立的一种审查优化机制，并在此基础上形成组织，通过集体的分工合作来调整个体的审查行为。专利审查国际协作制度中一部分是法律意义上的制度，但更大程度上是权利意义上的制度；同时，它拥有自

---

❶ 中美专利审查高速路（PPH）试点将无限期延长［EB/OL］. http：//www. sipo. gov. cn/ztzl/ywzt/pph/zxdt/201311/t20131129 _ 885043. html, 2014 – 03 – 16.

身的制度特性：法律性、经济性和技术性。通过制度之 PPH 模式
的分析，专利审查国际协作制度可以节省成本、提高工作效率、
缓解审查积压，同时，制度还面临成员方审查制度差异化、法律
文化多样性、制度稳定性和协调性等现实问题。各国或地区基于
合作的共同诉求，努力寻求专利审查国际协作制度的解决途径，
为专利审查国际协作制度的发展开辟了广阔的前景。

第三章

专利审查国际协作制度的价值阐释与探析

法律思维：依循法律逻辑，以价值取向的思考、合理的论证，解释适用法律。❶

——王泽鉴

价值问题虽然是一个困难的问题，但它是法律科学所不能回避的。即使是最粗糙的、最草率的或最反复无常的关系调整或行为安排，在其背后总有对各种互相冲突和互相重叠的利益进行评价的某种准则。❷

——［美］罗斯科·庞德

第一节　专利审查国际协作制度的价值内涵

价值一词的含义是"起掩护和保护作用的，可珍贵的，可尊敬的，可重视的"。❸ 从哲学上来说，价值不仅是表征关系的范畴，而且是一个表征意义的范畴。专利审查国际协作是各国专利事务缔约方就专利申请、专利检索、专利审查等多项专利事务达成合意后形成的一种协作制度。该制度滥觞于 20 世纪 80 年代美日欧的三方合作模式。在全球专利申请激增的今天，专利审查出现了积压，各国更迫切地寻求合适的方式来应对这一问题。❹ 专

---

❶　王泽鉴. 民法思维［M］. 北京：北京大学出版社，2009：1.

❷　［美］罗斯科·庞德. 通过法律的社会控制［M］. 沈宗灵，译. 北京：商务印书馆，1984：50.

❸　李德顺. 价值论［M］. 北京：中国人民大学出版社，1978：11.

❹　美国的申请积压量在 2010 年已经超过 120 万件，美国专利商标局积极在全球寻求审查合作以提高审查工作效率，缓解积压境况。参见 United States Patent and Trademark Office，Performance and Accountability Report Fiscal Year 2010［EB/OL］. http：//www. uspto. gov/about/stratplan/ar/2010/USPT-OFY2010PAR. pdf，2013－05－13.

利审查国际协作制度的价值存在于主体与客体的关系之中，是审查协作制度的主体❶对于专利审查国际协作制度的态度和评价；同时，审查协作制度作为客体，它的客观属性是进行价值评价的必要参考，也就是说，专利审查国际协作制度的价值反映制度主体对客体的评价，同时也反映客体带给主体的客观属性。

专利审查国际协作多数是由条约、双边或多边协定达成。目前广泛使用的 PCT – PPH 审查合作模式正是多国在专利合作条约的基础上通过双边或多边协议所实现。文明社会所希望的是，各国通过谈判来达成协议，从而实现各方的利益。从经常取得的协商一致，而达到法律和秩序。❷ 在适用于国际法律关系的种种法学理论中，主要有两个角度来进行分析：自然法理论和实在法理论。❸ 惠顿从

---

❶ 国家、专利局和专利相关人等。

❷ 王铁崖. 国际法引论 [M]. 北京：北京大学出版社，1998. 3.

❸ 王铁崖教授还认为，虽然在主张这两种学说的两个学派之间还有所谓的折中学派（"格老秀斯派"，Grotians），企图调和这两个学派的主张，但是有所偏重，不是偏重自然法就是偏重实在法。参见王铁崖. 国际法引论 [M]. 北京：北京大学出版社，1998：26. 沈宗灵教授将其分为三类：新自然法学、新分析实证主义法学和法律社会学。参见沈宗灵. 现代西方法理学 [M]. 北京：北京大学出版社，1992：24. 划分不同学派，目的是把握西方各时期主要的法学思潮及其流派。法哲学流派可以从哲学基础、方法论、基本范畴、学说兴起地和创始人等角度划分，这些标准和方法往往是重叠的，常常会有若干不同名称来标明同一法学派；同时，这些划分都是相对的，同一学派内部的法学家之间可能存在理论上的分歧，不同学派的法学家可能存在某些一致的方面。随着法律实践、政治形势、社会文化、价值理念以及其他对法哲学具有影响意义的因素的变化，大多数法学流派会作出相应的调整或改革，这使得原来的划分不足以确切反映变化了的法学流派。参见张文显. 西方法学流派的形成及其划分标准 [A]. 张文显. 西方法哲学. 北京：法律出版社，2011：4 – 5.

自然法的理念出发，认为国家之间的法律"凭何权而立，惟有究察各国相待所当守天然之义法而已"；❶ 而实证派法学家发出了法学邀请，告知法律的目的在于增进最大多数人的最大幸福。❷ 这两种学派的法学家有各自倚重的观点，但并非是非此即彼的关系，大家在研究时选取各学说中被普遍接受的真理，而这些真理蕴含于不同的法学理论中。自然法学派在法律效果的研究中会引用分析法学的观点；经济分析法学常融合自然法学中的价值观来评判。英国法学家迪亚斯指出，在当代法学中，"自然法""实证主义"等的划分在很多情况下仅适用于观点而不适用于个人。❸ 法的价值广泛，基本可以分为三类：正义价值、秩序价值和利益价值，❹ 这三种价值相互依存，融会贯通。"在每一种场合，人们都使各种价值准则适应当时的法学任务，并使它们符合一定时间和地点的社会理想。"❺

---

❶ ［美］惠顿. 万国公法［A］. 丁韪良译. 上海：上海书店出版社，2002：1.

❷ ［英］布莱恩·辛普森（A. W. Brian Simpson）. 法学的邀请［M］. 范双飞译. 北京：北京大学出版社，2014. 封页语.

❸ Dias. Jurisprudence（5th edition）［M］. Butterworths，London，1985：494. 转引自张文显. 西方法哲学［M］. 北京：法律出版社，2011：6.

❹ "法的价值是广泛的，但基本的价值主要有三类：法律秩序价值、法律利益价值、法律正义价值。"参见周旺生. 法的基本价值［A］. 北京大学法学百科全书编委会，周旺生、朱苏力主编. 北京大学法学百科全书. 北京：北京大学出版社，2010：162.

❺ ［美］罗斯科·庞德. 通过法律的社会控制［M］. 沈宗灵，译. 北京：商务印书馆，1984：50.

第二节 专利审查国际协作制度的价值分析

一、专利审查国际协作制度的正义价值

自然状态既是自由、平等的状态，也存在敌对的情形；自然法对自然状态起支配作用，它是理性的体现。❶ 对于一项制度，参与者必然关注该制度的规则和目的。这些规则和目的就是要给为数众多的却又杂乱无序的人类活动以某些模式和结构，从而避免发生失控。❷ 按照理解，在为数众多却又各自为政的各国专利审查工作的基础上，专利审查国际协作制度需要构建一种合作的结构模式，并能长期和稳定地维持各国专利的授权和质量。满足个体的合理需要和主张，并与此同时促进生产进步和提高社会内聚性的程度，这是维持文明社会所必需的，也是正义的指向。❸

（一）正义的界定

正义是自然法中永恒的议题。"何为正义，何为不正义通常

---

❶ 周旺生．洛克自然法理论［A］．北京大学法学百科全书编委会，周旺生，朱苏力主编．北京大学法学百科全书．北京：北京大学出版社，2010：703．

❷ ［美］E. 博登海默．法理学：法律哲学与法律方法［M］．邓正来，译．北京：中国政法大学出版社，2004：260．

❸ ［美］E. 博登海默．法理学：法律哲学与法律方法［M］．邓正来，译．北京：中国政法大学出版社，2004：261．

都被纷争不止。"❶ 柏拉图在涉及不同的问题时，对正义的回答是不一致的，有时是辩证式的讨论，有时是反面的回答。其最基本的观点是凡是统治符合全体人民利益的政体都是正义的，否则便是非正义的。❷ 其导师苏格拉底则指出正义就是以善待友，以恶对敌的艺术。❸ 而其学生亚里士多德则将正义的理念融入平等之中，认为"正义以中道为原则，以平等为基本含义"。❹ 正义是法的核心和第一美德，无论法律和体制多么有效，多么有条不紊，如果缺失正义，也必将被改革或废除。❺

（二）正义的解读：平等、自由和安全

关于法的正义价值研究有集中的三个视角：平等、自由和安全。❻ 古人云"不患寡而患不均"是对平等最朴素的表达。阿奎那将正义分为分配正义和矫正正义，其中的矫正正义就是指平等原则。在专利审查国际协作中，平等主要关注通过这种制度来配置资源、分配权利以及获得收益。人们需要使事物与事物相等，某人因他人的不当行为所导致的损害能得到补偿；某人因损害他

---

❶ ［美］罗尔斯. 正义论［M］. 何怀宏，何包钢，廖申白，译. 北京：中国社会科学出版社，1988：5.

❷ 张乃根. 西方法哲学史纲［M］. 北京：中国政法大学出版社，2002：22.

❸ ［古希腊］柏拉图. 理想国［M］. 北京：商务印书馆，1986：12 - 13.

❹ 吕世伦主编. 西方法律思想史［M］. 北京：商务印书馆，2006：27.

❺ ［美］罗尔斯. 正义论［M］. 何怀宏，何包钢，廖申白，译. 北京：中国社会科学出版社，1988：1.

❻ ［美］E. 博登海默. 法理学：法律哲学与法律方法［M］. 邓正来，译. 北京：中国政法大学出版社，2004：298 - 329.

人而获取的不当得利应得到矫正。❶ 例如，在面临同样的审查工作量时，美国的审查机构也许能轻松应对，但也许会打乱某些发展中国家原本的审查工作进度。这时需要在工作量的分配上存在合理的差异性，资源优势明显的成员国可以分配更多部分的工作量；或者在制度运行过程中，前后申请国在工作效率和专利审查质量等方面受到不利影响，应有及时的救济措施予以应对，以期各成员国在该制度下能运作良好，得到合理的回馈。

国际审查秩序来源于各成员国自由意志的约定，当现实的审查工作量超出单个国家所能承受的范围时，各国会谋求合作的方式来改变原来资源和人手的紧缺。一国不能提供更多的资源和力量来解决当前的困境时，将会集合有意愿的国家形成资源的集合来克服专利审查工作的阻力。卢梭认为"要寻找出一种结合的形式，使它能以全部共同的力量来卫护和保障每个结合者的人身和财富，并且由于这一结合而使每一个与全体相联合的个人又只不过是在服从自己本人，并且仍然像以往一样地自由。"❷ 专利权具有地域性，专利授权与否由一国法律进行判断。在专利审查国际协作中，形成的协定使各成员国受制于协议规则，但各国仍需要能像往常一样自由行使主权，依据本国的法律来判断是否给予专利权。法律的目的在于促进自由，即便是形成了约定，将本国的审查权利让渡一部分置于公共意志的指导下，各成员国依然需要保证能自由独立地行使本国的立法、执法和司法权。

❶　Saint Thomas Aquinas. Summa Theologica ［M］. Cambridge University Press，2006：73－75.

❷　［法］卢梭. 社会契约论 ［M］. 何兆武，译. 北京：商务印书馆，2003：19.

安全事关专利审查国际协作制度的稳定性。安全在于保护专利审查国际协作制度的既得利益和预期利益，不在于关注该制度的进展。以我国参与的专利审查高速路（PPH）为例，多数国家所签的协议都有 1～2 年的有效期，有效期满后，再根据协议国的意愿来确定是否续签，在有效期内，还规定了成员国的随时退出机制。制度的不稳定性使通过该制度进行海外申请的专利申请人对制度的合法性产生不确定感，从而破坏申请人使用该制度的信心。但是安全价值并非无所不包。适当的稳定性能增强申请人使用该制度的信念，而固化的专利审查国际协作模式将会使成员国的合作受到抑制，如果没有退出机制，当一国无法适应合作模式要求时，或一国的专利审查工作对后续的专利审查质量产生消极影响时，将妨碍及时的救济。专利审查国际协作制度需要审时揣度，根据全球专利申请和各国专利审查工作的情况调整。严格奉行源于初始达成的协议一成不变，可以使人们在安排专利申请事务和全球专利战略方面遵循一条可以预见的道路，从另一方面，这也可能妨碍人们对专利审查国际协作制度进行必要的变革。

（三）形式正义和实质正义

世界上各主权国家都是平等的，是否加入专利审查国际协作是由各国自由意志决定的。一般来说，协议内容所规定的权利和义务对协议成员国的约束是一致的。罗尔斯认为制度是一种公开的规范体系，每个介入其中的人都知道当这些规范和他对规范规定的活动的参与是一个契约的结果时他所能知道的东西。❶ 也就是说，制度的参与者明白制度的内容，并理解自己在制度中享有

----

❶　[美] 罗尔斯. 正义论 [M]. 何怀宏，何包钢，廖申白，译. 北京：中国社会科学出版社，1988：51.

的权利和承担的义务，同时明白其他的制度参与者在其中的权利和义务，并且能确认其余的参与者都理解了制度的规定，所有人都将按照规定行事。形式正义以制度参与者看得见的方式呈现出来，是正义的载体。

在专利审查国际协作模式中，协议签订的各方都遵循同一协议文本。科技发展程度不同的国家在同一协议文本的制度下能得到同样的法律效果吗？换句话说，各成员国付出相同的努力能否获得与努力相匹配的收获呢？正义的内在价值要求机会的公平平等。平等公正的制度和程序，协议参与国严谨的遵守，不一定能产生平等公正的结果，因为协议参与国的科技和经济实力有差异，他们对同一制度的反应和感受是不一样的。

新颖性、创造性和实用性是判断专利是否授权的关键。目前，各国根据本国的科技现状，对这"三性"的法律规定各不相同。如果审查合作协议采用高标准来协调统一，就有利于提升专利质量，但对科技实力欠佳的发展中国家而言未必是好事，在正义的导向下，协议的审查标准应为成员国的专利授权提供相似的机会。专利审查国际协作制度需要给参与国提供实质的发展机会，才能将各国有效凝聚在同一合作体系内。协议成员国适应共同的审查合作协议，但需考虑适当的差异性。共同但有区别，以期维护实质的正义。

概言之，"正义是使每个人各得其所，坚定的和永恒的意图"。❶

---

❶ 优士丁尼在《法学概论》中给正义（Justice）所下定义：Justice is the set and constant purpose which gives to every man his due. *The Institutes of Justinian*（trans. by J. B. Moyle）Oxford：The Clarendon Press，1949，p. 3. 转引自张乃根. 西方法哲学史纲 [M]. 北京：中国政法大学出版社，2002：88.

在一个制度中，各国都能尽其所能；通过该制度，各国所付出的资源和努力与制度所回馈的机遇和发展相匹配，那么该制度可认为是符合正义的。虽然这是个理想的模式，但可以用来评判一种制度是否在接近正义。在专利审查国际协作制度中，各国共享审查信息，在首次申请和后续申请的权利要求充分对应等条件下，后续申请的专利局将以提交首次申请的专利局的工作结果为基础开展审查工作，前后两局的审查工作紧密相连，专利审查质量与前后两局的审查工作息息相关。虽然专利审查国际协作制度对创新会产生或积极或消极的影响，❶ 在正负影响之间，各国所共享的资源和审查工作与该制度提供的专利质量反馈和创新发展机会相适应，那么该制度可以被认为将无限趋向正义。

二、专利审查国际协作制度的秩序价值

一个法律制度若要恰当地完成其职能，就不仅要力求实现正义，而且须致力于创造秩序。❷ 专利审查国际协作制度的秩序价值表明在制度中运行的各成员必须依照协商一致的规则运作，同时对制度的运作结果具有可预见性，体现了制度规则性和稳定性的要求。庞德认为秩序的标志就是人的"合作本能"和"利己本能"之间建立并保持均衡的状态，而要维持这种秩序需要以法律

---

❶　Alison Brimelow. Hitch a hide on the patent highway［J］. Managing Intellectual Property，2008，（2）：21 – 23；Kurtycz，Eric R. Commentary：New process allows "fast-tracking" of some PCT applications［J］. Michigan Lawyers Weekly，2011，（27）：13 – 16.

❷　［美］E. 博登海默. 法理学：法律哲学与法律方法［M］. 邓正来，译. 北京：中国政法大学出版社，2004：330.

的社会性来取代过分强调个人权利和自由的法律。❶

（一）规则性

专利审查国际协作的模式不是无规则的事件集合，体系内部的运作有着内在的联系，表现出制度运作的一致性和模式化。在PPH中，首次申请局完成审查后，将审查结果提交到后续申请局，以便后续申请局根据合作协议的要求采用首次申请局的审查结果，加速审查。前后申请局的合作衔接都基于一定的规则，这也是专利审查国际协作制度能够得到全球多数国家积极参与的原因之一。

专利审查国际协作制度的规则主要体现在两个方面：审查规则和制度运行规则。凭借这些规则，专利局和专利申请人都可以作出合理的预测。专利审查员可以依据审查规则开展工作，预见审查工作的范围；专利申请人可以依法确定自身在一定条件下参与或不参与国际协作途径来提交专利申请。通过规则的可预见性，行为主体可以根据实体和程序制度对自身行为的性质和内容进行判断。

（二）稳定性

专利审查国际协作制度已经持续了几十年，其中有运作顺利的美日欧合作，也有在不断更迭之中的欧盟专利制度。一方面，制度的稳定性影响到行为主体根据实体法对自身申请行为的性质和内容的判断。目前得到广泛运用的 PPH 制度主要是由国家或地区专利局达成双边或多边协议来构建，协议一般附有起止日期，因此，制度具有一定的有效期限。在有效期限内，专利申请人可以依据审查协作制度的规定为或不为一定的行为，对在审查协作制度有效期限

---

❶ 张文显. 法理学［M］. 北京：法律出版社，2004：236.

内完成的事情具有可预见性。然而，专利审查在多数国家有大约 3 年的时间，即使 PPH 能加速审查，专利申请人对自身审查能在多长时间得到仍然没有固定的时间安排。同时，有的国家之间所签订的 PPH 协议有效期限为两年，使得专利申请人对自身的专利申请能否在有效期限内走完整个流程都不是太有信心。

另一方面，专利申请人根据专利审查国际协作制度来估计其他专利申请人的行为。例如，华为在中日 PPH 试行之时递交了申请，根据专利审查国际协作的实体法规则进行加速审查，在很短时间获得专利授权；另外的通信企业在中日 PPH 协议接近有效期限末尾提交申请，则可能承担制度不在，必须寻求另外的途径来实现加速审查的风险；该通信企业也有可能一开始就寻求了其他的申请途径，或改变申请策略。

专利审查国际协作制度的稳定性影响行为主体对自身行为的判断，也影响他人行为的预期。秩序价值体现了法的指引作用。

三、专利审查国际协作制度的利益价值

利益是"人们通过社会关系表现出来的不同需求"。❶ 利益揭示了人们的社会关系，这种社会关系体现在人与人之间的相互联系，或协调，或对立。利益这种社会关系首要表现的是社会经济关系，即一定的经济基础决定上层建筑，决定了围绕利益的社会历史发展。在专利审查国际协作制度中，制度的演变基于制度本身所体现出来的利益关系的变化更迭。

（一）利益的法学理论考察

从法学理论的基础出发，庞德的社会学法学通过社会实践，

---

❶ 冯契. 哲学大辞典［M］. 上海：上海辞书出版社，1992：799.

从社会运行的现实来考察法律的价值准则，从而让法学的理论研究源自社会实践，成为社会改革的动力。从主体利益出发，庞德对各种利益进行了划分，"个人利益是直接从个人生活本身出发，以个人生活名义所提出的主张、要求和愿望。公共利益是从政治组织社会生活角度出发，以政治组织社会名义提出的主张、要求和愿望。社会利益是从社会生活角度出发，为维护社会秩序、社会的正常活动而提出的主张、要求和愿望。"❶ 在专利审查国际协作制度的实践中，各种利益的相互交织推动了制度的演变，在这其中，成员国或单个国家或地区专利局的利益是从本国或本地区出发，反映本国或本地区对专利审查的需求。制度利益是从专利审查国际协作制度出发，以制度总体效用为基础体现的主张和要求。全球利益是从世界共同发展的角度出发，为维护专利审查制度在世界各国之间顺畅运行提出的要求和愿望。

（二）利益的特点：多元性、包容性和规制性

在国际协作的体系中，利益具有多元性。专利审查国际协作是一个开放的体系，欢迎各国或地区的专利局以各方都能接受的方式进行审查协作。各国基于不同的文化、法律制度和体系，对于审查合作会有不同的解读，从审查协作体系中得到的反馈也不一样，利益对于不同的主体而言并不一致，具有多元性。在一个开放的协作体系中，利益总是通过不断的扩张来实现增长。基于多元性的特点，利益在不断的增长和扩张中需要具有包容性，才能实现利益增殖的目的。即使利益具有多元性和包容性的特点，在利益的发展进程中，利益需要指向一定的目标，如长远利益、全局利益和根本利

❶ 庞德. 法理学［M］. 转引自沈宗灵. 现代西方法律哲学. 北京：法律出版社，1983：76.

益等，而这一切体现为利益的规制性。为或不为是利益所体现的规制。行政处罚、刑事惩罚和经济制裁等都将使被约束的对象承担利益上的损失，以利益的得失来规制行为者的行为。任何主体都将在利益规制的范围内自觉调整自身的行为，避免利益的损失。通过利益的规制将使专利审查国际协作制度从双边协议或多边协议内化为成员国或地区自身的审查制度，从而在制度的运行过程中获得制度收益，而不是承担利益的损失。

（三）利益的作用

专利制度通过利益的分配起到激励创新的目的，可知利益具有激励作用。利益的社会作用是多方面的，其中首要的一点是动力作用，即利益是社会发展的动力。❶ 通过利益的激励，主体的行为将是主动的、自发的，并将持续下去。专利审查国际协作制度需要构建一个良好的利益体系，在这个体系中，各个主体都将得到利益的回馈。同时，主体利益的多或少还取决于主体对于审查制度运行的顺畅程度。在专利审查国际协作的体系之中，利益追求的正当性能真实地得到反映。成员国或地区专利局的利益追求与制度制约因素一致则可以有效降低审查成本，缓解审查积压；反之，如果不一致，则成员国或地区专利局的利益将得不到体现。在专利审查国际协作制度的运行中，如果忽视了成员对利益的追求，将会增大专利审查的成本，降低专利审查工作的效率。当然，对利益的追求应当有适当的引导和校正。从这个意义上来说，专利审查国际协作制度应当具备良好的法律规范，法律运行其中不仅可以调整利益关系，还可以保障基于一定价值需求的利益能够得到最大的实现。这里产生了均衡和最大化的问题，

---

❶ 张国钧. 邓小平的利益观 ［M］. 北京：北京出版社，1998：2－3.

在下文的价值选择和价值衡量中，这两个问题会从多方面得到详细的阐释和论证。

第三节　不同利益主体的价值困境

一、国家和地区之间科技实力的差异

专利审查国际协作制度的产生基于各国专利局对于审查积压的忧虑，是审查资源不足以跟进全球专利申请量激增的趋势的结果。当一国的审查资源短缺时，在全球范围内寻求资源的调整和配置成为一种可以诉求的方法。

然而，不同的国家或地区之间科技实力存在较大的差异。美日作为 PPH 的发起者，是全球专利申请中的佼佼者。2013 年，美日分列全球 PCT 申请的第一位和第二位；两者申请量比排名第三至第十位申请量的总和还多。❶ 排名前十位的国家中，除了中国是发展中国家，其余全部是发达国家。由此可见，在科技实力的较量中，发达国家仍是占据主导的优势地位。

二、基于差异性的不同需求

在专利政策的选择上，基于各国科技发展的不同阶段，各国

---

❶ Patent filings under the Patent Cooperation Treaty in 2013 ［EB/OL］. http：//www. wipo. int/export/sites/www/ipstats/en/docs/infographics ＿ patents ＿ 2013. pdf，2014－03－20.

的诉求必然是千差万别。一部分国家在寻求某种产业的起步和发展时，另一部分国家已经开始为自身的该产业寻求对自身有利的强势保护，专利审查国际协作制度将各国归于一个审查体系之中，是否能考虑到不同层次的需求，也值得深思。发达国家希望专利技术在全球范围内得到最快最强的保护，更快实现专利的全球战略布局；发展中国家由于存在资本和技术上的限制，在全球范围内更快实现专利制度的保护对于本国薄弱的产业发展未必有利，加大了他们从发达国家获取技术的成本。知识产权不是目的而是手段，知识产权不能成为一国技术发展的壁垒，❶ 同样，专利审查国际协作制度不能成为一国在寻求审查资源配置过程中限制本国薄弱技术产业的途径。

广大发展中国家强调维护本国的发展，要求建立国际秩序的新关系来牵制技术强国具有攻击性的专利战略。在专利审查国际协作的体系中，制度的运行在本质上就需要在审查资源适用的过程中掌握好利益分配的格局。

三、利益结构失衡

尽管专利审查资源的紧缺与各国专利审查工作的需求密切相关，但是，对于如何保障并实现自身的利益，每个国家并不具备相同的能力和手段。一个国家力量的大小、获取利益能力的高低并不取决于国家人数的多少，而是取决于它的组织能力和综合国力。这样一来，分散的各个小国家与综合实力的大国在专利审查国际协作体系中对审查资源的寻求和实际占有方面将严重不对等。

---

❶　朱雪忠. 论低碳发展与我国专利法的完善［J］. 知识产权，2011 (6)：4-6.

专利审查国际协作制度由各国通过自愿达成的双边协议或多边协议形成。国际社会是平权主体，没有凌驾于各个国家之上的机构存在，因此，也就没有凌驾于国家之上的利益主体的存在。在审查协作制度中，各个成员自身就是最根本的利益主体。由于决策权与国家的综合国力相关，基于决策所形成的利益也有不同。当前的国际法律制度"理念、价值、原则、规则、规章和制度越来越注重单个人和整个人类的法律地位、各种权力和利益的确立、维护和实现"。❶ 专利审查国际协作制度不仅为缓解审查积压而存在，更需要为使用制度的专利申请人考虑，使专利申请人的利益在同一平台上得到保障。目前不同国家之间对双方能够认可的审查结果范围不同，权利要求的认定程度也存在差异，美国的专利申请人和中国的专利申请人可能会因为国籍的差异而在一国的专利审查中匹配不同的加速审查标准。

第四节　专利审查国际协作制度的价值选择

一、理论基础：制度理性

理性是经济分析的前提，它追求将目标的实现达到最大化的程度。经济学中核心思想就是假设"理性经济人"，总是追求效用最大化。理性选择（rational choice）是利用现有资源最有效地

---

❶ 曾令良. 现代国际法的人本化发展趋势［J］. 中国社会科学，2007（1）：89 - 103.

满足决策者需要的选择。❶ PPH 制度存在具有可进行标准化处理和计算的大量数据，❷ 这些数据是验证制度效果的客观依据，同时也隐含着制度普遍化的规律。"尽管经济分析法学受到各种各样的批评或指责，经济分析法学把经济学的效率原理和方法运用于法学研究，为西方法学注入了新的生机，也为法学的现实服务开辟了新路。"❸

新制度经济学不仅将成本—收益的方法引入制度分析，还将供给与需求的分析方法引入制度分析。美国经济学家舒尔茨在《制度与人的经济价值的不断提高》这篇著名的论文中提出：制度是某些服务的供给者，他们应经济增长的需要而产生，制度之所以可以引入经济学的分析，是因为制度能提供经济的服务，具有价值。❹ 在此理论的基础上，本书认为专利审查法律制度存在一个法律供求关系。法律制度的确立是一个从供求不均衡到供求均衡再到供求不均衡的循环往复过程，专利审查法律制度也经历着这样的过程。传统的专利法律制度具有严格的地域性，一国授予的专利权只在本国法律范围内有效，若想获得他国的专利法保护，则需另行在他国提出申请，经历检索、审查和授权等阶段。

---

❶ ［加］罗宾·巴德（Robin Bade），迈克尔·帕金（Michael Parkin）. 微观经济学原理（第二版）［M］. 王秋石，李胜兰，等译. 北京：中国人民大学出版社，2004：11.

❷ JPO、USPTO 和 WIPO 等官方机构公布了 PPH 运行中产生的相关数据，为该制度的理性论证提供了客观的数据条件。

❸ 张文显. 二十世纪西方法哲学思潮研究［M］. 北京：法律出版社，1996：239.

❹ ［美］T. W. 舒尔茨. 制度与人的经济价值的不断提高［A］. 科斯等. 财产权利与制度变迁. 上海：上海三联书店，1994：253－257.

在各国经济独立发展的时期，这种专利法律制度有效激励了创新，促进了本国的经济发展。当今世界各国的经济发展程度不同，一国在生产某种产品上存在比较优势，❶ 而另一国在另外的产品存在比较优势，进行贸易存在互惠的利益，❷ 因此世界各国之间的经贸往来越发紧密，有效促进全球财富的增长。经济的全球化促使发明创造积极在全球寻求保护，要求打破专利制度地域化的客观需求也越来越紧迫，传统的专利法律制度显现出一定的局限性，专利法律制度的供求出现了不均衡的状态。

法律供求均衡是指目前实施的法律能够满足现实的需要，且与现实社会对法律的需求处于供给平衡的状态。这是一种理想的立法模式，无须法律制度的更替。法律供求不均衡则可以分为两种情况：（1）目前实施的法律不能满足现实的需要；（2）法律的制定超出了社会的实际需求。这两种不均衡的状态下都存在潜在的制度需求，人们对目前实施的法律制度表示不满意，愿意改变当前的法律制度而设立新的制度予以替代，从而达到法律供求均衡，实现法律制度的最大效益。

在经济全球化的推动下，专利制度区域化、一体化的要求日

---

❶ 比较优势（comparative advantage）：一个国家的成本，相对于它生产其他商品来说，比另一个国家低。参见［美］罗伯特·S. 平狄克、丹尼尔·L. 鲁宾费尔德. 微观经济学（第七版）［M］. 张军校，高远、朱海洋、范子英、张弘译. 北京：中国人民大学出版社，2009：566.

❷ ［美］罗伯特·S. 平狄克，丹尼尔·L. 鲁宾费尔德. 微观经济学（第七版）［M］. 张军校，高远，朱海洋，范子英，张弘译. 北京：中国人民大学出版社，2009：568.

益迫切，具有代表性的是欧盟专利制度的一体化。❶ 2012 年 12 月
11 日，欧洲议会通过欧盟单一专利制度的议案，确定了欧盟单一
专利规则、欧盟单一专利使用的语言❷和欧盟单一专利法院的设
立地。❸ 新制度积极寻求的专利法律制度与社会经济发展之间的
供求均衡，极大地削减了专利成本，适应了欧盟统一市场，将促
进欧盟经济特别是欧盟中小企业的发展。欧盟专利制度的调整在
一定程度上适应了欧盟市场的客观需求，让专利法律制度趋于供
求均衡。专利审查高速路在更大的范围上构建专利审查国际协
作，有着各国需求的趋同，也有着各种专利审查制度的差异。审
查合作既是自由、平等的状态，也存在冲突的情形；专利审查国
际协作的法律制度对审查协作的资源起配置作用，这是理性的体
现。对于一项制度，参与者必然关注该制度的规则和目的。这些
规则和目的就是要给为数众多的却又杂乱无序的人类活动以某些
模式和结构，从而避免发生失控。❹ 按照理解，在为数众多却又
各自为政的各国专利审查工作的基础上，专利审查国际协作制度
需要构建一种合作的结构模式，并能长期稳定地维持各国专利的
授权和质量。满足个体的合理需要和主张，并与此同时促进生产

---

❶ Creation of unitary patent protection ［EB/OL］. http：//www. europarl. eu-ropa. eu/sides/getDoc. do？ type ＝ PV&reference ＝ 20121211&secondRef ＝ ITEM － 004&format ＝ XML&language ＝ EN，2013 －05 －15.

❷ 英语、法语或德语。

❸ 巴黎、伦敦和慕尼黑。

❹ ［美］E. 博登海默. 法理学：法律哲学与法律方法 ［M］. 邓正来，译. 北京：中国政法大学出版社，2004：260.

进步和提高社会内聚性的程度，这是维持文明社会所必需的，❶也是构建专利审查高速路的指向。

二、现实应用：缓解专利审查积压

由于专利权的地域性，申请人欲获得某国的专利权则需经过该国的申请、审查和授权等程序，其过程繁杂且耗费大量的人力、物力和财力，其中重复的检索、审查和授权是对公共资源的极大消耗，世界各国都在寻求一种合理的制度来避免这种消耗。在全球专利申请激增的今天，专利审查出现了积压，各国更迫切地寻求合适的方式来应对出现的问题，专利审查国际协作应运而生。这是各国就专利申请、专利检索、专利审查等多项专利事务达成合意后形成的一种协作制度。该制度滥觞于 20 世纪 80 年代美、日、欧的三方合作模式。

从《保护工业产权巴黎公约》（以下简称"巴黎公约"）开始，设立了国民待遇和优先权原则，为他国申请人在本国的申请打开了一条便利的通道。此后，PCT 和与 TRIPs 协议进一步为申请人在他国寻求专利权保护提供了便捷。PCT 途径允许提交一份申请，指定多个申请国，则可以同时获得这些国家的申请日，无须提交多份申请分别至每个国家；TRIPs 协议为专利权在各国确定了最低保护标准，从而为申请人在世界各国的专利保护寻求实体上的一致性。但这些协议均没有涉及最关键的专利审查和授权程序，各国对专利权的授予仍根据本国的专利法来确定。

在 PPH 模式下，由于后续申请局采用了首次申请局的审查信

---

❶ ［美］E. 博登海默. 法理学：法律哲学与法律方法［M］. 邓正来，译. 北京：中国政法大学出版社，2004：261.

息，从而减轻了后续申请局的工作负荷，为避免重复审查提供了可能性；同理，基于审查信息的共享，后续申请局有可能提高工作效率、加速审查，❶ 节省专利申请的时间成本和经济成本。但也有不少国家担心该协作制度对其本国法律体系的影响，并努力对此寻求解决方案。自 2006 年美日倡导构建专利审查高速路，目前已有 30 多个成员国。❷ PPH 的初衷是缓解审查积压。在 PPH 运行过程中，专利申请的授权率提高、答复审查意见的次数降低、继续审查请求和申诉率减少，从而降低了取得专利的成本、激发了社会的创造热情，为科技创新提供了动力，产生了正的外部性。PPH 的外部性拓展了其应用的范围，促进了其演变和发展。2014 年 1 月 6 日，IP5 PPH 和 Global PPH 项目成立，二者的建立在更大的范围内将专利审查的国际合作推向一体化。

　　五局专利审查高速路（IP5 PPH）项目于 2014 年 1 月 6 日起开始实施，为期 3 年。❸ 在 IP5 PPH 中，在权利要求方面有着严格的规定：在其他四局之一局至少有一个对应申请，其具有一项或多项被该局认定为可授权/具有可专利性的权利要求。可专利性权利要求的充分对应成为在 IP5 PPH 中申请加速审查、获得授权的关键。对于可专利性的权利要求，美国专利商标局、日本特

---

❶　The PPH allows patent applicants who have received a favourable decision by a first Office to request an accelerated examination of a corresponding patent application filed at another Office ［EB/OL］. http：//www. ipo. gov. uk/p-pph-pilot. htm，2013 - 06 - 20.

❷　http：//www. jpo. go. jp/cgi/linke. cgi? url ＝/rireki ＿ e/whate. htm，2014 - 08 - 28.

❸　参见附录一《在五局专利审查高速路（IP5 PPH）试点项目下向中国国家知识产权局（SIPO）提出 PPH 请求的流程》。

许厅、欧洲专利局、中国国家知识产权局和韩国知识产权局有不同的规定，各局仍是按照各自相关法律来确定授权与否。

在 Global PPH 和 IP5 PPH 的合作协议中，协议各方简单而详尽地列出了各自审查机构对可专利性的认定标准，并尽可能使各协议方在某些可专利性条款上达成一致，使专利的授权审查标准相互认可，相互接近，从而能够在更大程度上共享审查信息，加速审查，以期实现缓解审查积压的目的。❶ 从专利审查高速路的发展可知，PPH 对实体法的协调初见端倪。中国自 2011 年 11 月 1 日启动首个 PPH 试点以来，已与 18 个国家启动了双边 PPH 试点业务，加上通过五局合作机制，由中、美、欧、日、韩五局共同达成的 IP5 PPH 试点，中国国家知识产权局通过双边和五局合作机制与国外专利行政机构启动的 PPH 项目总数已达 19 个，❷ 截至 2013 年年底，我国专利申请人利用该合作机制，已就 836 件国外专利申请提出 PPH 请求，这些专利申请均获得了不同程度加快审查，有些在短时间内就获得授权。❸ 研究表明，专利审查过程的改进与专利质量的提升具有极大的相关性。❹ 在国际贸易越来

---

❶ 余力熔，朱雪忠. 专利审查国际协作制度完善及中国的策略 [J]. 科技进步与对策，2014，31（17）：106 – 110.

❷ 吴艳. PPH 对外合作网络：助力中国企业"走出去" [EB/OL]. http：//www. sipo. gov. cn/zscqgz/2014/201408/t20140827_ 1001343. html，2014 – 11 – 18.

❸ 贺延芳. 我国专利审查高速路对外合作网络已初步形成 [EB/OL]. http：//www. sipo. gov. cn/zscqgz/2014/201403/t20140328 _ 924130. html，2014 – 03 – 30.

❹ Ronald J. Mann，Marian Underweiser. A New Look at Patent Quality：Relating Patent Prosecution to Validity [J]. Journal of Empirical Legal Studies，2012（9）：1 – 32.

越频繁的当今世界，专利审查信息共享机制削弱了专利地域性对贸易和保护带来的消极影响，顺应了国家间的专利制度协调和统一的客观需求，是各国努力寻求专利法律制度供求均衡的一种有益尝试。

三、制度理性的目标指向

缓解庞大的审查积压案是构建 PPH 的初衷，在专利审查国际协作制度下的信息共享减少了专利审查部门检索的工作量。由于参照了首次申请局的审查意见，后续申请局缩小了审查的权利要求的范围，并对授权意见的确定有了支持的信息，便于其及时高效做出决定。对专利局而言，采用专利审查高速路，就是为了有效节省成本，缓解审查积压，提高工作效率。由于各国专利制度的差异化，各国还不能实行相互承认审查结果，而各国努力达成的审查信息共享机制已经是目前可供选择并可行的制度方案中效率较好的方案。

在专利审查高速路中，参与的各成员作为理性的"经济人"必将寻求有效方式保护依据本国法律授予的专利权，从而最大限度满足本国利益。马克斯·韦伯认为"显然，法律保障在很大程度上直接服务于经济利益。即使在情况似乎并非如此——或确实并非如此时，经济利益也是影响立法最强烈的因素之一。原因在于，任何为法律秩序提供保障的权威都以某种方式依赖于构成该秩序的社会群体的共识性行动，而社会群体的形成在很大程度上依赖于物质利益的配合"。❶ 当前，为了应对审查积压、追求审查

---

❶ ［德］马克斯·韦伯. 经济、诸社会领域及权力［M］. 李强，译. 上海：上海三联书店，1998：36.

工作效率的最大化，各专利局都期待建立一种实现各自最大目标而趋于长期存在的相互协作方式，而这将需要各国长期的博弈来实现理性的选择。

（一）收益观

申请人寻求专利权的国际保护更多是以自身效益的最大化为目标。"在我看来，最大化行为、市场均衡和偏好稳定的综合假定及其不折不扣地运用便构成了经济分析的核心。"❶ 法律制度设立时应全面考虑申请人的选择行为：第一，经济人的假设，申请人以寻求自身利益的最大化为目标；第二，理性的考虑，申请人将根据法律规则和自身利益之间的关系做出判断，选择合适的规则；第三，如果存在良好的法律和制度的保障，申请人追求自身利益最大化的行为会自然而然、卓有成效地促进社会的公共利益。毋庸置疑，能促使交易成本最小、更好实现效率的制度是申请人的首选。科斯定理指出，在一个交易成本为零的世界里，无论采用何种方式配置资源或适用何种法规，只要交易自由，就会有高效率的结果。❷ 因此，在现实中存在交易成本的情况下，能使交易成本最小化的法律是最适当的法律。即法律的目的就是使交易成本降到最低，从而实现最佳效率，以专利审查高速路为代表的专利审查国际协作制度也需基于此而建立。

目前状态的制度收益小于另一种可选择的制度方案，如建立稳定的快速审查方式，而不是以一年一签或几年一签的协议方式

---

❶ ［美］加里·S. 贝克尔. 人类行为的经济分析［M］. 王业宇，陈琪译. 上海：上海三联书店，上海人民出版社，1995：8.

❷ Coase. The Problem of Social Cost［J］. Journal of Law and Economics，1960（3）：1－67.

来确定的加速审查模式；或者建立如同欧盟统一专利制度的合作模式，各国之间实行统一的专利申请制度，单一专利、成员国专利和传统的欧洲专利并行，削减高达 80% 的欧洲专利费用。❶ 更重要的是，当前的 PPH 是一种法律程序制度，并未涉及专利审查中可专利性等实质要件的内容，在面临专利制度差异化和专利权的地域性等问题时，现行的 PPH 则显得无能为力，这在一定程度上削弱了其节省成本的优势。如果各国能在实体专利法和审查制度方面达成协调，则专利审查国际协作将产生优于现行 PPH 的制度利润。

（二）效率观

由于 PPH 存在制度供求的非均衡性，各国专利局将需要在该制度的基础上进一步寻找一种新的制度来实现专利审查制度方案的净收益最大。在该制度下，不存在潜在的制度利润，其实质是达到帕累托最优（Pareto Efficiency）。它主要指这样一种资源配置状态，即在这种状态下，已经不可能通过重组或交易等手段，既提高某一人的效用和满足程度，又不降低其他人的效用和满足程度。❷ PPH 没有达到这种状态，因此，PPH 不是专利审查国际协作模式的最终归属，却是专利审查国际协作制度趋向法律制度供求均衡中的可行之路。波斯纳认为："这一效率概念（帕累托最

---

❶ 国家知识产权局编译. 议会批准欧盟统一专利规则［EB/OL］. http://www. sipo. gov. cn/wqyz/gwdt/201212/t20121227_ 781661. html，2013 – 04 – 20.

❷ ［美］保罗·萨缪尔森，威廉·诺德豪斯. 经济学（第十七版）［M］. 萧琛，译. 北京：人民邮电出版社，2004：608.

优）在现在看来已非常苛刻，而且对现实世界的可适用性很小"。❶ 而其在著作中广泛采用了"卡尔多－希克斯标准"的效率观，即在社会中，人的福利状况不一致，且在不断的变化之中，同一种法律制度下，很可能一部分人受益，一部分人受损，只要从社会的整体上考虑益大于损，则表明该法律制度使社会的总体福利增加了，与此相应的法律制度也就具有了效率性。❷ 当前的专利审查高速路在"提高审查速度、减少案件积压和诉讼支等方面的优势"得到肯定，世界知识产权组织《专利合作条约》工作组拟提出一份有关将专利审查高速路体系并入《专利合作条约》的修订案。❸ 以此看来，当前的专利审查国际协作受到各专利大国和地区专利合作组织的推动，正是基于此效率观而表明了 PPH 现阶段存在的必要性。

无论是发达国家还是发展中国家，所有意识形态的主张均具有本国利益的基础与考量，理性选择不仅体现效率价值观，更是该观念的倡导者；理性选择关注的就是同一目标——资源配置效率最大化，选择不同行动方案之间的比较，究竟何种方案有利于

❶ ［美］理查德·A. 波斯纳. 法律的经济分析（上）［M］. 蒋兆康，译. 北京：中国大百科全书出版社，1997：16.

❷ Hicks, John. The Foundations of Welfare Economics ［J］. The Economic Journal, 1939, 49 (196): 696 - 712; Kaldor, Nicholas. Welfare Propositions in Economics and Interpersonal Comparisons of Utility ［J］. The Economic Journal, 1939 (49): 549 - 552.

❸ WIPO 拟将专利审查高速路纳入《专利合作条约》［EB/OL］. http://www.cnpat.com.cn/show/news/NewsInfo.aspx? Type = G&NewsId = 4369, 2013 - 07 - 10.

行为人利益的最大化。❶ 专利制度对科技产业有着广泛的影响，它为研发提供动力，理想的状态是，专利制度应考虑差异性，全面促进科技进步。❷ 专利权地域性的存在和各国专利制度的差异化，使目前以 PPH 为代表的专利审查国际协作仍处于信息共享的阶段，更多的是限于检索信息的部分，而各国相互承认审查结果仍然是不可行的，并且制度的执行效率也受到一定限制。

四、制度理性的扩围思考

没有一个高于世界各主权国家的立法机构存在，只有当各国认识到共同遵守某项反复的规定是必要且适当的时候，习惯法才会存在；只要当各国共同表示接受和服从某项由条约所规定的原则和条款的时候，条约法才能成立。❸ 且不说世界上存在两大不同的法系——普通法法系和大陆法系，各国和地区的法律规则和法律文化本身就存在极大的差异性。任何人都能虚构合意的原则和美好的未来，而如何把国家行为与一系列合意的、有可能遵守的规则统一起来，法律本身很难做出合理的解释。❹ 专利审查高速路发展模式的多元化将更多的国家纳入合作的网络之中，合作

---

❶　魏建. 理性选择理论与法经济学的发展 [J]. 中国社会科学，2002（1）：101 – 113.

❷　Michael J. Meurer，James E. Bessen，Lessons for Patent Policy from Empirical Research on Patent Litigation [J]. Lewis & Clark Law Review，2005（9）：1 – 27.

❸　刘志云. 现代国际关系理论视野下的国际法 [M]. 北京：法律出版社，2006：381.

❹　[美] 玛莎·费丽莫. 国际社会中的国家利益 [M]. 袁正清，译. 杭州：浙江人民出版社，2001：166 – 167.

协议促进各国审查标准的借鉴和融合，出现了实体法趋同的倾向。

（一）效用导向制度对于公平的权衡

公平是法永恒的价值命题。基于双边或多边条约构建的专利审查高速路具备公平性才能保证其生命力。在制度理性的现实指向于资源配置效率的最大化时，资源配置的合理性也需要关注。合理性包含公平的解释，究竟什么是公平呢？公平的内容是不断发展变化的。既存在古希腊哲人加里克里斯提出的"优者比劣者多获得一些，乃是公正（平）的"，"自然所昭示的都是：公正（平）是在于优者统治劣者，优者比劣者占有更多"；❶ 也存在亚里士多德认为不论贫贱或富贵，都应一视平等，"故用公平一字之时，辄有为群治造福或保持其福源之义"，"公平为百德之总者是也"。❷ 专利审查高速路成员国的国力有差异性，即使是在适用同一制度时，也会出现形式的公平与实际的公平脱节的状况，从而需要有合适的救济措施去弥补实际的公平。在专利审查国际协作中，公平主要关注通过这种制度来配置资源、分配权利以及收益的获得。国际社会是平权社会，成员国之间相互独立，通过协议彼此让渡一部分权利合作共享。在专利审查高速路中，如果出现科技优势一方在审查协作中较弱势一方能获得更多收益，则弱势一方可以选择退出合作，这样一来，优势一方的利益也就没有存在的基础。只有均衡各成员国的利益，才可能维持专利审查国

---

❶ 周辅成．西方伦理学名著选辑（上卷）．北京：商务印书馆，1964：29.

❷ ［古希腊］Aristotle. 亚里士多德伦理学［M］．向达，译．北京：商务印书馆民国二十二年一月初版（1933年），2006影印本：97.

际协作的可持续发展。这种均衡在法律上对应一种公平的状态。另外，协作模式的公平可以考虑为两种情况：法律公平和经济公平。法律公平集中反映的是专利审查国际协作制度的平等，各个成员国根据自身的意志签署协议，在权利的配置中，协议的规则、内容和程序对各国都是公平的。经济公平则应考虑各个成员国有公平的机会参与到专利审查国际协作中来，也就意味着各国参与审查协作的机会公平和审查结果的公平。在同一体系中，各成员国在专利审查工作的效率提升和专利质量的控制上也是公平的，避免出现一国加入专利审查高速路中导致一国专利质量下降而另一国专利质量提升的情况。法律公平和经济公平是不同角度的公平观，两者并不矛盾，而是相辅相成。

（二）文化差异下合作与冲突的协调

在专利审查国际协作中，合作方之间不可避免存在一个"安全困境"。❶ 在 PPH 之中合作的两方，有可能合作得非常愉快，也有可能提前终止合约，关键取决于合作两局采取的合作方式与态度以及双方对这种方式和态度的理解。合作的两局彼此把对方当成友好的合作伙伴还是残酷的竞争对手会产生不同的互动关系。假设朝鲜加入 PPH，与朝鲜合作还是与同为亚洲国家的日本合作，对美国而言完全不是同一个概念的合作关系。与其说是双方的科技与经济实力的巨大差异，不如说是彼此的观点和文化理念在起作用。

合作的两局或多局把彼此当成朋友，那么这种协作共进的良

---

❶ Kenneth N. Walt. The Anarchic Structure of World Politics [C]. *International Politics*: *Enduring Concepts and Contemporary Issue*, Edited by Robert J. Art and Robert Jervis, Longman Inc. , 2002: 48.

好期望将使双方建立高度的互信关系，各方之间的申请流程将更为顺畅，专利质量能在较大程度上保持稳定性；如果一方的审查行为被另一方理解为威胁，则另一方会采取相应的措施来应对，而这种行为往往会被对方解读为不友好的态度，长此以往，彼此之间具有高度的猜疑性，会将协作模式的效果朝坏的方向发展，最终导致专利审查国际协作的分崩离析。文化影响合作方彼此的身份认同，这对专利审查国际协作模式的合作质量及稳定性有重要的消极或积极作用。在专利审查国际协作中的各方应坚持互利合作，消除隔阂，促进文化及身份认同，营造一个安全有效可持续发展的审查信息共享机制。

五、制度理性的博弈分析

如上文分析，PPH 并非达到专利审查法律制度的供求均衡，并且还存在成本收益、公平效率、法律文化和身份认同等方面问题。这种状态将促使专利审查协作制度的发展和更迭，以期无限接近法律制度的供求均衡。目前实施的专利审查国际协作法律制度还需进一步完善协作机制，理性均衡各成员国利益，以期达到专利审查的现实对法律的需求处于供给平衡的状态，实现专利审查国际协作法律制度的最大效益。

各成员国的法律规范和法律文化千差万别，单纯就法律制度进行理论性的协商容易受到现实的质疑。专利审查国际协作是各个不同专利制度的国家共同协商、争取各国利益最大化的过程，实现这种法律制度的供求均衡必然是各国长期博弈的一个过程。参与审查协作的每一方都期望实现自身的最大目标，而理想的均衡状态是在专利审查国际协作中各国都同时达到最大目标而保持这种合作模式的长期存在。在这种合作模式下，所有参与国都将获得一种最优选择，设定其他国家的决定，没有任何国家有兴趣做出新的选择。在各国主权平等、没有外在强制力的约束下，专利审查国际协作制度长期有效自动实施的最佳状态是实现纳什均衡，其实，如果专利审查国际协作不构成纳什均衡，它就无法在相关国家间推进实施，因为至少有一国会违背这个审查协议而去选择更有利于最大化自身目标的行为方式。这将是一个各国长期博弈的进程，通过这个进程，专利审查国际协作模式将无限趋向于该均衡。

六、诉求冲突及价值调适

在专利审查国际协作中，发展中国家谋求本国科技的进一步发展，而发达国家则追求本国的技术扩展和全球市场占领，这在一定程度上抑制了发展中国家的技术发展。科技实力和市场前景不同的国家有着不同的诉求，那么，怎样的制度适合世界上大多数国家参与其中，分享收益、谋求发展呢？从技术发展的本身对审查合作模式进行考察，似乎是有利的，它能加速审查，节省成本。但是对一种制度的研究，并不能以技术本身的发展或者由技术给某个具体的专利权人带来的收益来证明其合理性。

（一）分析方法

实证分析能清楚将制度的运行情况和运行效果说明，WIPO提供的各种实时数据可供全球对知识产权制度进行研究的学者参考，具体到部分国家组成的审查合作模式中，也会有国家的审查机构提供相关数据供参考，如日本特许厅提供的 PPH 数据。这些数据充分表明当前专利审查国际协作模式的优越性，这也是美日欧三边局合作（Trilateral cooperation）能持续 30 年并推动构建

IP5 的原因。实证分析能够证明制度带来的总效用，在诉求冲突、制度如何构建和选择上，还需要规范分析。

规范分析涉及不同的价值选择，也包含特定的制度设计。技术的发展多数集中于美日欧等发达国家，即使专利审查国际协作制度促进了技术的进步，美日欧等发达国家所获得的收益也远大于其他发展中国家。如果要在当前的制度中使本国的效用最大化，就要提高本国的科技发展速度，近年来，中国在全球的专利申请一直位于世界前列就是很好的例证。❶ 但并非每一个发展中国家都能有如此的发展速度，在审查协作制度的淘汰赛中，一些科技实力较弱的国家将被边缘化。这表明在目前的专利审查国际协作中，不同国家所获得的收益不同，科技强国与科技发展中的小国之间有较大差距。

（二）多元利益的调控

在国际环境中，多元利益的共存和竞争是一个普遍的事实。客观上，各国之间不可避免存在利益的矛盾和冲突，如果专利审查国际协作制度在调整利益矛盾一事上表现消极，或者具有对某种利益主体的倾向性，那么，审查合作的可能性将会消失，取而代之的是冲突和对抗。

对于专利审查国际协作制度的发展，首先，需要意识到的是不同利益主体之间的相互竞争，国际社会所形成的相互重叠、

---

❶ *US and China Drive International Patent Filing Growth in Record-Setting Year*，The PCT system allows users to seek patent protection simultaneously in multiple jurisdictions by filing a single international patent application；PCT application data are estimates as WIPO continues to receive in 2014 PCT applications that were filed with national offices in 2013；http：//www. wipo. int/pressroom/en/articles/2014/article_ 0002. html#2&quot；&quot，2014 – 03 – 21.

相互竞争的复杂利益结构。在完善制度的过程中，需适时在不同国家之间进行调整，在各成员国的科技实力变化中进行判断、选择和平衡。其次，专利审查国际协作制度要遵循各国利益一律平等的原则。在国际社会中，不同的国家会因为其综合国力的差异性而在国际协作制度中所获得的收益有差异，但这并不表明存在一国的国家利益高于另一国，没有一国的国家利益可以凌驾于另一国之上。最后，专利审查国际协作制度的初衷是缓解审查积压，促进科技创新，因此，该制度的完善和发展需要充分重视其激励作用，为国家的科技创新提供动力支持。科技创新的动力是个复杂的系统，而启动这个系统往往是主体的利益追求。利益追求能不能真实地表现出来，能否对科技创新发挥作用，关键在于专利审查国际协作制度能否实现主体的效用最大化。如果一致，则可以加速审查，节省时间和经济成本，有效地促进科技发展；如果不一致，主体发展科技的利益诉求会遭到漠视，甚至是否定。在专利审查国际协作中，漠视和否定实质是一种消耗，不仅消耗了直接的经济成本，而且损失了可预期的技术市场。

专利审查国际协作模式既需要考虑技术的发展，实现制度总效用的最大化，还需要保证协作成员国中境况最差的国家能够实现科技的进步，不能因为发达国家充分利用审查协作制度的优越性而挤占了这些国家科技的发展空间。在未来，专利审查国际协作模式的进一步构建过程中，如果国家之间的诉求发生冲突，应基于保障每一个国家最基本的科技发展权，满足正义的内在要求，实现最大多数国家的最大效用。

第五节　专利审查国际协作制度的价值衡量

一、效用衡量的基本内容

专利审查国际协作多数是由条约、双边或多边协定达成。该制度基于各国的专利法所规定的审查制度来构建，具有法律性；专利审查主要是针对发明创造等技术进行的法律授权判断，具有技术性；审查协作制度能加速审查，节省时间和成本，具有经济性，简言之，该制度具有"三性"——法律性、技术性和经济性。目前广泛使用的 PCT – PPH 审查合作模式正是多国在专利合作条约的基础上通过双边或多边协议所实现。文明社会所希望的是，各国通过谈判来达成协议，从而实现各方的利益。从经常取得的协商一致，而达到法律和秩序。❶ 对于实现的法律和秩序，如何进行价值的衡量，其本身没有给出答案。实证分析可适用于法律效果的研究，依据法律制度运行中产生的数据对其进行定性界定和定量分析。❷ 经济分析法学把经济学的效用原理和方法运用于法学研究，确实为法学注入新的生机，也为法学的现实服务

---

❶　王铁崖. 国际法引论［M］. 北京：北京大学出版社，1998：3.

❷　所谓实证分析，就是按照一定程序性的规范进行经验研究、量化分析的研究方法。程序、经验、量化是构成实证分析的三个基本要素。法律实证分析，是指按照一定程序规范对一切可进行标准化处理的法律信息进行经验研究、量化分析的研究方法。参见白建军. 论法律实证分析［J］. 中国法学，2000（4）.

开辟了新路。❶

在经济学中，效用（Utility）用来描述主观的满意程度，❷ 它体现了对人的欲望的满足能力，简言之，效用是满足程度的表达。"自然把人类置于两位主公——快乐和痛苦——的主宰之下。只有它们才指示我们应当干什么，决定我们将要干什么。是非标准，因果联系，俱由其定夺。"❸ 对于边沁提出的"快乐和痛苦"，经济学中的效用可以恰如其分地描述。对于专利审查国际协作制度而言，它在多大程度上满足了各国专利审查工作的需要，效用可以对其作出一个较好的衡量。

"最大多数人的最大幸福是正确与错误的衡量标准"。❹ 根据这样的价值理念，"去做是对的，或者至少可以说去做是不错的：它是一项正确的行动，或者至少不是一项错误的行动。"❺ 用经济学的方式来研究法学问题，最初局限于调整经济关系的法律法规，偏重注释型。后来经过科斯和波斯纳等人的运用和影响，经

❶　张文显．西方法哲学［M］．北京：法律出版社，2011：181.

❷　［美］罗伯特·S. 平狄克、丹尼尔·L. 鲁宾费尔德．微观经济学(第七版)．张军校、高远、朱海洋、范子英、张弘，译．北京：中国人民大学出版社，2009：74.

❸　［英］边沁．道德与立法原理导论［M］．时殷弘，译．北京：商务印书馆，2000：57.

❹　［英］边沁．政府片论［M］．沈叔平，译．北京：商务印书馆，1995：92.

❺　［英］边沁．道德与立法原理导论［M］．时殷弘，译．北京：商务印书馆，2000：59.

济学被广泛应用于整个法律科学领域，❶ 其中具有代表性的是芝加哥学派。专利审查国际协作制度在多大程度上满足了各个成员方的需求，效用是一种合适的衡量指标。

二、均衡分析

人类对法律的制定和人类对法律的需求随着时代的变化而处在不断的更迭变化之中，供给曲线与需求曲线交点处为均衡点。在这一点上表明目前实施的法律能够满足现实社会对法律制度的需求，法律制度的供求均衡。在理想的法治社会中，法律的供给和需求有着不断地调整直至均衡的趋势，当到达均衡点时，人类社会的活动都得到了法律适当的调整，不再需要法律制度的任何更迭和变动，这是完美的立法模式。

专利审查国际协作制度基于专利审查的法律供求规则产生。目前专利审查积压的状况使各国意识到单凭一国之力难以解决目前专利审查供不应求的状况，如图 3.1 所示，专利审查制度出现了短缺。如果专利申请人无法以原来均衡点的对价❷申请专利，这将迫使专利审查制度的供给方增加供给，这样专利申请人所支付的对价将最终回到 P_0。

现实中，法律制度的供给和需求往往都会发生变动。当专利

---

❶ 理查德·A. 波斯纳在其著作 *Economic Analysis of Law* 中运用经济学原理分析了财产权、契约法、侵权法、刑法、宪法和法律程序等，并在其第一版（1973 年）的序言中提到：现在，热心于阅读学术期刊的人们会发现，经济分析被运用于以下领域：犯罪控制、意外事故法、契约损害赔偿、种族关系、司法行政、公司和证券管制、环境问题及当代法律制度中引人注目的其他领域。

❷ 对价包含时间成本和经济成本。

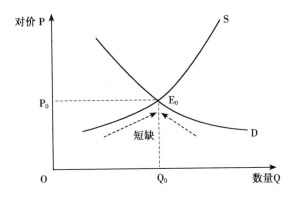

图 3.1　专利审查制度的供求均衡曲线图

的市场收益高，专利申请人具有更雄厚的经济实力或能预见专利能获得更大的可期待利益，专利申请人愿意支付更多的对价来获得专利权，这时，需求曲线将会向右移动，如图 3.2 所示。同样，如果专利审查机构由于工作效率的大幅提高和良好的管理导致专利申请的成本下降，这时，供给曲线也将会向右移动。

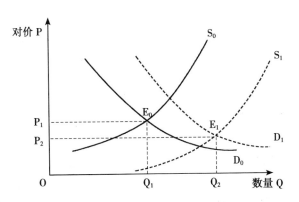

图 3.2　专利审查制度供给变化后的新均衡曲线图

当供给曲线移动的幅度大于需求曲线移动的幅度，则达到均衡点时，专利申请人所支付的对价将小于上一次均衡所支付的对价，❶ 这是所有人都期望的。对于专利申请人而言，在 E_1 点的效用将大于 E_0 点的效用。这表明，在全球专利申请激增的今天，专利申请人需求的增加是不言而喻的，如果各国的专利审查机构提高工作效率，加速审查，在审查制度方面提供充足的供给，甚至能提供更完备的制度和更先进的管理来降低审查成本，将使专利申请人的申请成本进一步减少，这会提升专利申请人申请专利时的效用，从而有效激励创新，鼓励发明人的创造热情，促进专利战略的全球布局。

三、最大化分析

科斯定理指出，在一个交易成本为零的世界里，无论采用何种方式配置资源或适用何种法规，只有交易自由，才会使效用达到最大。❷ 在现实中，最好的法律就是将交易成本最小化的法律，从而满足人们效用的最大化。专利审查国际协作制度中，各国的专利审查机构共享审查资源，且后续申请国将利用首次申请国的审查意见，缩短了审查时间，❸ 为专利申请人进一步降低经济成本，这也就意味着该制度具有交易成本最小化的能力。因此，能够满足效用最大化的专利审查国际协作制度将是最好的制度，这需要该制度进一步提高工作效率，减少交易成本。

---

❶ 一般来说，均衡点效用的变化取决于各曲线的移动幅度和各曲线的形状。

❷ Coase. The Problem of Social Cost［J］. Journal of Law and Economics，1960（3）：1 - 67.

❸ 详情参见日本特许厅（JPO）官网 http：//www. jpo. go. jp/cgi/cgi-bin/ppph-portal/statistics/statistics. cgi，2015 - 01 - 18.

最大多数人的最大幸福追求社会所有成员总效用的最大化，对制度评价时，主要考虑制度的总效用。这是一种实证主义的主导观点，通常被认为是公平的，因为这种制度鼓励了大多数有能力和工作努力的人。在专利审查国际协作制度中，对总效用的追求将凸显专利审查大国的实力。专利审查国际协作制度在美日欧专利审查部门中所体现出来的优越性足以证明该制度的成功。目前的制度确实反映了这样的事实，一些专利审查实力不强的国家必须迎头赶上，否则只会在这场制度淘汰赛中被边缘化。

效用真实地反映了现实。罗尔斯认为，在一个所有人都不决定自己生活制度的社会里，每个人都不得不选择一种制度安排，这种制度至少能让在这个社会中生活最糟糕的人得到适当的保护。根据罗尔斯的观点，最公平的配置使社会中境况最差的个人效用最大化。❶ 在设计专利审查国际协作制度时，为专利审查实力不强的国家保留适当的空间，这并不会必然导致平均主义，而是能促进全球的真正合作，共赢才能更好地维持制度的发展。

第六节　专利审查国际协作制度
价值定位之考量

在国际协作之中，通过各国签订条约设立法律制度需要考虑

---

❶ ［美］罗伯特·S. 平狄克，丹尼尔·L. 鲁宾费尔德. 微观经济学（第七版）［M］. 张军校、高远、朱海洋、范子英、张弘，译. 北京：中国人民大学出版社，2009：560.

到多方面的复杂因素。在国际造法的过程中，充分考虑文化的差异性，注重公平和效率。因此，基于专利审查高速路的专利审查国际协作法律制度价值定位可以从以下几个方面展开。

（1）专利审查高速路应立足于目前专利申请量激增、专利审查积压的现状，反映审查信息共享发展的客观规律。在合作协议的签署过程中，各国不可避免为了本国的利益而使条约具备维护自身利益的目的性。在合规律性与合目的性的调和中，也许审查协作的法律制度设置会偏离原有的客观事实，但是如果该制度能适应专利申请量上升、专利审查工作量加大的客观变化，满足专利审查国际协作的需要，也可以认为制度具有正当性。专利审查高速路的跨区域专利审查合作制度在尊重客观规律的基础上满足专利申请和审查的现实需求，将有效促进专利审查法律制度的供需均衡。

（2）审查协作的法律构造需要注重公平与效率。该法的形成需要签约各国的平等参与，应具备普遍性，"国家的同意是国际法的基础"，❶ 专利审查国际协作是各国达成的合意，这种合意具备自主性，不受外力的强迫和干预。在制度的构建中，需要将成员国追求自身的利益与整个国际社会的利益联系起来，从而使各国在追求本国利益最大化的同时能有效促进整体协作成员国的公共利益。同时，制度的设置需要权衡成本—收益之间的关系。自由合作有利于最小化交易成本，因此在一个交易成本为零的世界中，只要有交易自由，无论采用何种方式配置资源，整体社会的净收益都将大于零。法律是对资源的第一次配置，虽然专利审查

---

❶ ［美］路易斯·亨金. 国际法：政治与价值［M］. 张乃根等，译. 北京：中国政法大学出版社，2005：36.

高速路考虑到成员国效用最大化的理性实际，从制度的维持和扩展上来看，公平起着至关重要的作用。

（3）没有合作，就没有专利审查国际协作的法律制度。这种合作应反映当前专利审查进行国际合作的必要性。参与专利审查高速路的各国都具有自身的利益诉求，协作模式需要通盘考虑利益协调，选择合适的合作模式，尤其是在"被认定为可授权/具有可专利性"方面。公平没有特定的价值判断，难以短期内在各国之间达成普遍一致的认识；在不同的文化理念下，合作伴随冲突，协调是一个长期的过程。由于专利审查制度具有技术性、法律性和经济性的特点，在考虑经济效用和法律体系的协作时，可以从技术的角度先行切入。就技术工作的本身而言，无关或对或错的价值判断。正如雅斯贝尔斯所言，"技术是一种手段，它本身并无善恶。一切取决于人从中造出什么，它为什么目的而服务于人，人将其置于什么条件之下。"❶

（4）经各国签署的专利审查协作的条约应得到良好地贯彻和执行。该法应设置完善的可供具体操作的规则，这些规则应详细规定各个参与主体的权利和义务以及权利受到侵犯的救济机制和义务不履行的惩罚机制。由于国际社会是一个平权社会，不存在一个凌驾于各个主权国家的执法机构，条约法的贯彻和执行更多地取决于各参与国实行该法的必要性，而该必要性又取决于条约签署国的国家利益在专利审查协作模式中的实现程度。

综上所述，当前的专利审查高速路还需在成本收益、公平效率、法律文化和身份认同等方面进一步完善，目前实施的专利审

---

❶ ［德］卡尔·雅斯贝尔斯. 历史的起源和目标 ［M］. 魏楚雄，俞新天，译. 北京：华夏出版社，1989：142.

查国际协作法律制度未能全面满足现实的需要，可以在客观性、公平性、合作性和执行性等方面加以完善，以期达到专利审查的现实对法律的需求处于供给平衡的状态，实现专利审查国际协作法律制度的最大效益。

第七节　本章小结

专利审查国际协作制度应理性均衡各成员国利益，以期达到专利审查的现实对法律的需求处于供给平衡的状态，实现专利审查国际协作法律制度的最大效益。在各国主权平等、没有外在强制力的约束下，专利审查国际协作制度长期有效自动实施的最佳状态是实现纳什均衡，这将是一个各国长期博弈的进程。通过这个进程，专利审查国际协作模式将无限趋向于该均衡。同时，在法学研究的基础上，进一步通过经济学的分析概括出以下几点结论：其一，专利审查国际协作制度是各国自由意志下达成的契约，在制度中，各国都应能尽其所能并各得其所；通过该制度，各国所付出的资源和努力与制度所回馈的机遇和发展相匹配，制度的内核应是符合正义的。其二，通过均衡分析表明，各国的专利审查机构应提高工作效率，加速审查，在审查制度方面提供充足的供给，甚至能提供更完备的制度和更先进的管理来降低审查成本，使供给曲线移动的幅度大于需求曲线移动的幅度，有效提升专利申请人的效用，激励创新。其三，利用经济学方法进行法学的实证分析能清晰表明专利审查国际协作制度的法律效果。对于审查国际协作制度的研究，从传统的法学理论研究转向经济学

实证分析是可行的。其四，实现最大多数国家的最大效用是专利
审查国际协作制度的目标，同时，也应该保障在协作中境况最差
的国家的科技进步与发展，满足每一个协议成员国最基本的科技
发展权是制度设计的底线。

第四章

专利审查国际协作制度的运作与机理探究

　　"人是理性最大化者"这一概念暗示，人们会对激励（in-centive）作出反应，即如果一个人的环境发生变化，而他通过改变其行为就能增加他的满足，那他就会这样去做。❶

—— ［美］理查德·波斯纳

第一节　专利审查国际协作制度的运行态势——基于 PPH 的实践

一、PPH 的运行状况

　　专利权具有地域性，专利授权与否由一国法律进行判断。在目前的专利审查高速路中，形成的协定使各成员方受制于协议规则，但各方仍需要能像往常一样自由行使主权，依据本国或地区的法律来判断是否给予专利权。

　　（一）PPH 趋向合作模式多元化和成员全球化

　　2006 年，日本和美国倡导建立专利审查高速路。截至 2013 年 7 月，共有 30 个国家和地区的专利局加入专利审查国际协作❷（见附录二图 IV－1），此时的 PPH 网络多为双边协议搭建而成。日本和美国作为加速审查机制的倡导者和推进者，其 PPH 协议网

---

　　❶　［美］理查德·波斯纳. 法律的经济分析［M］. 蒋兆康，译. 北京：法律出版社，2012：4.

　　❷　http：//www. jpo. go. jp/cgi/linke. cgi？url＝/rireki＿ e/whate. htm，2013－07－18.

络最为庞大。2011 年 11 月 1 日在中日两国之间正式启动的 PPH
是我国国家知识产权局首次与其他国家专利审查机构之间开展的
PPH 试点，目前，中国国家知识产权局通过双边和五局合作机制
与国外专利行政机构启动的 PPH 项目总数已达 19 个，❶ 这些试点
项目进展顺利，我国已初步形成 PPH 对外合作网络。❷

    为了使申请人更方便地使用 PPH，成员方将 PCT 申请与 PPH
结合起来，形成 PCT – PPH。在日本的大力推动下，部分成员方
还组建了 PPH MOTTAINAI 项目。然而，面对国家或地区之间双
边协议达成的各项 PPH 合作，申请人往往会感到困惑，究竟有哪
些 PPH 合作在哪两个成员方之间达成。同时，PPH 项目的多样性
增加了 PPH 使用的复杂性，例如，在一些申请案中，申请者能够
在美国采用 PCT – PPH 提交专利审查申请，而在英国则不可以。❸
因此，亟须构建一个统一的平台，将多样化的 PPH 项目整合起
来，为各协议方提供一个更顺畅的审查平台。

    2014 年，PPH 的发展进入新阶段，❹ 在全球范围内诞生了两
个新的合作项目（见附录二图 IV – 2）：其一是 USPTO、JPO、

---

❶   吴艳. PPH 对外合作网络：助力中国企业"走出去"［EB/OL］. ht-
tp：//www. sipo. gov. cn/zscqgz/2014/201408/t20140827_ 1001343. html, 2014 –
11 – 18.

❷   我国专利审查高速路对外合作网络已初步形成［EB/OL］. http：//
www. gov. cn/xinwen/2014 – 03/28/content_ 2648873. htm, 2014 – 09 – 01.

❸   "For example, in some cases the applicant is able to file an application
under the PCT – PPH program in the U. S. but not in the UK. " JPO to Commence
the Global Patent Prosecution Highway（GPPH）［EB/OL］. http：//www. meti.
go. jp/english/press/2013/1101_ 07. html, 2014 – 09 – 01.

❹   http：//www. jpo. go. jp/cgi/linke. cgi? url =/rireki _ e/whate. htm,
2014 – 08 – 18.

EPO、SIPO 和 KIPO 五局（IP5）之间的 IP5 PPH；其二是 16 个国家中的 17 个专利局❶构建的 Global PPH。两个合作模式均是采用多边协议的达成，在 IP5 PPH 和 Global PPH 为各个协议成员国构建了共同的合作框架，使多种 PPH 项目在其中一种框架下得到了一体化（harmonized）。成员国只要参加了 IP5 PPH 或 Global PPH 任一项目，其申请人则可以采用更简单的程序来利用 PPH 项目，而无须考虑两国之间是否有单独达成某项 PPH 合作协议。当今，Global PPH 居于 PPH 的重要位置，通过 Global PPH 的扩张，PPH 将成为专利申请人更便利的海外专利申请系统。

2015 年 8 月，美国专利商标局（USPTO）和日本特许厅（JPO）对在美日两国之间的专利申请开始共同审批合作。双方的专利审查员将共享信息平台，相互参考审查结果，大幅度提高审查效率，加速审查进程。这意味着专利审查国际合作制度已开始逐步实现专利审查结果互认，在世界范围内引起对于专利审查国际合作制度的热议。在当前的全球范围内，专利审查高速路是专利审查国际合作制度中发展最为活跃、也最具代表性的方式之一，目前已经形成常规途径 PPH、PCT – PPH 和 PPH – MOTTAIN-AI 等类型，成员方进一步扩大（见附录二图 IV – 3）。对此进一步探究可以发现，PPH 具备鲜明的协同属性，多个国家或地区共存于专利审查网络，后续审查局（Office of Later Examination，

❶　Global PPH：USPTO（US），JPO（Japan），KIPO（Korea），UKIPO（United Kingdom），PRV（Sweden），NPI（Nordic Patent Institute），DKTPO（Denmark），CIPO（Canada），LPO（Israel），SPTO（Spain），IP Australia，HPO（Hungary），ROSPATENT（Russia），IPO（Iceland），NBPR（Finland），INPI（Portugal），NIPO（Norway）。

OLE）利用在先审查局（Office of Earlier Examination，OEE）检索和审查结果，一定程度上减少 OLE 的工作量，从而加速审查。

在双边协议的 PPH 中，在签有协议的双方之间提交 PPH 申请，不能引入第三方的申请或审查情况。以中德为例，中国和德国签有 PPH 的双边协议，在中德之间提交 PPH 时，不能引入美国或其他国家的优先权等要求，只能引入中国或者德国的专利申请的相关条件。而在多边的 PPH 协议中，可以引入多边协议中任意国家或地区专利局的申请或审查情况。以中日为例，中国和日本同是 IP5 PPH 多边协议体系的成员国，在中日之间提交 PPH 申请，可以引入美国或其他 IP5 PPH 成员的优先权要求。在多边协议中，由于多国或地区的专利局共存同一审查体系中，PPH 的申请中可以在前后两局之间引入第三方的申请或审查情况，为专利申请人提供更多的权益保障。

另外，在我国签订的 PPH 双边协议中，只能是在后申请局参考利用在先申请局的审查结果，因此，申请人提交 PPH 请求需要等待在先申请局的审查结果。在先申请局的审查工作未出时，PPH 后续的申请过程都无法开展，专利申请人不得不耗费大量的时间等待在先申请局的结果，这不仅影响 PPH 的运行效率，耗费申请人的成本，而且给在先申请局增加了压力。而在 IP5 PPH 中，向在后申请局提交 PPH 申请时，不必等待在先申请局的审查结果；且当在后申请局的审查结果早于在先申请局的审查结果时，申请人还可以要求在先申请局参考利用在后申请局的审查结果，加速审查。在多边协议中引入反向结果的利用不仅使专利申请人避免了由于程序而耗费时间，也缓解了在先申请局的压力，将制度的优势从审查效率高的专利局向审查效率低的专利局传递。

（二）PPH 运行优势持续保持并得到进一步发展

（1）PPH 和 PCT – PPH 的高审查效率持续保持。

从授权率、经第一次审查意见获得授权的通过率、从申请到终局决定的平均时间和提出申请到第一次审查意见的平均时间四个维度分析 2012 年和 2013 年的数据，美、日、韩、加四国整体保持平稳，数值上下浮动不大。

从表 4.1 中可知，四国的 PPH 授权率有起有伏，其中日本保持稳定，均为 75%；美国有小幅上升，增长 0.9 个百分点；韩国和加拿大均有小幅下滑，分别下跌 2 个和 5 个百分点。上下波动的数值还有经第一次审查意见获得授权的通过率和提出申请到第一次审查意见的平均时间，这两类数值波动的幅度都不大。然而，四国在 2013 年从申请到终局决定的平均时间均大于 2012 年，延长的时间均不多，其中延长时间最多的为美国，增加 2.1 个月。

表 4.1　PPH 数据表

国家	PPH							
	授权率 （％）		经第一次审查意见 获得授权的通过率 （％）		从申请到终局 决定的平均时间 （月）		提出申请到第一次 审查意见的平均时间 （月）	
	2012 年	2013 年	2012 年	2013 年	2012 年	2013 年	2012 年	2013 年
日本	75	75	28	24	6.3	6.7	1.8	2
美国	87	87.90	26	27.10	11.9	14	5.8	4.4
韩国	93.30	91.30	46.20	48.80	4.3	4.89	2.2	2.52
加拿大	96.3	88	43	39	5.3	6.2	1.8	1.7

数据来源：JPO。

对应与表 4.1 的趋势，表 4.2 中四国的 PCT – PPH 授权率也有上下波动。相比 2012 年，2013 年美国的授权率上升 1.3 个百分点，日本、韩国和加拿大则分别下降 0.9 个、5.9 个和 3 个百分点。日本、美国和韩国在 2013 年的经第一次审查意见获得授权的通过率均高于其在 2012 年的数值。在提出申请到第一次审查意见的平均时间，日本、美国和韩国在 2013 年的数据也是均大于 2012 年的数据。与表 4.1 的情况类似，四国从申请到终局决定的平均时间也普遍延长，其中美国延长的时间最多，多达 5.2 个月。

表 4.2　PCT – PPH 数据表

国家	PCT – PPH							
	授权率 （%）		经第一次审查意见 获得授权的通过率 （%）		从申请到终局 决定的平均时间 （月）		提出申请到第一次审查 意见的平均时间 （月）	
	2012 年	2013 年	2012 年	2013 年	2012 年	2013 年	2012 年	2013 年
日本	94.90	94	61.10	63	3.7	4.1	2.2	2.4
美国	89	90.30	19	19.90	8.9	14.1	4.8	5.2
韩国	93	87.10	28.60	31.16	4.9	6.3	3	3.1
加拿大	95	92	58	42	2.5	3.8	2.5	2

数据来源：JPO。

从申请到终局决定的平均时间的延长主要有两点考虑：其一是专利申请量持续增长，加大了专利审查的工作量，从而延缓了审查时间；其二是基于专利审查质量的考虑，在 PPH 运行期间，过分追求审查速度而忽视审查质量将导致专利质量的下滑。同时由于首次申请国的审查质量对后续申请国的审查质量产生影响，用审查时间换取审查质量，以求得速度与质量之间的平衡。

（2）全部申请（包括 PPH 和非 PPH）的审查效率大幅提升。

综合全部申请的情况，四国的授权率除加拿大以外，都有提升（见表 4.3）。与 PPH 和 PCT – PPH 表现不同的是，四国从申请到终局决定的平均时间均大幅缩短。相比 2012 年，2013 年日本从申请到终局决定的平均时间缩短 9 个月。

表 4. 3　全部申请（包括 PPH 和非 PPH 申请）数据表

国家	全部申请（包括 PPH 和非 PPH 申请）							
	授权率（％）		经第一次审查意见获得授权的通过率（％）		从申请到终局决定的平均时间（月）		提出申请到第一次审查意见的平均时间（月）	
	2012 年	2013 年	2012 年	2013 年	2012 年	2013 年	2012 年	2013 年
日本	63	71	13	16	31. 0	22. 0	22. 0	13. 0
美国	49	53	14	17. 30	33. 5	29. 0	22. 6	18. 0
韩国	66. 20	67. 50	10. 50	10. 50	22. 1	19. 1	15. 1	13. 2
加拿大	70	65	7. 30	4. 60	38. 8	35. 1	21. 3	15. 8

数据来源：JPO。

不仅如此，四国从提出申请到第一次审查意见的平均时间也相应缩短。相比 2012 年，日本在 2013 年从提出申请到第一次审查意见的平均时间同样缩短 9 个月，为 13 个月。紧接其后的是加拿大，缩短 5. 5 个月，为 15. 8 个月。

二、PPH 运行动因的考察

从以上数据可以看出，PPH 和 PCT – PPH 数据表现平稳，仅有小幅的上下浮动，而全部申请的数据情况则有大幅波动。综合考虑到发展规模等情况，动因主要有以下两种情况：

其一，PPH 的参与率得到提升。参与到 PPH 的国家或地区的专利局越来越多，同时 PPH 提高专利申请的授权率、减免专利审查的国际协作途径的费用、减少答复审查意见通知书的次数、降低继续审查请求以及申诉率等优势越来越被广大专利申请人所接受，因此，使用 PPH 途径提交申请的人越来越多，PPH 在国际申请过程中发挥了重要作用。对比表 4. 1、表 4. 2 和表 4. 3 可知，

PPH 途径本身所耗费的时间远远低于全部申请，当全部申请中 PPH 的比重越来越大时，即使 PPH 的审查速度较以前没有多少改变，甚至更长一些，但全部申请的专利审查速度仍会大幅提升。

其二，不论是 PPH 还是非 PPH，专利审查工作的效率都在提高。根据世界知识产权组织（WIPO）"PCT（patent）international application"的统计，2013 年，全球通过 PCT 提交的专利国际申请数首次突破 20 万件（205 300 件），相比 2012 年增长 5.1%，其中美国和日本成为 PCT 申请的两个大国，其申请量分别为 57 239 件和 43 918 件，增长率分别为 10.80% 和 0.60%。❶ 同时，由于越来越多的申请人采用了 PPH 途径提交申请，所以 PPH 和 PCT - PPH 的审查时间出现了不同程度的延长，但是，如果没有在 PPH 中提高工作效率，则延长的时间更不可估计。目前的情况是，即使 PPH 的审查时间出现延长的现象，比全部申请的审查时间也快不少，平均节省 20 个月左右。非 PPH 的审查工作的效率也在提升。在全部申请中，从申请到终局决定的平均时间和从提出申请到第一次审查意见的平均时间都有大幅缩减，在面临审查积压的同时，各专利审查局都将提高审查工作效率置于工作的首位，全面覆盖审查工作的各个方面。

三、PPH 运行的发展趋势

在 PPH 运行初期，有学者研究指出 PPH 的参与率会由于各种阻碍因素降低，而目前 PPH 运行的现状表明：在全球专利申请

---

❶ WIPO：PCT（patent）international application［EB/OL］. http：//www. wipo. int/export/sites/www/pressroom/en/documents/pr _ 2014 _ 755 _ a. pdf#annex1，2014 - 04 - 04.

量激增的情形下，PPH 网络不断完善和扩展，PPH 和 PCT – PPH 的表现平稳，重要的是全部申请的审查时间大幅缩短。越来越多的专利申请人采用了 PPH 等途径来加速审查，PPH 的参与率大幅提升才有效缩短了整体申请的审查时间。通过对 PPH 的发展规模、趋势及动因的分析，得到以下研究结果。

（1）在 PPH 网络全球扩展的情形下，专利审查速度将会进一步提升，专利审查周期缩短将是发展趋势。

从上文的数据中最直观的感受是审查时间的缩减，无论是对比 2012 年和 2013 年的数据，还是对比 PPH 和全部申请（包括 PPH 和非 PPH）的数据。国家或地区的专利局加入 PPH 等专利审查国际协作的网络，不仅分享了审查成果、缓解审查积压，更重要的是推动了专利审查的速度，将制度的正外部性惠及广大专利申请人。通过数据分析可知，专利审查速度的加快不仅体现在 PPH 等专利审查信息共享的项目之中，而且对于全部的专利审查工作而言，审查速度也在大幅提高，通过各种专利审查国际协作的渠道，或是通过国家自身建设提高专利审查的速度。

（2）专利审查高速路尊重各成员的合作意愿和现实情况，得到广泛的参与和运用，并将得到持续发展。

不论是 Helfgott❶ 和 Kurtycz❷ 的研究指出构建 PCT – PPH 可以扩大国际专利审查信息共享的适用范围，还是 Nagano 的研究认为

---

❶ Helfgott，Samson. Patent offices should embrace the PCT，not the PPH[J]. Managing Intellectual Property，2008（179）：30.

❷ Kurtycz，Eric R. Commentary：new process allows "fast-tracking" of some pct applications［J］. Michigan Lawyers Weekly，2011（27）：85 – 97.

PPH 项目申请的苛刻要求可能导致该项目申请人参与率过低,❶ 快速拓展的 IP5 PPH 和 Global PPH 项目以及本书的研究数据都已说明当前 PPH 参与的积极性和接受的广泛性。本书研究数据表明,不论是 PPH 还是 PCT – PPH,授权率、经第一次审查意见获得授权的通过率、从申请到终局决定的平均时间和提出申请到第一次审查意见的平均时间四项指标均优于全部申请(包括 PPH 和非 PPH)。即使 PPH 和 PCT – PPH 的从申请到终局决定的平均时间延长,其所耗费的时间仍大幅小于全部申请(包括 PPH 和非 PPH)。因此,在 PPH 和 PCT – PPH 的从申请到终局决定的平均时间延长的情况下,全部申请(包括 PPH 和非 PPH)从申请到终局决定的平均时间大幅缩短,由此可知,全部申请中 PPH 比重的提升起到了重要的作用。在全球创新的浪潮中,加速审查符合时代发展的要求,毕竟倾向于专利审查周期长的申请案,往往专利质量也较差。❷ 更多的专利申请人采用 PPH 相关项目提交申请,降低了时间和金钱成本。正是由于越来越多的专利申请人选择使用 PPH,才有效地推动了 PPH 全球网络的拓展。

四、关于 PPH 在我国运行的思考

PPH 全球网络的扩张让更多的国家和地区进入专利审查国际协作体系,为专利申请人在更大的范围内进行专利布局提供了便

---

❶ Daisuke Nagano. Expectations for Patent Prosecution Highway by Japanese Users〔EB/OL〕. http：//www. jpo. go. jp/torikumi_ e/t_ torikumi_ e/pdf/highway_ userseminar/jipa_ happoye. pdf, 2010 – 02 – 01.

❷ P. H. Jensen, A. Palangkaraya, E. Webster, Application Pendency Times and Outcomes Across Four Patent Offices〔M〕. Intellectual Property Research Institute of Australia Working Paper, 2008(1): 12.

利。PPH 的发展不仅有加速审查、缓解审查积压的效果，而且对技术创新和全球技术市场的布局产生影响，值得国家重视并积极参与其建设和发展。

（一）掌握 PPH 的优势

我国应识别并利用专利审查高速路的优势，优化配置审查资源，支持企业的全球专利战略布局和实施。

专利审查的加速有助于科技的全球化发展和专利战略的全球布局。一方面，IP5 PPH 和 Global PPH 的构建相当于建立了两个紧密联系的技术扩展网络。在国际市场的开拓中，一项研发成果获得投资或产业化且能获得法律保护，通常会要求该研发成果已经获得专利权。处于这两个技术网络中成员国和地区的申请人能更有效地在更短的审查周期内获得专利权，从而使专利权人获得更多的投资机会和收益回报。另一方面，通过 PPH 加速审查固然有利于申请人快速获得专利权，但在科技创新的过程中，企业和个人应能够积极地对各项资源进行整合，提高整体资源的利用率，而不仅仅着眼于审查时间的缩短；对于政府而言，应通过各种优惠政策鼓励我国企业的国际化建设，在全球进行专利战略布局，开拓国际化的市场。2013 年，我国成为 PCT 申请的第三大国，却只有排名第二国家申请量的一半，且这个数字仅仅是 PCT 申请量，而不是通过 PCT 途径在各个国家获得的授权量。现实情况是，我国的 PCT 申请进入国家阶段的申请量远远小于 PCT 申请量，这既有申请人根据国际检索报告做出的战略决定，也有国家资助政策的影响。一方面，我国要实现科技创新，决策者不仅要认识到激励企业和个人的热情，提供资助和补贴；另一方面，更重要的是通过专利审查国际协作的发展提高对全球科技创新的方向、速度的识别能力和机会掌握能力。

（二）适时参与 Global PPH

IP5 PPH 和 Global PPH 开拓了 PPH 的使用范围，尤其是 Global PPH 将 PPH 协调（harmonized）进一步深入，为专利审查一体化开辟广阔的前景，我国可适时加入 Global PPH。

作为 IP5 PPH 的成员，专利审查的一体化趋势使我国的专利审查质量将在更大程度上对后续申请国的审查质量产生影响。当前，越来越多的申请人选择采用 PPH 途径加速审查，因为这一国际合作模式能有效缩短审查时间，节省审查成本，成为专利审查与技术创新结构中的一个重要部分，为技术创新的企业和个人提供了有助于创新的路径支持。尤其在 Global PPH 的框架下，申请人能够更便利地使用全部的 PPH 合作项目而无须再考虑申请国是否与本国签有某种特定合作项目的协议。同时，Global PPH 在更大范围上将亚洲、欧洲、大洋洲和北美洲联系起来，对应于全球经济的一体化无疑是更为有利。瑞士洛桑国际管理学院（IMD）2014 年 5 月 22 日公布的《2014 年全球竞争力报告》显示，中国大陆全球竞争力排在第 23 位，❶ 依据我国目前的发展现状，我国有跻身成为世界科技强国的潜力和能力，因此，我国应着眼于前瞻性的科技发展战略，积极参与国际专利审查制度的构建，适时加入 Global PPH，为我国的科技走出国门、占领国际市场提供先机。

---

❶ IMD World Competitiveness Ranking 2014［EB/OL］. http：//www. imd. org/wcc/news-wcy-ranking/，2014 - 09 - 02.

第二节　专利审查国际协作机制的 STS 分析——基于 PPH 的演变

专利审查是一国法律之内的事务，与专利权相伴相生，具有地域性的特点。如今，全球性的技术市场逐步形成，各国之间的连接关系错综复杂，专利已经成为综合国力竞争的重要技术因素，及时掌握专利审查国际合作的动向和特点，有助于提升专利审查的效率，确保专利授权的质量，对于促进国民整体的科技创新热情乃至构建国家创新系统都具有重要意义。

由专利审查高速路的形成可以看出，传统的审查方式正发生多方面的变化。首先，专利审查的主体已由一个国家承担从申请到授权的全部工作转变为多国合作完成从申请到授权的流程；其次，专利审查的申请、检索、审查意见和授权等各个环节已不是在一国范围内孤立存在，而是成为在多国之间融会贯通的审查网络；最后，一国的专利审查机构在国际协作的审查网络中的工作成果对其他国家的专利审查工作发挥着能动作用，或促进或抑制。以专利审查高速路为代表的专利审查制度正赋予专利审查国际协作新的特征。

一、协议模式与构建平台的多元性

专利审查国际协作最初的方式是通过国家之间达成双边协议，协议仅涉及两国之间在合作方式上的认同，仅考虑在特定时期内两国在专利技术发展上的需要和相互国家之间的技术市场。

世界知识产权组织（WIPO）总干事 Francis Gurry 在 2012 年度报告中提到："专利审查高速路是一个由多项双边协议组成的网络。"❶ 一国的技术参与多国市场竞争时，则需要更为便捷的方式。2014 年达成的 IP5 PPH 和 Global PPH 均有多个成员方，两者都是通过多边协议达成。多边协议能够一次协议在更多的审查机构之间搭建合作渠道，为专利申请人在多国申请提供了更为方便和快捷的服务。

专利审查高速路最初由双边协议诞生，审查方式以某国家或地区专利局为首次申请的专利局（OFF），以其申请的可授权意见为依据，向后续申请的专利局（OSF）提出的加快审查请求，可以通过传统的巴黎公约途径和 PCT 途径。在国际申请过程中，越来越多的专利申请是通过 PCT 途径提交，将 PPH 与 PCT 结合是大势所趋。PCT - PPH 是指 OFF 申请和 OSF 申请均是以 PCT 申请进入国家阶段的方式提出的，申请人在满足一定条件下对 OSF 申请提出加快审查请求。在 PCT - PPH 项目中，PCT 申请的申请人，从特定的国际检索单位或国际初步审查单位收到肯定的书面意见或国际初步审查报告，指出其 PCT 申请中至少有一项权利要求具有可专利性，申请人可以请求有关国家或地区阶段的申请加

---

❶ Francis Gurry. Report of the director general to the wipo assemblies 2012 [EB/OL]. http：//www. wipo. int/export/sites/www/freepublications/en/general/1050/wipo_ pub_ 1050. pdf.

快审查。❶

协议模式和构建平台的多元性是越来越多的国家参与专利审查国际合作体系的原因。无论是持有谨慎观望态度的国家还是急需减少审查积压、拓展全球市场的国家，都可以在协议模式和构建平台上找到合适自己国家的方式。其一，双边协议可以有效调整审查合作的范围，将不利于自身发展的国家不纳入本国的合作体系；而多边协议能在更大的范围内将更多国家的审查机构囊括其中，同时也将技术市场拓展到更多国家。其二，构建平台的多元性可以让专利申请人有更多的选择，有助于专利权人的全球专利布局。

二、审查体系成员的广泛性

专利审查高速路改变了传统的专利审查模式，扩大了在同一专利审查过程中参与国家的数量和范围。2014 年，Global PPH 将专利审查高速路的适应范围扩展到 17 个专利局，成员遍布欧洲、亚洲、大洋洲和北美洲。中国自 2011 年 11 月 1 日启动首个 PPH 试点以来，已与 18 个国家启动双边 PPH 试点业务，加上通过五局合作机制，由中、美、欧、日、韩五局共同达成的 IP5 PPH 试

---

❶ "Under these programs, an accelerated examination can be requested using a written opinion established by certain International Searching Authorities (WO/ISA), a written opinion established by certain International Preliminary Examining Authorities (WO/IPEA) or an international preliminary examination report (IPER) established by certain International Preliminary Examining Authorities." Patent Prosecution Highway using PCT international work products [EB/OL]. http：//www. jpo. go. jp/cgi/linke. cgi? url =/rireki_ e/whate. htm, 2014 – 07 – 19.

点，中国国家知识产权局通过双边和五局合作机制与国外专利行政机构启动的 PPH 项目总数已达 19 个，❶ PPH 对外合作网络已初步形成。❷ 对此，成员的广泛性包含多方面的理解：其一，可以根据参与专利审查高速路的国家增长率和专利申请人对此制度的参与率来评价专利审查高速路这一合作模式的运行优劣。申请人参与率高于成员国的增长率，则表明此制度良好的激励作用；申请人参与率等于成员国的增长率，则表明此制度的平稳运行；若申请人参与率小于成员国的增长率，则需要考虑调整策略，反省导致申请人参与率过低是否是制度问题。其二，改变了原有的审查信息占有不均衡的状态。由于后续申请局可以利用首次申请局的审查结果，减少了专利文献资源不均衡造成的审查环境和判断的差异性，在一定程度上消除了由于资源分配不均导致的可专利性评判误差。

成员的广泛性使一国的专利审查工作置于更为广泛的专利审查网络之中，并对处于同一专利审查网络的其他国家产生影响，各国差异性的专利法律制度和审查规则在同一个审查体系中交互，推动审查制度和审查体系的虚拟重构。

三、审查制度与审查体系的虚拟重构

2014 年 1 月 6 日，IP5 PPH 和 Global PPH 项目成立。Global

---

❶ 吴艳. PPH 对外合作网络：助力中国企业"走出去"［EB/OL］. ht-tp：//www. sipo. gov. cn/zscqgz/2014/201408/t20140827_ 1001343. html，2014 – 11 – 18.

❷ 贺延芳. 我国专利审查高速路对外合作网络已初步形成［EB/OL］. ht-tp：//www. gov. cn/xinwen/2014 – 03/28/content_ 2648873. htm，2014 – 08 – 02.

PPH 与 IP5 PPH 有相似之处，重要的是，Global PPH 的建立在更大的范围内将专利审查国际合作推向一体化。

在 PPH 合作项目中，申请人必须提交一份完整的请求表格，一份与首次申请局可专利性权利要求相关的工作报告和一份后续申请局可能认为不具有可专利性的权利要求报告，而这些权利要求在首次申请局被认为具有可专利性。另外需要提交的材料有相关的翻译文件和权利要求对应表。PPH 的请求将被后续申请局迅速处理，如果发现申请文件有任何缺陷，在特定时间段内，申请人至少会有一次机会进行修正。

究其实质，可专利性权利要求的充分对应成为在 PPH 合作项目中申请加速审查、获得授权的关键。对于可专利性的权利要求，各合作国专利法有不同的规定，虽然目前各局仍是按照各自相关法律来确定授权与否，但在 PPH 的合作协议中，协议各方简单而详尽地列出了各自审查机构对可专利性的认定标准，并尽可能使各协议方在某些可专利性条款上达成一致，使专利的授权审查标准相互认可，相互接近。由此可知，PPH 合作项目对实体法的虚拟重构初见端倪。

四、体系的"共时性"与制度的"历时性"

专利审查国际协作的发展是一个经历了反复调整、修正和完善的历史过程，这样的过程也可以看成是体系的共时性和制度的历时性发展的进程。专利审查国际协作制度的衍化不单单表现为一种合作模式与另一种合作模式的简单叠加，而是面临广泛的被质疑、被否认、否定之再否定的可能。

专利审查高速路的共时性是指在某一个特定的历史时刻，专利审查高速路系统内各个因素相互之间的关系。这些因素可能是在不同的历史阶段演变形成的，但都不影响他们共存于一个审查系统中，共时性表现的正是各个因素共时并存而形成的系统关系。对于专利审查高速路共时性的分析集中在两个方面：其一，专利审查高速路在某一时间点上，各个成员国相互之间的关系；其二，同一审查系统中，首次申请局的审查质量、专利制度差异化、首次申请局的专利审查积压状况、申请语言差异化和所选择的合作模式等因素的作用。这些因素在专利审查高速路的发展中得到不断的调整，它们在体系中所产生的影响直接影响整个专利审查高速路的发展和变化。

专利审查高速路的历时性是指专利审查高速路系统发展具有的历史性变化，阐释了这一审查合作模式的过去和现在，同时展望未来的趋势。专利审查高速路形式演变的"历时性"表现在两方面：其一，专利审查高速路的内容在时间维度上不断得到扩充、修补和完善。专利审查高速路的合作模式一直处于不断的微调之中。在两国之间的双边合作协议中，专利审查高速路的内容都有些许不同，国与国之间的审查制度差异性在合作协议中处于不断的调整和修正的演化环节之中。其二，专利审查高速路的发展模式体现了专利审查信息共享机制"历时性"的发展轨迹。以时间为检索维度，通过对专利审查高速路的合作国扩展进行分析，可以研究不同国家在专利审查领域的发展态势以及不同发展阶段国家之间在同一审查领域的交叉关联关系，甚至可以通过对专利审查高速路参与国在空间上的分布预测未来专利审查信息共享机制的发展趋势。

专利审查高速路在运行过程中已经表现出"共时性"和"历时性"的双重维度，它们共同决定着专利审查高速路的新发展。在发展的过程中，影响因素的多样性和国际协作关系的复杂性决定了对于专利审查高速路进行判定标准中需融合除了数据实证之外的如正义、公平等社会发展理念和价值判断。

目前不可忽视的是，以专利审查高速路为代表的专利审查信息共享机制仍然面临一些发展困境。其一，各成员国审查制度的差异性将长期存在。无论是 IP5 PPH 还是 Global PPH，专利的授权仍然由各国根据本国法来确定。为了避免各国审查制度的差异性带来的负面影响，IP5 PPH 和 Global PPH 均要求前后两局申请文件中权利要求充分对应，后续申请局的权利要求范围小于或等于首次申请局。也就是说，在目前审查制度存在差异性的情形下，加速审查在某种程度上是以缩小权利要求的范围为代价的。如果对权利要求保护范围有特定的需要，不能接受授权范围的缩小，则需要从 PCT 或巴黎公约途径来申请，无法利用 PPH 所能提供的时间和经济成本优势。其二，专利审查质量的相互影响。在目前的专利审查高速中，前后两局的成果相互借鉴，相互参考，并在很大程度上得到相互承认，则合作国之间的专利审查质量相互影响。例如，美日之间的 PPH，若 USPTO 为首次申请局，JPO 为后续申请局，后续申请局 JPO 利用了首次申请局 USPTO 的审查结果，则首次申请局 USPTO 的审查质量将对后续申请局 JPO 的审查质量产生影响，反之亦然。可以看出，各国之间的审查工作是相互影响的，工作方式和具有倾向性的授权方式都会对彼此之间的专利审查质量带来影响。如何保证一致的授权结果，使专利申请人的申请预期在一个相对稳定的范围内，是各国需要进一步考虑的问题。

第三节 专利审查国际协作制度的创新效应——基于 PPH 的机制

熊彼特（Schumpeter）将创新定义为把一种从来没有过的关于生产要素的新组合引入生产体系，这种新组合包括：引进一个新的产品；采用一种新的生产工艺；开辟一个新的市场；获得一种原材料或半成品的新的供应来源；实行一种新的工业组织形式。❶ 在科技经济全球化的环境下，实现以"开放、合作、共享的创新模式"被实践证明是有效提高创新效率的重要途径。❷ 专利审查是对发明创造进行确权的过程，经过专利授权的发明创造能得到市场更好的认可。从这个角度来说，专利审查连接了科技与市场。

一、概念的厘清

效应（Effect）用来描述一种因果关系，是指在有限环境下，由多种因素和由因素引起的效果而构成的一种因果现象，多用于对一种自然现象和社会现象的描述，多用于心理学、教育、经济

---

❶ ［美］约瑟夫·熊彼特（Schumpeter, J. A.）. 经济发展理论：对于利润、资本、信贷、利息和经济周期的考察［M］. 何畏，易家详等，译，张培刚，易梦虹，杨敬年校. 北京：商务印书馆，2009：75 - 77.

❷ 陈劲. 协同创新与国家科研能力建设［J］. 科学学研究，2011（12）：1763.

学和科学领域。效应一词的含义使用广泛，并不仅限于表达严格的科学定理、定律中的因果关系，例如蝴蝶效应、温室效应、链锁效应、带动效应、激励效应等。

效用（Utility）用来描述主观的满意程度，❶ 如第三章中所述，它体现了对人的欲望的满足能力，简言之，效用是满足程度的表达。自利（self-interest）不应与自私（selfishness）混淆，因为他人的幸福或痛苦可能是某人满足的一部分，效用在一定程度上是对自利的一种衡量。对于专利审查国际协作制度而言，它在多大程度上满足了各国专利审查工作的需要，效用可以对其作出一个较好的衡量。

效率（Efficiency）一词所蕴含的价值内容可以从多个学科阐释：从管理经济学角度来讲，效率是指在特定时间内，投入与产出之间的比率关系。效率与投入成反比，与产出成正比。从法学的角度，效率一般是指投入与产出或成本与收益之间的关系；还有一种是指制度效率，即指整个经济制度的安排是否促进生产效率，有时也称为经济效率。❷ 专利审查国际协作制度所涉及的效率主要为两层含义：其一是制度对资源进行配置的效率，其二是专利审查国际协作制度下专利审查工作的效率。一项制度需要效率，更需要效果。没有效果的效率是徒劳的，因此专利审查国际协作制度需要通过专利审查工作的效率产生专利审查工作的

---

❶ ［美］罗伯特·S. 平狄克，丹尼尔·L. 鲁宾费尔德. 微观经济学（第七版）［M］. 张军校. 高远、朱海洋、范子英、张弘译. 北京：中国人民大学出版社，2009：74.

❷ 强世功. 法理学视野中的公平与效率［J］. 中国法学，1994（4）：44－52.

效果。

效果（Effectiveness）是由某种动因或原因产生的结果。在专利审查国际协作制度产生之初期望的效果是缓解审查积压，但伴随着专利审查国际协作制度的运行，专利申请的授权率提高、答复审查意见的次数降低、继续审查请求和申诉率减少，产生了降低专利申请成本、激发社会的创造热情，为科技创新提供动力的效果。下文将对其创新的效果进行分析，以揭示制度的创新效应。

二、PPH 的创新效应分析

（一）专利审查国际协作制度创新效应的运行机理

PPH 的影响直接反映在专利审查的检索量、专利审查的权利要求数和审查意见的次数等方面。❶ PPH 的信息共享机制允许申请人向世界各专利局提交相同申请时，根据国与国之间签订的协议，在首次申请局获得认可的申请，在后续申请局可以采用便捷程序予以审查，同时可以免交部分已获首次申请局认可的文件。PPH 制度中利用 OEE 的检索和审查结果以减少审查员的重复劳动，减少了各国专利审查机构的检索工作量，产生了积极的效果；同时权利要求的前后两局之间的对应，使得检索的权利要求数减少，在减轻对权利要求的可专利性判断的工作量同时还减少了检索的工作量。基于前面两者的工作量的减轻和审查信息的共享，审查意见的次数将降低。专利审查的检索量、专利审查的权利要求数和审查意见的次数三者的优化正是反映了重复审查概率

---

❶ 朱雪忠，余力焓. 专利审查高速路制度的成效、困境与对策 [J]. 知识产权，2015（6）：87-93.

的降低，对缓解审查积压提供了关键的支持。

在 PPH 中，专利检索、审查的权利要求、审查意见的发放次数、审查周期和授权率都得到改善。同时，这些因素都共存于一个审查体系中，彼此之间相互影响，共同促进创新。由此可见：通过专利审查的检索量、专利审查的权利要求数和审查意见次数的改善，专利审查国际合作制度可对专利审查的初审、实质审查和授权三个阶段产生连锁的影响；审查信息共享能在初审和实质审查阶段有效地减少重复审查，解决审查积压的关键问题；授权率和审查周期对于缓解审查积压起到积极的反馈作用。

专利审查的检索量、专利审查的权利要求数和审查意见的次数在专利审查国际合作制度的改进将有效提高专利申请的授权率，缩短审查周期，降低重复审查率，从而缓解审查积压，对创新产生直接或间接的影响。其直接影响表现在经济成本和时间成本的节约；其间接影响表现在低成本的专利申请和审查将激励专利相关人的工作积极性，从而促进创新。

以 PPH 为例的专利审查国际合作制度由于实现了信息共享，减少审查过程中的发文次数，缩短审查时间，提高授权率，降低了申请人的专利申请相关费用，有效减少了申请人获取专利权的成本，提高了专利审查机构的工作效率，为解决专利审查积压问题产生了有益效果。

（二）PPH 的审查信息共享减少专利检索的工作量和审查的权利要求数

提出 PPH 项目的专利申请必须与在首次申请局提出的对应申请具有相同的最早日期，该最早日期可以是申请日，也可以是优先权日。同时，专利申请已经公开，必须已经进入实质审查阶段，但在提出 PPH 请求的时间点尚未收到后续专利局的实质审查部门作出的任何审查意见通知书。在实质审查中查找对比文献时，后续申请局可以参考首次申请局的检索结果，并且可以省略首次申请局已经检索过的文献材料。经过首次申请局的检索，后续申请局可以在未经使用过的文献中进行再次检索，一般是本国语言文字的文献。

PPH 要求在前后两局的申请中，权利要求需要对应。为此，PPH 成员专利局提供了权利要求的对应表，以方便申请人在不同国家和地区面临不同的专利法律要求时能有效使用 PPH 途径申请专利。在权利要求上，在首次申请局至少有一项权利要求具有可专利性；在后续申请局接受审查的所有权利要求必须与首次申请局具有可专利性的权利要求有一条或一条以上充分对应；首次申请局的申请必须有效，且必须完成对新颖性和创造性等特征的实质性审查。在此基础上进行的专利审查工作，权利要求的审查任务量有所缓解。由于只需要考虑具有可专利性的权利要求，审查范围缩小。另外，检索工作量的减少与审查的权利要求范围进一步减小也有关联。由于后续申请局仅针对在首次申请局具有可专利性的权利要求进行审查，从而检索文件的范围也得到进一步的限定。

（三）审查意见的次数减少、审查周期缩短及授权率的提高实现节省交易成本

关于专利检索和权利要求的审查，后续申请局利用了首次申请局的检索和可专利性意见，仅对符合首次申请局授权要求的权利要求进行审查，不仅减少专利审查机构的工作负荷，而且可以保持与首次申请局相当的审查质量，使得结案平均发出审查意见的次数相对减少。在 PPH 途径中，后续专利局的专利检索量减少，进行实质审查的权利要求得到限定，审查意见发放的次数减

少，对于专利审查整体工作负荷都有了减轻，提升了审查的工作效率，缩短了审查周期。由于 PPH 申请的所有权利要求无论是原始提交的或者是修改后的，必须与首次申请局认定为具有可专利性/可授权的一个或多个权利要求充分对应，后续申请局仅针对首次申请局认定具有可专利性的权利要求内容进行审查，不仅减轻工作量，还维持了前后相对一致的专利审查质量，从而提高授权率。

科斯定理指出：在产权明晰的条件下，只要交易成本为零，不论财产权归谁所有，达到均衡状态时都能实现资源的最优配置。❶ 因此，从这个角度来考虑专利国际申请中的成本问题，就是需要设立一种制度能够降低专利国际申请的交易成本，实现资源的优化配置。

交易成本思想的提出在一定程度上解释了价格理论方法不知不觉引入制度性判断的倾向。❷ 交易是制度经济学中最基本的事实，人与人之间、人与社会之间的活动都通过交易来完成。想要获得多个国家的专利权，专利申请人将发明创造分别提交到每个国家的专利审查机构，申请专利授权，就是专利国际申请最简单的交易方式。由于各个国家的专利法律制度的差异性，分别提交专利申请意味着需要了解每个国家的专利法和审查制度，这样的申请方式是非常不便利的，且消耗的人力、物力和财力较大。当

---

❶ Coase. The Problem of Social Cost [J]. Journal of Law and Economics, 1960 (3): 1–67.

❷ [美] 理查德·N. 兰格劳斯 (Richard N. Langlois). 交易成本、生产成本和岁月流逝 [A]. [美] 斯蒂文·G. 米德玛编，罗君丽，李井奎，茹玉骢译. 张旭昆校. 科斯经济学——法与经济学和新制度经济学. 上海：上海三联书店，2007：4.

专利申请人和专利授权国两个交易对象之间完成交易比较困难时，世界各国开始考虑构建合适的渠道，促使交易双方完成交易。于是，PCT 应运而生，一次申请可以指定多个国家，专利申请人不必耗费精力去掌握每个成员国的专利法和审查规则，它能促进和完成专利申请——授权的交易。在 PCT 的框架下，专利审查工作仍然是各国独立进行，其中有大量的重复审查工作，耗时又耗力，PPH 途径的出现，则进一步改善了交易过程，降低了交易成本。根据 2011 年 AIPLA 经济调查报告，在美国每答复一次通知书的平均费用为 2 086 美元。在非 PPH 申请中，一项专利申请平均需要答复 2.49 次通知书，总计费用为 5 194 美元。通过 PPH 途径申请，一项专利申请答复通知书的次数减少至 1.88 次，费用总数为 3 921 美元，比前者节省 1 273 美元。PCT－PPH 途径中，一项专利申请答复通知书的次数降至 1.17 次，费用为 2 440 美元，比非 PPH 途径节省 2 754 美元。❶ 审查意见通知书次数的减少，为申请人节省了一笔可观的答复费用。

（四）高效的审查合作体系缓解审查积压并降低专利申请和专利审查的成本

如上文所述，在全球十大国家/地区专利机构 2007 年受理的专利申请中，34% 都带有重复性的工作，如果能将用在重复性工

---

❶ 2011 年 ALPLA（American Intellectual Property Law Association）经济调查报告；Hung H. Bui：Patent Prosecution Highway（PPH）-Recent PPH Statistics from USPTO & PPH Cost Savings Data［R］. Washington D. C. 2011：1－27.

作上的时间降低 25% , 则可以有效缓解专利积压的问题。❶ 重复审查耗费了专利审查的资源，PPH 制度通过合作的方式降低重复审查的概率。在 PPH 申请中，后续申请局可以借用首次申请局的审查成果，减少文献检索量，缩小权利要求的审查范围，审查意见的发文次数降低，在一定程度上避免了重复审查，为缓解审查积压提供了有效途径。在中美专利审查高速路中，专利申请进入美国后被美国专利商标局发出最终驳回通知（Final rejection），申请人还可以在收到通知的 6 个月内提出继续审查请求（Request for Continued Examination，RCE）。高授权率降低了继续审查请求和申诉的概率，❷ 在一定程度上也缓解了审查积压。

在专利申请中，人工翻译产生一笔不小的费用。而目前的 PPH 项目中，有的后续申请局允许申请人采用机器翻译，如日本和西班牙的 PPH 协议规定，如果机器翻译的文件影响阅读，则再要求申请人采用人工翻译。此举为申请人节省了申请过程中的翻译成本。授权率的提升将减少专利申请人为了获取授权而支付的各种审查费用，增加了费用的可预期性；同时，发放审查意见通知书次数减少，相应答复审查的费用也会降低，缩减了申请人的专利申请成本。❸

由此可见，以 PPH 为例的专利审查国际协作制度由于实现了

---

❶　London Economics. Economic Study on Patent Backlogs and a System of Mutual Recognition-Final Report to the Intellectual Property Office（2010）［EB/OL］. http：//www. ipo. gov. uk/p-backlog-report. pdf，2013 – 04 – 11.

❷　Paolo Trevisan. The Patent Prosecution Highway（PPH）Program，Office of Policy and International Affairs，United States Patent and Trademark Office.

❸　佘力焓，朱雪忠. 专利国际申请的费用及其控制策略研究——基于专利审查高速路的研究视角［J］. 情报杂志，2014，33（10）：90 – 94.

信息共享，减少审查过程中的发文次数，缩短审查时间，提高授权率，降低了申请人的专利申请相关费用，有效减少了申请人获取专利权的成本，提高了专利审查机构的工作效率，为解决专利审查积压问题产生了有益的效果。

三、PPH 对于创新的激励与反馈

专利审查的权利要求数、专利审查意见的发文次数、专利审查周期、专利审查费用（对专利局而言）、专利申请费用（对专利申请人而言）和授权率之间有相互影响的逻辑联系，共同实现对创新的激励。在协同创新中，科技与市场是两大重要的因素。熊彼特认为，新技术的发明并不意味着技术创新，只有将技术与市场联系起来、技术实现了商业化的运用，才算完成整个技术创新。专利审查过程淘汰了不具有新颖性、创造性和实用性的技术，得到授权的专利技术将具有良好的市场适应能力，为技术的商业化提供了前提条件。

（一）专利审查意见的发文次数和审查的权利要求数通过审查周期和审查费用对创新的影响

在 PPH 的专利申请中，专利审查意见的发文次数和权利要求数相比传统途径的全球专利申请都有所改善，在创新的驱动下，专利申请量得到提升（见附录二图 V－1）。提交专利申请后，申请进入审查程序。当审查中的权利要求数经过首次申请局的可专利性审查后，后续申请局在首次申请局限定的可专利性权利要求中再次审查，审查的权利要求数减少，并由此引起检索量减小。

同理，由于经过首次申请局的可专利性审查，后续申请局对经过限定后的权利要求只需要在前后两国专利审查制度的差异性部分集中审查，并同时对经过首次申请局认为具有可专利性的权

利要求进行审查，不仅使审查质量在前后两局之间确保稳定性，而且减少了审查意见的发文次数。

审查的权利要求数减少和审查意见的发文次数降低都将缩短审查周期，降低审查费用，进而激励创新，形成良好的创新反馈机制。审查周期长的申请案，专利质量也比较差。通过对美国专利商标局、欧洲专利局和日本特许厅等专利审查机构的专利申请案进行研究，发现审查周期的长度与专利质量的优异程度直接呈现负相关。❶ 审查意见发文次数和审查的权利要求数多，不仅耗费了大量的审查资源，而且延长了审查周期。审查周期的延长增加了专利系统的不确定性，降低专利审查品质，还为低质量专利提供授权机会。

在以技术占领市场的时代，发明人即使有非常先进的创造，将其推向市场也需要获得法律的支持和保护。同时，大部分的发明人未必有足够的资金支撑，他们需要以自身的技术获得外界投资人的协助，申请专利是获得投资的良好方式。尤其对于中小企业而言，资金是他们将技术转化为生产力的关键；而投资人的投资方向也主要以发明专利为考虑对象，为此，及早获得专利授权有助于更快获得投资的机会，降低市场的可预期风险。如果审查周期过长，发明创造相当于被迫搁置，从而阻碍了其应有的市场效应。对于高新技术企业而言，技术的快速更新是获得市场的关键，审查的拖延将使其资金的周转产生困难，可能会面临生存的危机。过长的审查周期将抑制发明者的创新激情，对创新产生消极影响。

---

❶　Van Zeebroeck. Filing Strategies And The Increasing Duration of Patent Application ［D］. CEB Working Paper, 2009（15）：13.

（二）专利审查周期和专利审查意见的发文次数通过专利成本对创新的影响

专利审查周期对专利成本有着直接的影响。专利审查周期长意味着专利审查资源的长期占有和耗费，同时，专利申请人在这一过程中需要支出费用的风险加大。专利审查周期的缩短，意味着专利审查资源的周转频率的提升，同样的资源能够得到更有效的发挥，提升了资源的利用率，降低单个专利审查的成本（参见附录二图 V-2）。同时，专利审查周期的缩短将减少专利申请人为了获取授权而进一步支付的各种费用，增加了费用的可预期性。

在 PPH 途径中，由于后续申请局参考了首次申请局的审查信息，共享了检索资源和审查结果。在提交 PPH 申请时，为了符合加快审查的要求，向后续申请局提出申请的权利要求范围必须小于或等于在首次申请局中可授权的权利要求的范围。由于有首次申请局的审查结果可供参考，权利要求的严格对应在一定程度上减轻了后续申请局在审查中对可专利性进行判断的工作量，从而减少发放审查意见通知书的次数，为专利申请人节省了在专利申请过程中多次答复审查意见通知书的费用，同时规避了答复延期、请求恢复权利等风险。

专利申请人的专利国际申请费用中，一部分是价格成本，一部分是交易成本。通过 PPH 途径申请专利，各国专利审查服务的价格并没有发生改变，PPH 途径节省的并不是价格成本，而是交易成本。专利申请的授权率提高、答复审查意见的次数降低、继续审查请求和申诉率减少，简化了专利申请——授权的交易过程，有效促进了交易的完成，从而降低了交易成本。在社会生活中，使用便利的渠道更快更便捷完成交易往往需要支付对价。多数国家的 PPH 申请本身不需要费用，就如同科斯所构想的那样，期望使交易成本无限趋向于零，从而实现资源的最有配置，有效促进科技创新。

（三）专利审查周期、专利审查费用等专利局工作效率对创新的影响

上文提到，效用（Utility）用来描述主观的满意程度，❶ 它体现了对人的欲望的满足能力，是对满足程度的表达。专利局的创新效用是用来表达专利审查机构对于专利审查国际协作制度创新能力的满意程度。

一个不设时间限制的目标是一个无效目标。专利审查的周期可以反映在一定的时间期限内专利局的工作量，同时对于审查积压的缓解至关重要。尤其在 PPH MOTTAINAI 和 IP5 PPH 中，申请前后的审查局可以引入"第三方"和"反向"，制度的设计可以使审查工作由高效率的审查局向相对较低的审查局流动。在双边协议的 PPH 中，后续申请局可以参考借用在先申请局的审查结果，从而降低审查的费用，并缩短审查周期。在引入"第三方"和"反向"结果的利用过程中，在先审查局相比之前具有更多的可利用资源，尤其当其受理的首次申请较多时，可以将部分审查任务传递给后续审查局，由后续审查局中效率较高的审查机构先行得出结果，在先审查局可以参考借用。在这种情况下，审查的费用和审查的周期将在原来的基础上进一步降低，在专利局内产生较高的创新效用。专利局的高创新效用将反馈到专利审查的工

---

❶ ［美］罗伯特·S. 平狄克，丹尼尔·L. 鲁宾费尔德. 微观经济学（第七版）［M］. 张军校. 高远，朱海洋，范子英，张弘译. 北京：中国人民大学出版社，2009：74.

作之中，提高专利审查工作的积极性，并将进一步影响专利审查的数量和质量。

审查费用的降低为专利局整合了审查资源，使审查资源能得到高效的利用。各国专利局设立专利审查国际协作制度的初衷是缓解审查积压，提高审查工作效率。专利审查周期的缩短和专利审查费用的降低符合制度设立的目标，提升创新效用。

（四）专利审查周期、专利成本和授权率对专利相关人创新效用的影响

上文已经阐述专利审查周期和专利成本对于专利相关人（专利申请人/专利权人）的重要意义，科斯定理意味着能使交易成本最小化的法律是最好的法律。在专利审查国际协作制度之下，专利审查周期的缩短和专利审查费用的降低，专利申请人/专利权人的预期成本减少，促进了技术产出，增加了专利申请人/专利权人的创新效用。

专利授权率是专利申请人参与专利审查国际协作制度的关键。高授权率能使专利申请人/专利权人达到较高创新效用。前文所述，以美国为例，专利申请的平均授权率为53%，而通过PPH途径的授权率达到87.9%，通过PCT–PPH的授权率更是高达90.3%。❶在PPH的高授权率中，其中很大一部分的专利是仅通过一次审查就获得了授权。在美国，相比于所有专利申请的一次授权率，通过PPH途径的一次授权率提高了约10个百分点，❷而PCT–PPH途径较PPH途径并没有明显优势。美国的专利体系自1790年设置以来，为实现激励创新而持续关注专利的审

---

❶❷　JPO：PPH Portal Statistics［EB/OL］. http：//www. jpo. go. jp/pp-ph-portal/statistics. htm#pph_ gr, 2014 – 04 – 08.

查质量，❶ 对于一次审查即获得授权，美国表现了更为谨慎的态度。高授权率增加了申请人对于专利申请费用的可预期性，与非PPH 途径的具有较高的一次授权率相比，PPH 途径也将进一步节省专利申请人答复审查意见通知书及后续为获得授权而支付的各项费用。

审查费用、审查周期和授权率对专利相关人的创新效用有着提升或降低的影响。当审查费用低、审查周期短和授权率高时，能够降低成本的支出，为技术的产业化提供更多机会，专利相关人能得到正面的激励，创新效用高；当审查费用高、审查周期长和授权率低时，增加了专利获取的成本，使专利将面临市场更多的不可预知的风险，专利相关人能得到负面的激励，创新效用低。

四、基于 PPH 分析的技术创新途径

前文研究了以 PPH 为代表的专利审查国际协作制度对创新的激励效应，如何将对创新的激励效应协调发挥得当，还需要分析技术创新的途径。

（一）创新人才

为了 PPH 从区域化到全球化的进程中实现技术创新，需要创新型人才的支撑。自 20 世纪 80 年代以来，发达国家为应对日益激烈的全球竞争，迫切希望研究型大学在科技创新与技术转化方面承担更重要的角色。因此，斯坦福大学和麻省理工学院等世界名校开始创办大学科技园，形成创业型大学（entrepreneurial uni-

---

❶ Chris J. Katopis：Perfect happiness？Game theory as a tool for enhancing patent quality ［J］. Yale J. L&TECH，2008（10）：360 – 403.

versity）的新模式。❶ 专利审查高速路从区域化到全球化的发展过程中，需要的不仅仅是懂技术的审查人员，而是需要一批懂外语、经济管理、法律和技术的综合型人才。语言的多样性使审查员之间能够建立起良好的沟通，前后两局对权利要求的理解更为准确；经管和法律类人才为合作模式的良性运作提供支持；法律和技术型人才是开展卓有成效的专利审查工作的基础。这样的创新人才需要研究型大学来提供，现在越来越多的专利审查人员的培训和交流工作开始由世界知名大学来承担，一方面培养了创新人才，另一方面加强、促进了学术理念的交流和碰撞。

（二）创新制度

PPH 是一种专利审查国际协作的制度，需要通过制度的创新，促进审查资源的共享，实现各合作国的共赢。IP5 PPH 和 Global PPH 是制度创新的结果。为促进各合作国的技术创新，PPH 应构建成各缔约方关于专利申请、专利检索、专利审查、专利授权及专利保护等各项专利事务达成合意后形成的一种协作制度，并将 PPH 逐步从国与国之间的双边合作扩展到多个国家的区域性合作，再推进到全球更大范围。根据各国利益诉求的差异性，寻找一种具有平衡性的创新制度尤为重要。尽管现行的专利审查国际协作制度主要集中在专利申请和审查的程序方面，例如简化烦琐的程序、降低申请人的时间和经济成本，提高专利审查机构的工作效率等。全球的知识产权制度进入了一个崭新的科学时代，目前，各国的专家和学者只是试探性来协调不同意见，尽最大的努力来处理一切技术性问题。调和存在不同的领域，如技

---

❶ 顾秉林. 创新：研究型大学的成功之道［J］. 清华大学教育研究，2008（29）：1.

术领域，包括信息技术、生物技术等；如司法管辖领域，由此而引发的诉讼费用等问题对创新的影响。❶ 该制度的总体目标应当是保护专利权人的权益，鼓励发明创造，推动发明创造的运用，激励创新，促进科学技术进步和全球经济发展，❷ 不能由单个国家主导，而是应该由科技实力处于不同发展阶段的合作国共同参与组建。

（三）尊重和宽容的合作氛围

在多国合作的专利审查协作体系中，文化的差异性不可避免。PPH 是针对全球专利申请量激增，专利审查工作量积压的问题提出的，加入到这一合作模式的各个成员方均意识到这一问题需要通过前后申请局通力合作来解决。加入 PPH，各成员方都有基于本国国情和科技发展的诉求，因此，强制性的要求所有成员方必须服从某一专利审查方式，不仅不切实际，而且会挫伤各方合作的勇气和积极性。较好的解决方式是，营造并培养一个尊重和宽容的审查合作的氛围，加强各个成员方审查员之间的沟通和了解，理解彼此的审查工作方式，使 PPH 成为各成员方实现自身科技创新价值的平台，激发创新的多样性。

PPH 从区域化向全球化发展，逐步在全球范围内建立起"开放、合作、共享的审查模式"。该合作模式能提高专利申请的授权率、减免专利审查的国际协作途径的费用、减少答复审查意见

❶　Jerome H. Reichman, Rochelle C. Dreyfuss. Harmonization without consensus: critical reflections on drafting a substantive patent law treaty [J]. Duke L. J., 2007 (57): 2-9.

❷　Warren S. Wolfeld. International Patent Cooperation: The Next Step [J]. Cornell Int'l L. J., 1983 (16): 229-248.

通知书的次数、降低继续审查请求及申诉率，降低取得专利的成本，有助于提高创新效率。在专利审查高速路的 IP5 合作模式中，检索信息的共享、审查结果的相互借鉴和审查方式的交流合作都是整合创新资源的有效途径。由于各国的综合国力有悬殊，因此各国的利益诉求和科技创新的出发点会不一样，加之各方专利制度的差异性，专利审查高速路的全球化需要各成员的深度合作，形成多方共赢的，才能实现可持续的技术创新发展。

第四节　我国基于专利审查国际协作制度的创新工作

全球的专利申请激增，在专利申请—授权、专利成本—收益等方面形成巨大的交易市场。以专利审查高速路为代表的专利审查国际协作制度所体现的创新效应为我国科技的全球专利战略布局和长远发展提供了机遇。我国应把握专利审查国际协作制度的创新效应，在关键的影响因素上着力进行调整，将创新效应在我国的作用得到较大程度的发挥。

一、参与构建国际法律秩序以维护制度的创新效用

目前，中国与多国达成 PPH 的协议，实现了双边网络中的审查信息共享，使申请人的跨国申请能得到优先处理；同时，我国参与了 IP5 PPH 的多边协议体系，在体系中可以引入 IP5 成员国之间的"第三方"审查信息和"反向"结果利用，能够进一步提高专利审查的工作效率，实现审查高效率的良性循环。

由于首次申请局的检索或审查意见得到后续申请局的借鉴和参考，使得申请人答复审查意见通知书的次数减少，并提高了审查结果的可预见性。专利审查国际协作能够帮助中国的专利申请人加速在国外的申请，节约专利申请的时间和经济成本，有助于中国企业开拓海外市场，加快全球的专利布局。我国应以积极的姿态参与其中，参与构建国际法律秩序，参与制度的研究和制定，而不要待到不得不加入该协作时被动接受协作模式的既定规则。专利审查国际协作制度是相关制度主体表达自身利益的根本取向而根据需要制定的审查行为模式，此种行为模式通过法律形成一种常态化的审查行为体系。我国参与国际化的专利审查法律秩序的构建有利于表达我国的价值取向，有利于我国的科技创新。

以当今中国的发展速度，专利申请量将持续上扬，综合国力的不断提升需要在世界范围内谋求更多的发展机会和更大的发展市场。我国参与到专利审查国际协作的法律秩序构建之中，我国的创新发展将在国际社会谋求更大的话语权。

二、政府应根据市场经济规律配置审查资源并降低成本

专利申请人提交专利国际申请时需要考虑支付专利申请费用，这是专利申请人期望获得海外专利权需要考虑支付的一部分专利成本，这其中包含价格成本和交易成本。在目前的PPH途径对专利审查的价格没有较大影响，但其通过提高授权率、降低答复审查意见的次数、减少继续审查请求和申诉率，简化了专利申请—授权的交易过程，有效促进了交易的完成，降低了交易成本。各国积极参与专利审查国际协作，通过提高专利申请的授权率、减免专利审查的国际协作途径的费用、减少答复审查意见通知书的次数、降低继续审查请求以及申诉率等来降低专利申请至

授权的交易成本，以期实现资源的优化配置，促进科技创新。在全球专利申请的大浪潮中，专利申请需顺应市场运作规律，采用供需均衡的定价，产生一般均衡，同时通过国际合作的渠道，进一步降低交易成本，为科技创新提供最优的资源配置。

虽然我国已与许多国家签订 PPH 协议，且美、日、欧、韩、中构建了 IP5 的合作模式，但是这些合作模式还有待进一步调整，发展中国家在对发达国家制定的审查方式有适应期，且这些模式能否一直持续下去还有待考证。目前的专利审查合作模式集中在提高效率、节省专利申请交易成本的阶段。在专利审查国际协作过程中，费用的节省还可以从价格成本上考虑。随着专利制度的进一步发展，国家之间可以通过签署协议构建审查费用的合作渠道。在一国已经缴纳过审查费用后，在后续申请国进行专利审查时，申请人可以申请免交，反之亦然。免交范围首先可以从一部分的官费开始，如果施行顺利、未给一国的专利体系造成冲击，则可以进一步扩大官费减免的范围。需要考虑的是，由于各国发展阶段的差异性，发达国家与发展中国家的服务业费用差异很大，尤其是法律服务业。我国的经济在很大程度上由劳动密集型产业驱动，劳动力价格低廉，服务业并未成为驱动经济发展的中坚力量。以答复审查意见通知书为例，美国律师费为 2 086 美元/次❶（不考虑美国当地律师事务所答复审查意见通知书的收费优惠情况），我国的专利代理机构的代理人收费为 1 200 元人民币/

---

❶ 2011 年 ALPLA（American Intellectual Property Law Association）经济调查报告；Hung H. Bui：Patent Prosecution Highway（PPH）-Recent PPH Statistics from USPTO & PPH Cost Savings Data［D］. Washington D. C. 2011：1 - 27.

小时，西部地区的收费与此相比下浮 30% 左右。我国专利申请的法律服务业的价格与美国相比有较大的差距，[1] 如果需要在服务费用上实现与发达国家互免，目前还有一定的难度。

在专利国际申请的过程中，支付官费是不可避免的。官费的制定应顺应市场经济规律，在考虑一般均衡的基础上制定。WIPO 一直致力于调整和平衡发达国家和发展中国家的审查费用。不论其如何调整，都需要符合一般均衡的条件来制定价格。一般均衡是指专利审查的费用使得供需达到均衡，专利申请人所能负担的费用能够支付专利申请至授权的官费，专利审查机构所需要收取的费用可以确保专利审查资源得到有效利用。价格制定过高，专利申请量将下降，而专利审查的资源将被闲置；价格制定过低，虽说可有效促进专利的申请量，但专利审查资源将面临严重匮乏的状态，专利审查工作将变得没有效率，专利审查质量降低，由此，专利质量也无法得到保障。因此，供需均衡的定价产生一般均衡，促进资源的有效配置。

三、企业应根据自身需求利用专利审查国际协作制度

目前，专利审查高速路的使用集中在我国的几家大型企业，如中兴、华为。这些企业更看重的是 PPH 途径可加速企业的全球专利布局，拓展海外市场。[2] 全球科技的迅速发展，新的科技创

---

[1] 全国专利代理行业服务收费指导价格（试行），中华全国专利代理人协会《关于制定"全国专利代理服务收费指导价格"的决议》（2005 年 10 月 21 日第六届十次常务理事会通过）。

[2] 贺延芳. 搭建国际合作共享通道，加快专利审批速度——中日正式启动专利审查高速路［N］. 中国知识产权报. 2011 – 11 – 04.

新点层出不穷，中小企业能更快更及时地抓住创新机遇，已逐渐成为科技创新的主要力量之一。中小企业资金有限，更多地集中在技术更新快、短期能获得收益的科技领域。在价格固定的情况下，寻找良好的申请途径来降低交易成本不失为节省开支的好方法。PPH 途径的专利国际申请的审查效率高，以美国为例，在 PPH 途径下，平均审查周期由 29 个月缩减到 14 个月，❶ 交易成本大幅节省，有利于技术更新快的中小企业提高盈利的可预见性，有助于中小企业在资金有限的情况下开拓市场。

在 PPH 途径下，前后两局所提交的申请文件中权利要求需要充分对应，因此，首次申请时应尽可能获得较大的授权范围，为后续申请保留足够的授权空间。如果首次申请的授权范围较窄，则后续申请时的权利要求范围只可能会进一步缩小。虽然审查效率高等优势能节省交易成本，但是该权利要求范围的缩减影响将来专利的使用和投资回报，因此，应整体考虑专利申请费用的成本和可预见的专利授权范围所带来的收益。如果节省的成本只能带来微薄的收益，或者放弃 PPH 途径的成本优势所换取较大的授权范围能带来更大的收益，则可以考虑暂时不采用 PPH 途径申请，而改用 PCT 或巴黎公约途径，以期获得比 PPH 途径更大的授权范围。

---

❶ JPO. PPH Portal Statistics［EB/OL］. http：//www. jpo. go. jp/ppph-portal/statistics. htm#pph_ gr, 2014 – 04 – 08.

第五节 本章小结

在全球专利申请量激增的情形下，PPH 网络不断完善和扩展，PPH 和 PCT – PPH 表现平稳，重要的是全部申请的审查时间大幅缩短。越来越多的专利申请人采用了 PPH 等途径来加速审查，PPH 的参与率大幅提升有效缩短了整体申请的审查时间。专利审查国际协作制度有着制度发展的内在要求，也是专利全球申请量激增推动的必然选择。基于专利审查信息共享的 PPH 已经成为专利审查国际协作制度的典型代表，对该合作模式的发展进行研究分析已经成为理解当今专利审查国际协作制度新特征的重要方面。通过对 PPH 的分析可以看出，协议模式与构建平台的多元性、审查体系成员的广泛性、审查制度与审查体系的虚拟重构、体系的"共时性"与制度的"历时性"显现为专利审查国际协作制度的新特征。专利审查高速路的初衷是缓解审查积压。在审查合作之中，专利审查高速路产生了正的外部性，通过加速审查产生了对于创新的激励效应。PPH 的外部性拓展了其应用的范围，促进了其全球化的发展。专利审查的权利要求数、专利审查意见的发文次数、专利审查周期、专利审查费用（对专利局而言）、专利申请费用（对专利申请人而言）和授权率之间有相互影响的逻辑联系，对专利局和专利相关人的创新效用产生影响，具有良好的创新效应，共同实现对创新的激励。对于我国的专利审查体制而言，需要深刻理解和把握专利审查国际协作制度的特征和创新效应，根据专利审查国际协作的新变化和新发展，积极融入全球的专利审查网络，主动跟踪专利审查合作模式的发展动向，及时获取前沿的合作资讯、与国外的专利审查机构开展实时的交流，这将为提高我国的专利审查质量、加速审查提供有益的帮助。

第五章

专利审查国际协作制度
的全球化构建

传统的法律理论几乎仅仅关注两个层面上的法律：地方性的国家法和国际公法。桑托斯认识到法律的多重层面，但主要关注三个层面的法律：全球法、国家法和次国家法……在一个不同的背景下，我提出规范秩序反映了人类关系的所有层面（包括法人和群体等）。而且为了一般性的目的，在全球性、区域性、跨国性、社区间、领土国家、次国家和非国家地方性之间作出区分是必要的……它的优点是让人们注意到各层面上的非国家秩序，并强调这些不同的层面并非处于严格的垂直等级之中。❶

—— ［英］威廉·退宁

第一节　概念的厘清：国际化与全球化

本书研究的主题是专利审查国际协作制度，当前的专利审查处于国际化的阶段，尚未实现全球化。从第二章的论述可知，专利审查制度已经存在国际化的现实。本章将提出制度全球化的构建，那么，"国际化"和"全球化"之间究竟有何异同？本节先厘清对两者概念的理解以及两者的逻辑联系。

"国际化"和"全球化"是两个使用频率很高的词汇，都表征了事务在世界范围内的发展趋势，在多数使用时，常常替代使用，没有区分。其实，法律制度的国际化和全球化是两个不同的概念，需要进行区分，使法学研究更具严谨性和科学性。

---

❶　［英］威廉·退宁. 全球化与法律理论［M］. 钱向阳，译. 北京：中国大百科全书出版社，2009：287.

国际化以国际关系的存在为前提。国与国之间有了交往，也就有了国际化的现实基础，可以说，国际化的现象由来已久。"经济与社会的国际化描述的是两个或两个以上的民族国家之间所进行的各种原料、工业产品以及服务、货币、思想与人员的交换。"❶ 因此，专利审查国际协作制度的国际化是各个国家的专利审查法律制度的相互联系，彼此影响。如美国受到大陆法系国家专利法律制度的影响，将专利法从"先发明制"修改为"先申请制"。"所谓法律发展的国际化，主要是指法律文化的传播与交流过程中，各个主权国家的法律制度蕴含着世界法律文明进步大道上的共同的基本法律准则，使各国的法律制度在某些方面彼此接近乃至融合，进而形成一个相互依存、相互联结的国际性的法律发展趋势。"❷

法律制度的全球化是以全球社会的形成为基础的，从这个意义上说，专利审查国际协作制度的全球化表示的是全球社会专利审查法律制度发展的趋势和规律。法律制度的全球化是全球分散法律体系向全球法律一体化的运动或全球范围内的法律整合为一个法律体系的过程。❸ 在全球化的趋势中，世界的法律体系是多元的，国家、政府间国际组织和非政府组织都将创造和发展着新的规则和秩序，每个行为主体都拥有不同程度的能量，都力图分

---

❶ 里斯本小组. 竞争的极限：经济全球化与人类的未来［M］. 张世鹏译. 北京：中央编译出版社，2000：34.

❷ 公丕祥. 国际化与本土化：法制现代化的时代挑战［A］. 法理学论丛第 1 卷. 北京：法律出版社，1999：278.

❸ 周永坤. 全球化与法学思维方式的变革［J］. 法学，1999（11）：26－29.

配全球系统的价值❶。这些法律规范之间互不隶属，但又互相联结。全球化的进程产生了许多跨越国界、跨越地区的全球性问题，如全球气候问题、全球环境问题、全球专利申请激增而审查积压问题等，这些问题需要全球性的力量共同解决，并非仅依靠国家或国与国之间的联合能解决，因此，制度的全球化还意味着全球治理。专利审查国际协作制度的全球化需要构建一个能对全球专利审查进行治理的机构和法律体系。如前所述，世界的法律体系是多元的，彼此之间没有从属关系，所以这种治理并非统治。

由此可见，专利审查国际协作制度全球化的构建是全球社会在面临专利申请全球激增，专利审查积压的现状时，各种力量共同推进专利审查法律制度的发展进程，这是一个比国际协作更高级也更复杂的阶段，同时，国际协作制度是其全球化发展中不可或缺的基础。在这个进程中，国家起到了主要的推动作用，但并非主宰，全球社会的各种力量将共同参与到专利审查国际协作制度全球化的构建之中。

第二节　专利审查国际协作制度演进的历程

全球经济和科技的迅速发展，技术在各个国家之间的转换和交易，专利权亟须打破一国国界的限制，在他国获得有效的权利保护，以便促进技术转移和经济贸易。打破专利权的地域性能更

---

❶　[日] 星野昭吉. 变动中的世界政治 [M]. 刘小林等, 译. 北京: 新华出版社, 1999: 381–382.

容易地带来某些实质性的经济利益，有效推进全球的贸易合作，这就促使科学技术和经济贸易相对发达的国家积极参与专利审查的国际协作。

专利制度的国际协作发端于 1883 年的《保护工业产权巴黎公约》，该公约确立了国民待遇原则和优先权原则。国民待遇原则并不会产生一国领域外的专利权，而是《保护工业产权巴黎公约》成员国的居民在其他成员国提出专利申请时，具有与其他成员国国民同等的待遇，得到与其他成员国国民同等的保护。申请时依据申请国的法律，各个成员国仍依照其本国法律对申请进行审查，授予的专利权只在授权国的法律范围内生效，该专利权具有地域性，这也就是公约规定的专利独立性，各国独立依照本国法律对发明创造授予专利权。同时，该公约还规定了优先权期限。申请人在一个《保护工业产权巴黎公约》成员国第一次提出申请后，可以在一定期限内就同一主题向其他《保护工业产权巴黎公约》成员国提出申请，在后申请的某些内容被视为在第一次申请的申请日提出的。也意味着，申请人提出的在后申请与其他人在其首次申请日之后提出的申请相比，具有优先的位置；其在后申请具有与在先申请相同的申请日，破坏了其他人在其首次申请日之后提出的相同主体申请的新颖性。《保护工业产权巴黎公约》虽然没有打破专利权的地域性，但是国民待遇原则和优先权原则的提出为一国居民在他国获得专利权提供了便利。国民待遇原则使他国居民与本国居民有获得同等保护的可能；优先权原则为首次申请的发明创造在后续申请国的审查中，对新颖性的保护提供了可行性。

在缔结《保护工业产权巴黎公约》后的几十年里，世界各国的科学技术迅速发展，仅有《保护工业产权巴黎公约》已不能满足各国技术交往和技术保护的需要，基于此，1970 年 6 月，35 个国家在美国华盛顿签订《专利合作条约》。该条约被认为是继《保护工业产权巴黎公约》之后专利领域最重要的国际条约，具有里程碑式的意义，1979 年修正，并于 1984 年和 2001 年修订，现有成员 148 个，❶ 由总部设在日内瓦的世界知识产权组织（WIPO）管辖。PCT 为专利的国际申请提供了除国家申请之外的另一种途径。《专利合作条约》成员方的专利申请人可提交 PCT 申请，向国际局或 WIPO 指定的受理局提交一份申请，可同时获得多国或地区（均为《专利合作条约》的成员方）的申请日。申请人可在国家申请提出后 12 个月内按照 PCT 规定提交国际申请，可要求《巴黎公约》的优先权，在完成国际阶段程序后，在 30 个月进入国家阶段。❷ 在 PCT 申请中，一种形式要求应对所有的申请国，可进行国际检索、国际公布和国际初审，国际申请可根据申请人需要再进入国家阶段。申请人在 30 个月内缴纳所要求的翻译费和国家费用，并且只在申请人继续进行申请时才缴纳。PCT 申请提出国际申请分为两个阶段：第一为国际阶段，可分为国际申请的提交、国际检索、国际公布，并可根据申请人的要求进行国际初步审查；第二为国家或地区阶段。PCT 体系是专利申请体系，不是专利授权体系，申请人的发明能否获得专利权仍需要各国或地区根据本国或地区的专利法律予以确认，获得的专利权仍具有地域性；国际检索和国际初审的结果不具有强制约束力，各

---

❶　The PCT now has 148 contracting states [EB/OL]. http：//www. wipo. int/pct/en/，2015 – 03 – 15.

❷　PCT 体系与传统专利体系的比较，参见 http：//www. sipo. gov. cn/ztzl/ywzt/pct/jczs/201310/t20131028_ 872185. html，2015 – 03 – 15.

国或地区仍根据本国或地区的检索和审查给出授权意见。即使如此，PCT 为申请人在世界上多数国家寻求专利保护提供了便利：形式要求单一，只要符合一种规格的形式要求则可向多个国家或地区提出申请，指定国或地区不能以申请不符合本国或地区申请的格式要求为由驳回申请，从而为申请人准备申请文件提供了便利；由于需 30 个月才进入国家阶段，且此时申请人还可以根据国际检索或国际初审的情况决定是否进入国家阶段，为申请人向外国提出专利申请提供了更多的考虑时间；国际检索或国际初审在一定程度上为指定国的检索或审查提供了参考，减少了指定国专利审查机构的工作负荷；专利申请和国际检索报告同时公开的制度为他人提出合理的可专利性建议提供了帮助。

以上条约均为专利审查的国际协作提供了基础。由于当今国际贸易与知识产权更紧密地联系在一起，知识产权保护已经影响国际贸易的正常发展。已有的保护知识产权的国际公约或协定相对于迅速发展的国际贸易来说还不完善和充分，有效解决国际贸易中知识产权争端和监督管理知识产权的国际保护机制还不够健全。经过激烈的谈判，在 WTO 框架下，各国或地区于 1994 年签署《与贸易有关的知识产权协议》❶（*Agreement on Trade-Related Aspects of Intellectual Property Rights*，TRIPs 协议）。TRIPs 协议确立了最惠国待遇原则，一国给予另一国国民的优惠待遇必须无条件给予其他国的国民。重要的是 TRIPs 协议规定了知识产权保护的最低水平，从实体上统一的各国的知识产权保护标准；同时，

---

❶ Agreement on Trade-Related Aspects of Intellectual Property Rights［EB/OL］. http：//www. wto. org/english/tratop_e/trips_e/t_agm0_e. htm. , 2013–04–10.

确立了知识产权的争端解决机制。TRIPs 协议并未具体涉及专利审查制度，但对各国专利法提出了原则性的要求，将对进一步的专利审查标准产生影响。

从已经生效的国际条约或协定来看，专利审查国际协作制度更多的内容是在申请程序上，并未涉及实质的审查制度。各国的科学技术水平参差不齐，经济社会发展程度不一，专利法律制度也是千差万别，由于专利权地域性的存在，专利的授权情况在各国仍然存在较大差异。2000 年 6 月，在日内瓦召开的外交会议通过《专利法条约》，❶ 由于美国等发达国家对其中部分实质性条款的反对，经过修改后的条款主要集中于协调国家专利局和地区专利局的形式要件并简化取得和维持专利的程序。❷ PLT 减轻了申请人在提出国际申请时的形式负担，并减少了申请人的相关费用，但并未实现各国专利审查制度的实质性协调。

---

❶　截至 2014 年 9 月 13 日，缔约方总数为 36 个，包括美国（United States of America）和欧洲专利局（European Patent Organization，EPO）。资料来源：http：//www. wipo. int/treaties/en/ShowResults. jsp？lang＝en&treaty_ id＝4。

❷　The PLT aims at harmonizing national patent formalities throughout the world. Initially, a first draft Treaty contained provisions relating to substantive harmonization of patent applications and examination procedures, standards for obtaining a patent, and rights and remedies under a patent. During a Diplomatic Conference in 1991, divergent views on major issues became apparent, such as the issues of first-to-file and the grace period. In 1995, it was agreed that another approach for promoting harmonization, covering matters concerning the formality requirements of national and regional patent procedures, should be initiated by WIPO. Following this decision, the draft PLT has been discussed first in the Committee of Experts on the Patent Law Treaty, and, since 1998, in the Standing Committee on the Law of Patents（SCP）. 资料来源：http：//www. wipo. int/patent-law/en/plt. htm。

经过多年协商，WIPO 开展了《实体专利法条约》的制定工作，❶ 议题主要集中在现有技术的定义、新颖性标准、创造性标准、产业可应用性、权利要求和充分公开等专利审查的实质性要件。虽然与会的各国对 SPLT 的多项条款已经完全或者初步有了共识，但是在许多关键问题上仍然存在严重分歧：一是不同的发达国家之间对讨论议题要求的不一致性，如专利保护主题的范围和产业的可应用性、可专利性条件的问题；二是发达国家与发展中国家对专利保护标准与社会经济发展战略的关系看法的不一致性，如符合 TRIPs 框架下的专利保护水平对一国专利保护是否足够。各国基于本国发展要求对于专利制度有着不同的需求，持续的争议导致 SCP 的会议在最后无法展开实质问题的讨论，各国也意识到在实体专利法方面进行协调是一项长期而艰巨的任务，因此，在专利审查方面并没有取得各国一致满意的结果。

尽管世界各国在专利审查的实质性问题上的磋商举步维艰，各自独立的欧盟各国却在围绕如何有利于专利申请人的申请、如何更有效地取得专利以及如何在欧盟范围内更有效地提高专利审查工作效率方面，通过不断谈判和妥协推动专利制度的合作和信息的共享。2012 年 12 月，欧洲议会批准有关欧盟国家实施统一专利制度的协议，欧盟于 2014 年开始实施统一专利制度，审查制度随之开始一体化进程。同时，世界各国的专利局也寻求各种合作模式，推动专利审查的快速与高效。专利审查国际协作模式有基于检索与审查信息即时共享的新路线（New Route）与专利申请快速审查策略项目（SHARE）。目前，专利审查高速路在世

---

❶ Draft Substantive Patent Law Treaty［EB/OL］. http：//www. wipo. int/patent-law/en/harmonization. htm，2013 - 04 - 23.

界范围内得到较为广泛的应用。此模式为避免重复审查提供了可能性；基于审查信息的共享，后续申请局有可能提高工作效率，加速审查，❶ 节省专利申请的时间成本和经济成本。同时，PPH 与 PCT 体系相互兼容，为适应专利申请量的激增和加速审查提供了有效途径。专利审查高速路构建了一条便捷经济的专利国际申请渠道，通过节省交易成本来促进资源的优化配置。美、日、欧积极推动全球专利制度的一体化进程，突出的反映是美国将"先发明制"改为"先申请制"，❷ 与世界上多数国家的专利制度保持一致，专利申请—授权的交易过程将更简单明了。

第三节 对现有专利审查国际协作模式的反思和建议

一、目前专利审查国际协作需考虑的问题

作为一种具有前瞻性的专利制度，专利审查国际协作不仅

---

❶ The PPH allows patent applicants who have received a favorable decision by a first Office to request an accelerated examination of a corresponding patent application filed at another Office. 资料来源：http：//www. ipo. gov. uk/p-pph-pilot. htm，2013 - 07 - 23。

❷ Brad Pedersen, Vadim Braginsky. The Rush to a First-to-File Patent System in the United States：Is a Globally Standardized Patent Reward System Really Beneficial to Patent Quality and Administrative Efficiency? [J]. Minn. J. L. SCI&TECH，2007（2）：757 - 758.

需要着力解决当前的专利审查积压的问题，而且需要为将来可能出现的状况提供解决思路，以适应不断发展变化的经济和社会。现行的合作模式主要集中在专利申请的程序方面，对于更为复杂的实质性要件，如专利审查的新颖性、创造性、充分公开等并未涉及。检索和审查信息的共享在各国的专利审查机构中更多地停留在参考的位置上，并未在不同的国家之间可以直接给予认可；是否授予专利权仍由各国根据本国专利法律自行决定。

（一）专利审查质量的控制

各个合作国为解决全球专利申请量激增、专利审查积压的问题时，不可忽视的一点是在合作模式下的专利审查质量。在目前的专利审查高速中，前后两局的成果相互借鉴，相互参考，并在很大程度上得到相互承认，则合作国之间的专利审查质量是相互影响的。例如，美日之间的 PPH，若 USPTO 为首次申请局，JPO 为后续申请局，后续申请局 JPO 利用了首次申请局 USPTO 的审查结果，则首次申请局 USPTO 的审查质量将对后续申请局 JPO 的审查质量产生影响，反之亦然。可以看出，各国之间的审查工作是相互影响的，工作方式和具有倾向性的授权方式都会对彼此之间的专利审查质量带来影响。如何保证一致的授权结果，使专利申请人的申请预期在一个相对稳定的范围内，是各国需要进一步考虑的问题。

为了提升专利审查质量，专利审查员需要根据申请文件的描述来合理且有效判断该申请案的可授权性。由于各国的专利法和审查指南的差异性，各国的申请人对申请案的描述也是千差万别。构建并完善一套规范的申请范式对保证专利审查质量非常重要。对申请人而言，他们不必在不同国家的申请之间转换申请表，提高制度的使用效率；对审查员而言，他们能在对发明创造规范的描述中把握审查质量的稳定性。从这个角度来说，专利审查质量依赖专利申请文件的质量，规范和控制专利申请文件的质量将有效促进专利审查的质量，同时能够提高申请人的工作效率，降低申请成本。

（二）审查协作各国对"被认定为可授权/具有可专利性"的认定

专利审查质量与专利申请文件的质量紧密相关，而专利申请文件质量的差异性与各国的法律、法规和审查指南的差异性有关。协调各国的专利法及相关规则尤为重要。在"被认定为可授权/具有可专利性"的问题上，涉及创造性和新颖性等发明专利能否授权的实质性要件。同时，各国审查指南中对权利要求撰写的规定也影响审查员对可授权要件的判断。在创造性、新颖性和权利要求撰写等规定具有较大差异的情况下，申请人提交的申请文件的差异性使得专利审查质量难以保持一致性。而对创造性、新颖性等专利授权要件进行协调则涉及实体法的内容。

（三）专利权的地域性和专利审查的实质性要件

专利权具有地域性，一国授予的专利权在他国并不生效。如果想在另一国获得专利权，必须经该国的法律审核重新授权。专利审查国际协作在一定程度上希望对专利权严格的地域性找寻一种突破，同时，对创造性和新颖性等实体法的内容进行调整是一个寻找相似性和包容差异性的长期过程。目前，PPH申请要求在前后两局所提交的申请文件中权利要求需充分对应，很大一部分申请由于不能满足PPH程序中要求的权利要求的充分对应性而被驳回。其实这也是为了控制专利审查质量的一种方式，只要在权利要求充分对应的情形下，前后两局的审查员才有可能作出近似和稳定的授权判断，但是引起申请人的不满和困惑。这种困惑和不满其实是来源于前后两国专利法的差异性所导致权利要求保护范围不同。在实体法难以在较短时间消除这种差异性之前，可以考虑多针对案例进行分析，从逐一的申请案中找寻相同点，针对不同点来构建双边或多边协作逐一解决。

（四）合作国专利法律和工作效率的差异性

无论是 IP5 PPH 还是 GPPH，专利授权仍然由各国根据本国法来确定。为了避免各国审查制度的差异性带来的负面影响，IP5 PPH、GPPH 均要求前后两局申请文件中权利要求的充分对应，后续申请局的权利要求范围很大程度上小于首次申请局。也就是说，在目前审查制度存在差异性的情形下，加速审查在某种程度上是以缩小权利要求的范围为代价的。如果对权利要求保护范围有特定的需要，不能接受授权范围的缩小，则需要从 PCT 或巴黎公约途径来申请，无法享受 PPH 所能提供的时间和经济成本优势。

由于合作国之间专利法律的差异性，需要适时对专利审查的实践进行对比分析，及时调整在实践中对于新颖性、创造性和权利要求范围可能出现的不同判断。这种调整有利于保持专利审查质量的一致性。合作国之间的工作效率有高有低，有可能出现一国能承受的审查量对合作的另一国来说不堪重负。如何通过有效的方式来协调前后两局的审查工作效率的差异性值得进一步考虑，电子化的文献传递和信息共享也许有利于缓解这种压力。

二、构建专利审查协作模式的建议

对于专利审查国际协作模式的完善，可以在现行的 PPH 基础上加以改进，关注专利审查质量，促进实体法的协调。各国专利法律的差异化可以通过各国都能接受的政策协议来加以解决。考虑设立一种动态的协议机制，成立专利审查国际协作委员会，由缔约国的成员、专利法律顾问、执行人员和国际组织成员等组成，依据特定的协议规则就专利审查实践中产生的问题定期会晤和磋商；还可以采取在主体协议外根据发展态势增加附属协议的方式来进一步协商解决问题。

专利审查国际协作制度的完善需要着眼于现实，又需要放眼未来。既具有现实可操作性——如现行的审查信息共享机制，又具有适度的灵活性——为专利审查制度的一体化留有足够的空间。这种制度可以循序渐进地发展，从各国间相互利用专利审查结果到相互承认专利审查结果，最后到专利审查的一体化。这样既能避免当前世界各国由于专利制度的差异化带来的巨大摩擦，容易为各国在协商中有所接受，从而缓解在谈判中的僵局，又能为将来适时调整专利审查制度留有余地。

完善专利审查国际协作制度应考虑在平衡各国利益的基础之上，激励创新，保护专利权人的权益，推动发明创造的运用，促进科学技术进步和全球经济发展。制度内容的设置既有确定性，又具有开放性，以增强对未来发展的适应能力，实现制度对现实问题的解决能力，并为具有一体化发展趋势的专利审查国际协作制度留下充足的适应空间。

第四节　专利审查国际协作制度全球化的理论探讨

"秩序在人类生活中也起着极为重要的作用。大多数人在安排他们各自的生活时都遵循某些习惯，并按照一定的方式组织他们的活动和空闲时间。"❶ 这种秩序是一种人为的秩序，当受到制度的规制时，则可以上升为法律秩序，从而成为一种常态存在，可以在社会反复实施，产生制度循环。专利审查国际协作制度通过形成法律秩序为实现全球化的合作创造条件。从制度的内涵出发，制度与秩序具有同样的本质意义。"没有社会秩序，一个社会就不可能运转。制度安排或工作规则形成了社会秩序，并使它运转和生存。"❷

一、全球化的法律秩序：专利审查全球化概述

（一）专利审查全球化的法律秩序

秩序（order）这一术语被用来描述法律制度的形式结构，特别是在履行其调整人类事务的任务时运用一般性规则、标准和原

---

❶ ［美］E. 博登海默. 法理学：法律哲学与法律方法 ［M］. 邓正来，译. 北京：中国政法大学出版社，1999：223.

❷ ［美］布罗姆利. 经济利益与经济制度 ［M］. 陈郁等，译. 上海：上海三联书店，1996：55.

则的法律倾向。❶ 在全球社会中构建专利审查法律制度的形式结构，即是本文构想的专利审查全球化的法律秩序。❷

1. 专利审查全球化的法律秩序蕴含于全球社会的法律实践之中

专利审查全球化的法律秩序并非是一种仅存在头脑中的理念，而是存在于现实的国际协作之中。欧洲大陆是专利审查协作进展最为全面和彻底的地区。在整个欧洲单一市场生效的共同体专利最早在 20 世纪 70 年代得以提出，历经近 40 年的争议和讨论，欧洲议会批准了创造单一专利的法规。欧盟于 2014 年起开始实施单一专利制度，单一专利将在欧盟 27 个成员国中的 25 个国家拥有同等效力。也许会有这样的疑问：究竟是什么阻碍了单一专利前行的脚步，能不能对当前全球化的专利审查制度构建有所启示？伏思达对欧洲问题有客观和务实的看法，他认为主要是现实与期待差距甚远：浓厚的技术官僚气息、脱离实际的文牍主

---

❶ ［美］E. 博登海默. 法理学：法律哲学与法律方法 ［M］. 邓正来，译. 北京：中国政法大学出版社，2004：228.

❷ 法律秩序（Rechtsordnung）一词的使用常常与"法系"的讨论联系在一起，"是否可能将世界上为数众多的法律秩序加以分类，归入少数的几个大集团或'法圈'？"参见［德］K. 茨威格特、H. 克茨. 比较法总论 ［M］. 潘汉典，米健等，译，北京：法律出版社，2003：99. 另外，在德语中，法律秩序常常指所有有效的法律规范的总和。参见［奥］凯尔森. 法与国家的一般理论［M］. 沈宗灵，译. 中国大百科全书出版社，1996：124. 本书倾向采用博登海默的观点"法律制度的形式结构"。参见［美］E. 博登海默. 法理学：法律哲学与法律方法 ［M］. 邓正来，译. 北京：中国政法大学出版社，2004：228.

义和太过烦琐的规定指令，成员国各行其是，议而不决，决而不行。❶ 在专利审查全球化的构建中，各国在一个更大的范围内参与博弈，在本国既有的审查制度之外还会产生新的审查制度结构，其根本在于，各国为了获得更多的利益而自发或自觉地寻求新的制度，审查合作的实践促进了专利审查全球化制度的产生。

2. 专利审查全球化的法律秩序具有相对独立运作的规则体系

专利审查全球化的法律秩序是专利审查制度的形式结构，如果将各国已有的专利审查法律制度包含其中，将是一个错综复杂的体系。本书构建的是具有独立运作的规则体系，与国家法律并行执行，两者之间互不隶属，"社会调整，就是通过一定的社会权威，确定社会生活主体的行为方式，指明其发挥作用和发展的方向，有目的地将其纳入一定的秩序中。"❷ 国际社会不存在强制力的权威，但是可以构想的是，构建一种制度为专利审查协作的发展指明方向，并确定相对独立运作的规则体系。之所以是相对独立，因为规则的运作仍需要国家的主动参与，在一国国内实际运行时，国内法的因素将参与其中。

3. 专利审查全球化的法律秩序符合制度"需求—供给"的关系

在价值论的章节阐释并分析了专利审查国际协作制度的均衡理论，制度均衡是一个理想的状态，指引制度构建者不断调整制度建设的方向。在现实中，制度的不均衡是常态，"现代经济增

---

❶ ［比利时］居伊·伏思达. 走向欧洲合众国——一个新欧洲的宣言［M］. 关呈远，胡祖桢，译. 北京：世界知识出版社，2009：3.

❷ 孙国华. 法理学教程［M］. 北京：中国人民大学出版社，1994：30.

长进程被所有的作为经济增长的结果的非均衡方式所困扰，执行经济职能的制度也不例外。"❶ 在法律领域，法律制度需求与供给的不均衡推动了法律的演进和发展。专利审查全球化的法律秩序是基于各国对于专利审查的"需求"来提供"供给"，这种制度在一个国家的法律制度体系之外，有两种方式来实现，其一是制度创新；其二是制度变迁。本书的构建是基于专利审查国际协作制度的现实，在制度变迁的基础上，进行制度创新。

（二）专利审查全球化理论的特征

专利审查全球化的理论是基于这样一个假设，全球社会的形成和各国在专利审查领域合作意愿的持续发展。如果假设不存在，则专利审查全球化的构建就没有意义。本书设计制度的目的，就在于调整全球社会的专利审查非秩序行为，使国与国专利局之间、国与地区专利局之间专利审查协作工作秩序化，更具有效率，从而满足协作各成员对于本国审查资源的合理配置和效用最大化，因此，其理论呈现以下特点：

（1）专利审查全球化不仅是国家法的本位论，更重要的是建立多国合作的、以协调为中心的理论结构，理论的建构包含法律体系的多元化和价值论的多元化。各国的专利审查法律制度都可以在专利审查全球化的理论中找到自身的归属，且与专利审查全球化的法律制度相辅相成，相对独立。同时，这种协调可以是自发形成，也可以是依托一定的组织或国家的联合体来实现。

（2）理论在整体上具有容纳争议的空间，并非封闭的体系，具有博弈均衡的性质。从法律发展的历史可以看到，无论法律制

---

❶ ［美］T. W. 舒尔茨. 制度与人的经济价值的不断提高 ［A］. 科斯等. 财产权利与制度变迁. 上海：上海三联书店，1994：253－257.

定者如何全心全意，如何有雄心壮志，在任何人为的法律秩序中都有不全面的地方。因此，理性的制度构建者并不试图将制度构建到极致完美，将为法律制度的构建留有一定的余地，这部分的余地将由制度实践来弥补和调整。因此，专利审查全球化在理论上留有争议的空间，为各国的博弈保有余地。

（3）依据理论的建制不仅是进行规范分析，还具有实证研究的可行性。理论的建制将根据实践运作中获得的数据进行调整，用实证研究对专利审查全球化的理论空隙进行填补和修整。实践是理论的有效表达；理论源自专利审查国际协作的实践，并得到实践的检验。

二、全球化的法律秩序：制度模式的构想

纵观专利审查国际协作制度的发展历程，从《巴黎公约》到欧盟单一专利制度，其从无到有，从原则提及到实践运用，内容随着专利发展的需求不断充实和完善。令人欣慰的是，专利审查国际协作一直致力于以更便捷有效地获得专利权来激励创新。巴黎公约的国民待遇原则、PCT 申请的形式单一性、PPH 的审查信息共享无不为专利申请人为其发明创造在他国范围内获得专利保护提供便利。而这也是全球专利申请量激增，专利审查积压的主要原因之一。

作为一种具有前瞻性的专利制度，专利审查国际协作不仅需要着力解决当前的专利审查积压问题，而且需要为将来可能出现的状况提供解决思路，以适应不断发展变化的经济和社会。现行的合作模式主要集中在专利申请的程序方面，对于更为复杂的实质性要件，如专利审查的新颖性、创造性、充分公开等并未涉及。检索和审查信息的共享在各国的专利审查机构中更多地停留

在参考的位置上，并未在不同的国家之间可以直接给予认可；是否授予专利权仍由各国根据本国专利法律自行决定。

从实现全球统一的专利审查制度的可能性可以看出，有多种理由推动的这种发展趋势，因此，也产生了对应的多种的模式。❶

（一）模式一：以国家专利局和区域专利局的合作为基础构建

当今世界几大主要的专利申请国提交了全球 60% 以上的跨国申请。以 PCT 申请为例，2012 年，美国提交 51 207 件 PCT 申请，占 PCT 申请总量的 26.3%，日本和德国分别以 43 660 件和 18 855 件分列第二和第三的位置。美国、日本、德国、中国和韩国 2012 年的 PCT 申请量占总申请量的 74.2%。这些国家拥有大量的专利申请量，同时也不可避免地造成审查积压，有推进专利审查国际协作的动力。未来的全球统一的专利审查制度有可能在几个主要的专利大国或区域性专利局的推导下构建，❷ 实现统一申请和统一授权。

（二）模式二：以 PCT 为基础构建

从《保护工业产权巴黎公约》开始，各国的专利制度经历了事实上的协调，当前 PCT 体系运用广泛，绝大多数跨国申请经由 PCT 完成，在专利审查信息共享方面运用较多的 PPH 也可以与 PCT 兼容。全球统一的专利审查制度也可以基于 PCT 覆盖面的广泛性来构建。

---

❶　佘力焓. 专利审查国际协作制度构建之探析［J］. 科技与法律，2014（6）：950 - 973.

❷　朱雪忠. 欧洲联盟协调专利制度的新举措——评欧洲委员会关于设立"共同体专利"的建议［J］. 知识产权，2001（4）：45 - 47.

（三）模式三：以欧盟专利体系为基础构建

欧盟是当今世界上经济和社会一体化最高的区域，2012年欧洲议会通过建立欧盟单一专利制度的议案，意味着欧盟在专利制度一体化的进程中迈出了实质性的一步，走在了专利协作体系的前沿。新的欧盟专利制度实施后，申请人可以向欧洲专利局申请在25个欧盟成员国生效的欧盟单一专利，该制度相比旧的欧洲国家申请降低了80%的费用，使之与美国、日本等其他国家的专利更具竞争力。若欧盟一体化的专利体系在实行过程中表现了其强大的竞争力，将为全球统一的专利审查制度构建一个可以预见的未来。

（四）模式四：在WIPO或WTO的框架下构建

在WIPO公约体系和WTO法律框架下一直存在专利制度一体化的空间。TRIPs协议规定了知识产权保护的最低标准，实质上是统一了各国的知识产权保护水平，为专利制度一体化奠定基础。从PLT到SPLT，WIPO一直致力于专利制度的协调统一，WTO对WIPO主持下的SPLT谈判表示极大的关注，这表明WTO和WIPO的合作已经展开，并将深入地持续下去。WIPO为各国提供了良好的协商平台，❶ 由于成员国的广泛性，几乎各国都可以参与到WIPO主持的会议中来，同时WIPO还欢迎非政府组织和民间机构的参与。WIPO的工作为全球统一的专利审查制度奠定了基础，WTO对全球一体化的市场的关注将促进专利审查制度一体化的发展。

---

❶ 截至2014年9月13日，WIPO有187个成员。We currently have 187 member states［EB/OL］. http：//www. wipo. int/members/en/.

三、具体内容

设立全球统一的专利审查制度应考虑在平衡各国利益的基础上，激励创新，保护专利权人的权益，推动发明创造的运用，促进科学技术进步和全球经济发展。制度内容的设置既有确定性，又具有开放性，以增强对未来发展的适应能力，实现制度对现实问题的解决能力，并为具有一体化发展趋势的全球专利制度留有充足的适应空间。

（一）专利局

构建全球统一的专利局，负责全球专利申请。建立和维护公开透明的组织机制，由缔约国的成员，专利法律顾问、执行人员和国际组织成员等组成常设的工作小组，定期就各缔约国关心的专利审查过程中出现的问题进行磋商。缔约方仍有权自主确定是否仍然保留本国的国家申请途径，同时缔约方应确保积极有效地实施已经加入专利审查国际协作的双边或多边条约。

（二）全球审查制度

通过一次申请、一次审查、一次授权的方式给予发明创造以专利权保护。❶ 通过这种方式授予的专利权在各缔约国均获得各国法律自身授权专利一样的保护。新颖性、创造性/非显而易见性、实用性、现有技术、充分公开等实质性要件需在平衡各缔约国利益和强调保护公共利益的基础上达成一致。同时，先申请制

---

❶　唐春，朱雪忠．拟议中的全球专利制度及其对我国的影响初探[J]．科技与法律，2003（2）：103－106.

和先发明制、❶ 专利申请 18 个月公开制度和授权后的异议程序也需一并得到协调。

（三）语言

每一件专利申请都有可能涉及采用不同语言的申请人，如何选择合适的语言作为专利申请和审查的工作语言是一项值得考虑的问题。对此可参考现已运行的 PCT 所采用的申请语言❷和联合国目前通用的工作语言❸来解决相关问题。

（四）复审、无效的异议机构

没有救济就没有权利。专利申请过程中遇到的驳回和专利授权后无效申请等问题需要统一的规则和程序来协调解决。构建全球统一的专利异议机构对全球统一的专利局在专利审查过程中出现的各种问题集中处理，这样保持既保持了规则和程序的一致性，也为专利申请人和第三方提供了便利的救济途径。

四、实现制度的可能性

尽管现行的专利审查国际协作制度主要集中在专利申请和审

---

❶ 新《美国发明法案》（*America Invents Act*，法案号 HR 1249）已于 2011 年 9 月 16 日由奥巴马总统正式签署并成为法律。美国原本采用先发明制，这与中国、欧洲等大多数国家采用先申请制不同。新法案将沿用了 200 多年的先发明制修改为先申请制，但该制度同时给予发明人一年的宽限期，允许发明人在申请专利之前的 1 年之内公开披露其发明。

❷ 向作为受理局的国际局提交 PCT 申请可以使用任何语言向作为受理局的国际局提交，但是，请求书必须以 PCT 规定的 10 种语言提交：阿拉伯语、中文、英语、法语、德语、日语、韩文、葡萄牙语、俄语或者西班牙语。

❸ 联合国工作语言使用于联合国所有会议、官方文件以及有关记录和事务，共 6 种语言，分别是：英语、汉语、法语、阿拉伯语、西班牙语和俄语。

查的程序方面，例如，简化烦琐的程序、降低申请人的时间和经济成本，提高专利审查机构的工作效率等。全球的知识产权制度进入一个崭新的科学时代，目前，各国的专家和学者只是试探性来协调不同意见，尽最大的努力来处理一切技术性问题。调和存在不同的领域，如技术领域，包括信息技术、生物技术等；如司法管辖领域，由此而引发的诉讼费用等问题对创新的影响。❶ 从长远来看，全球统一的专利审查协作制度有其实现的可能性。

（一）制度的供求均衡关系

专利审查国际协作制度由于实现信息共享，减少审查过程中的发文次数，缩短审查时间，提高授权率，降低了申请人的专利申请相关费用，有效减少了申请人获取专利权的成本，提高了专利审查机构的工作效率，有效缓解了审查积压。法律程序的目标是为了最小化社会成本，❷ 换言之，一种制度之所以存在，主要原因之一是通过这种制度的运行能有效减少交易成本，从而实现效用的最大化。申请人之所以进行发明创造，申请专利权，也是期望能够实现自身发明创造效用的最大化。这里不得不考虑效率问题。效率的内容主要指投入与产出或成本与收益的关系，它描述了这样的一个均衡点，该点意味着不存在浪费，该技术和生产

---

❶　Jerome H. Reichman and Rochelle C. Dreyfuss, Harmonization without Consensus: Critical Reflections on Drafting a Substantive Patent Law Treaty [J]. Duke Law Journal, Vol. 57, No. 1, 2007, NYU Law and Economics Research Paper No. 07 – 43, Duke Law School Legal Studies Paper No. 178, Duke Science, Technology & Innovation Paper No. 22, 2007.

❷　[美] 罗伯特·考特，托马斯·尤伦著．法和经济学（第六版）[M]．史晋川，董雪兵等，译．上海：格致出版社，上海三联书店，上海人民出版社，2012：379.

资源为人们提供了最大限度的满足。专利审查国际协作制度明显
降低了获得授权保护的交易成本，使申请人获得授权专利的成本
与收益之间的关系有可能无限接近该均衡点。

同理，在专利审查国际协作制度下的信息共享减少了专利审
查部门检索的工作量。由于参照了首次申请局的审查意见，后续
申请局缩小了审查的权利要求的范围，并对授权意见的确定有了
支持的信息，便于其及时高效作出决定。例如，对专利局而言，
采用专利审查高速路（PPH 或 PCT – PPH），就是为了有效节省
成本，缓解审查积压，实现最佳工作效率。由于各国专利制度的
差异化，各国相互承认审查结果还处于不可行的状态，可以预
见，全球统一的专利审查制度将是制度方案中效率最高的方案。

在国际性贸易越来越频繁的当今世界，全球统一的专利审查
制度削弱了专利地域性对贸易和保护带来的消极影响，顺应了国
家间的专利制度协调和统一的客观需求，是寻求专利法律制度供
求均衡的一种有益尝试。

（二）世界主要专利局的推动

自从 USPTO、JPO 和 EPO 开始三边局合作以来，全球统一的
专利制度被提上议事日程。虽然在诸多实质性问题上存在分歧，
但是在专利审查的程序上已经开始广泛的合作。如前文所述，
2012 年通过 PCT 的全球专利申请相比 2011 年增长 6.6%，日本
和美国占据全球 194 400 件 PCT 申请的 48.8%，❶ 欧盟一直致力

---

❶ Strong Growth in Demand for Intellectual Property Rights in2012［EB/
OL］. http：//www. wipo. int/pressroom/en/articles/2013/article ＿ 0006. html #
3，2013 – 05 – 15.

于推动区域专利审查合作不断向深度一体化发展，❶ 该三大专利
局有着构建专利审查国际协作的强大驱动力。

五、制度实现的长期性

当今世界各国的发展程度不尽相同，各国基于本国的经济社
会发展制定了相应的专利法律制度，以保护专利权人的权益，鼓
励发明创造，推动发明创造的运用，激励创新，促进科学技术进
步和经济社会发展。各国的专利法律制度不尽相同，这也正是需
要进行专利审查国际协作的主要原因。专利制度的差异化反映了
各国利益诉求的不一致性。一体化的专利审查制度压缩了发展中
国家对授予专利权的自由选择空间，对发展中国家维护公共利
益、促进本国技术创新和知识传播将产生影响。对经济和科技发
展程度不一的国家而言，在全球统一的专利审查制度下的收益不
一致，具有较大的发散性。全球统一的专利审查制度的长期实施
需要实现制度均衡将利益的发散性降低到最小。经济和社会的发
展是一个长时间积累的过程，不可一蹴而就。

同时，一个民族、社会群体、团体或者国家、地区都有各自
的发展现状和传统文化，而这种现状和文化在很大程度上是通过
各种方式和内容传播着各种规则，这些规则构成了国际交往的行
为准则，这些行为准则实质上正是构成制度均衡的关键性因素。❷

---

❶　The new EU unitary patent-Q&A ［EB/OL］. http：//www. europarl. eu-
ropa. eu/sides/getDoc. do？type＝IM-PRESS&reference＝20121205BKG57397&
format＝XML&language＝EN，2013－05－19.

❷　丁社教. 法治博弈分析导论［M］. 西安：西北工业大学出版社，
2007：23.

语言正是一国文化的集中体现，语言的差异性也是各国构建一体化专利制度的谈判的核心内容之一，毫无疑问，协调基于不同发展阶段和文化背景的行为规则具有长期性。

第五节　专利审查国际协作制度全球化的实践方案

在专利审查国际协作制度新发展的进程中，专利审查制度的差异性、专利审查质量的相互影响以及专利审查对技术创新的作用一直是专利审查国际协作制度留给各合作国思考的议题，深入的一体化合作体系❶启示各国可能将在以下方面对专利审查国际协作制度的一体化进程提供解决方案。

一、国家和地区间合作计划

（一）培训计划和审查员交换计划

由于专利审查质量在各合作国之间的相互影响，审查员的工作尤为关键。❷目前各国专利审查员的岗前培训由各国自行

---

❶　Anneliese M. Seifert. Will the United States take the plunge into global patent law harmonization: A discussion of the united states' past, present, and future harmonization efforts ［J］. Marq. Intell. Prop. L. Rev，2002（6）：184 – 185.

❷　Timothy D. Smith. Patents and Patent Prosecution，Miss ［J］. Law.，2006（52）：34 – 35.

组织,❶ 专利代理人的考试工作也是由各国根据本国的专利法律来进行。考虑到地域的距离，可以设立一个在线的培训网站，对加速审查合作流程进行培训，并提供各国专利审查制度的信息资料，供审查员学习参考，也有助于提高审查员的业务能力；建立公共的数据库，该数据库可以提供各国的审查信息，类似于一个电子图书馆，为 PPH 的协议成员国的审查员提供学习的资料和途径，该数据库可以由各国共同管理，及时更新审查信息和合作动向。在线数据库提供的及时信息可以使各国在第一时间对比本国的审查工作情况，清晰了解合作国的专利审查质量，对整个合作模式的运转和本国的专利审查工作都可以及时评估，发现问题，寻找对策。由于各国审查员得到具有相对统一的培训，对专利审查质量也会有一个接近性的控制。

电子培训计划能以简便快捷的方式覆盖各成员国的审查员，对专利审查工作的质量和效果具有良好的促进作用。但是，专利审查工作仍然是由各国自行安排和开展，因此，实地的审查工作更为关键。在此基础上，可以开展审查员交换计划。审查员交换计划并不是让审查员使用别国的审查制度来开展审查工作，而是通过交换实践，更好地理解别国的审查工作，从而恰如其分地利用首次申请国的审查结果，为各国的审查合作建立信任和理解。如果各国相互之间的专利审查方式得到充分的理解，可以促进前后两个申请局之间对权利要求范围的理解，避免在后续申请局的审查过程中对权利要求范围的过度缩小。审查员交换计划能增加互信和理解，使专利审查工作的结果在合作成员国中得到更好的

---

❶ Martin Sulsky, Raj S Dave. How to Avoid Patent Prosecution Errors, Managing Intell［J］. Prop, 2008（178）：56 – 57.

共享和利用。

（二）从个别领域开始审查标准的一体化

最近几年，生物技术在美国蓬勃发展，与生物相关的专利申请激增并由美国向全球扩展，因此，美国倡导在生物技术领域建立审查标准的合作。❶ 2004 年 5 月，美、日、欧首先就 DNA 技术领域的专利审查工作展开研究，主要集中在数据库和检索工具方面。从个别领域开始推进专利审查制度的一体化进程是目前一些国家为推进专利制度一体化所做的尝试。美国将先发明制改为先申请制是其表明将专利制度向大陆法系靠近的举措，❷ 这种更改将使美国更好地融入与大陆法系国家的合作之中。❸

从单个领域找寻专利审查一体化的突破口是推进专利审查国际协作制度发展的一种尝试。这种尝试有积极的一面，单个技术领域的范围相对集中，出现的问题在可控的范围内。但是这种合作必须建立在该技术领域发展实力相当的国家之间。这种审查合作相当于统一了技术衡量的标准，如果某些国家的技术实力相差过大，则技术实力弱小的国家将在这种合作中使本国的该领域发展面临困境。

（三）分技术领域检索合作制度

检索制度对发明创造的授权起着至关重要的作用，因为通过

---

❶ Tara Kowalski. International patent rights and biotechnology: should the United States promote technology transfer to developing countries? ［J］. Loy. L. A. Int'l&Comp. L. Rev, 2003（25）: 42 – 49.

❷ David J. Kappos. Patent law harmonization ［J］. Landslide, 2011（3）: 16.

❸ Robert A. Armitage. International patent harmonization requisites ［J］. ripeness, and realism, landslide, 2012（4）: 1.

检索产生的对比文件将直接用来判断专利申请的可授权性。每个技术领域有其特有的检索特点，每一领域的检索策略各不相同，分领域的检索制度能够促进高效地获取对比文件，提升专利审查员的检索能力，改进检索质量；避免专利制度差异化导致的检索文件不匹配，从而改善专利审查质量。目前，美日欧中韩五局的专利文件覆盖了世界上大部分公开的信息，因此有必要在这五局之间开展检索合作。制定分领域检索指南，构建检索案例库，在合作的审查机构之间进行一体化的分领域检索安排和实践将使检索和审查过程更为有效。分领域检索制度汇集了各合作国审查员的检索经验，为一体化的专利审查检索实务提供参考，有助于全面提高检索质量和检索效能。

在专利制度存在差异性的情况下，对专利审查检索工作进行分领域是必要的。首先，分领域检索能促进各个合作国之间的一体化进程，使专利审查检索工作在合作国之间能相互对应。其次，不仅要在一些基本的技术领域建立分类，而且要在特殊的技术领域建立对应分类，比如遗传物质资源方面，以便有效地促进专利授权进程。同时，还需要在各个合作局之间保持良好的沟通，使不当的分类能及时得到调整和改善，正确的分类能减少在同一领域的重复审查，改进专利审查质量。最后，检索领域的分类应该与技术的发展相适应，当技术有了进步和发展时，分类也应该有及时和迅速的反应，以确保能有效和准确地检索专利文件。

二、构建一体化的审查系统和审查工具

（一）共同的检索系统

目前专利国际申请一般会指定多个国家。专利申请时常常会

遇到同族专利和优先权的问题。共同的检索系统将为合作成员国提供一个单一的渠道进行数据检索，从而大大降低为检索优先权而耗费的时间，且能使前后申请局对于同一件专利申请的检索结果能在同一个系统中被大家共同看到。

共同的检索系统首先在美日欧之间进行推广，随着 IP5 PPH 合作模式的建立，该系统已开始在由美、日、欧向中、韩推广。共同的检索系统是审查工作中技术一体化的开端，这种国际合作层面的技术一体化将使各成员国的审查工作的交互更为深入，有助于全球专利系统的协调发展。

（二）语言工具

JPO 已经可以提供卓有成效的机器翻译服务 AIPN（Advanced Industrial Property Network），该机器翻译服务主要是完成日文的申请文本与英文的申请文本之间的对应翻译。EPO 也正在尝试建立机器翻译服务 EMTP（European Machine Translation Program），期望将欧盟成员国的专利申请文本从本国语言翻译成英文，同时能从英文顺利译回本国语言。专利申请是对发明创造的客观描述，不包含主观类情绪表达词汇，大部分为技术类词汇，为词语的对应翻译提供了便利，在此基础上产生的机器翻译能保证较高的正确率。随着 PPH 审查加速推进，机器翻译省时省力，将为 PPH 网络提供助力。从目前的趋势来看，英语很可能将成为各国语言转换的中间点。各个非英语合作国可以考虑构建本国语言与英语之间互译的机器翻译系统，以适应 PPH 一体化发展趋势的快速和高效。

（三）一体化的电子申请系统

目前的专利国际申请可以在各个合作成员国内提交，然后经由各国的专利审查机构传送文件至专利申请人指定的国家，这不仅耗费时间，专利申请人还需要支付一笔传送的费用。在 PPH 加速审查的理念下，可以考虑构建一个一体化的电子申请系统，在目前已有语言工具的支持下，可以考虑以英语作为申请语言。❶专利申请人通过该系统提交申请文件、向指定国缴纳各项申请费用。更为重要的是，专利审查员可以将审查结果上传至该系统，后续申请国可以从该系统上得知首次申请国的全部材料和工作情况，对专利申请可以有全面的判断。另外，专利申请人还可以得知专利申请的每一步进展，对专利的授权能有合理的预期，有助于专利申请人的专利战略和布局。

第六节　专利审查国际协作制度全球化的
持续性发展策略

一、完善审查协作模式的救济制度

专利审查国际协作的全球化制度是各国根据协议构建的专利审查国际协作网络。在该网络中，存在两种风险：机会主义（opportunism）和未能预料的突发事件（unforeseen contingency），❷法律制度应为此提供救济。在专利审查国际协作的全球化网络

---

❶　如果进一步考虑语言描述的准确性，还可以考虑增加法语作为工作语言。

❷　［美］理查德·A. 波斯纳. 法律的经济分析（第七版）［M］. 蒋兆康，译. 北京：法律出版社，2012：130.

中，存在这样的情况：当一方试图从该协议中获得最大收益，而另一方不能收益甚至受损。由于协议通常是通过各方在达成一致意见的基础上产生的，则收益或损失应在双方之间分成，一般应该将风险分配给更能承担风险。另外，该协作网络尚存在一定程度的不确定性，例如，申请人选择 PPH 或 PCT – PPH，一旦发生不确定的因素导致申请未能在可预见的时间内获得授权，则首次申请的专利局（OFF）或后续申请的专利局（OSF）应及时提供解决方案，降低或补偿申请人的损失，以保护申请人的创新积极性，这也有利于 PPH 的推广、应用和改进。

二、理性均衡各成员国利益

在全球化的制度框架下，法律体系的多元化和价值诉求的差异化都将是各国不可回避的议题。专利审查国际协作制度的全球化发展是国家和地区之间在合作共赢中争取利益最大化的过程，也是一个各国长期博弈的过程。参与审查协作的每一方都期望实现自身的最大目标，而理想的均衡状态是在专利审查国际协作中各国都同时达到最大目标而保持这种合作模式的长期存在。博弈的最终方向将是纳什均衡，每个专利审查国际协作制度的成员都将获得最优选择。

专利审查国际协作制度无限趋向纳什均衡是一个漫长的博弈过程，在各国主权平等、没有外在强制力的约束下，这将是实现专利制度全球一体化的最佳方式。在这个合作模式中，不仅考虑单个国家的专利法律制度收益，更考虑全体专利审查合作国的专利法律制度收益，最终的专利审查国际协作模式也是全体参与方共同博弈的结果，而不是个别强势国家个体收益最大化行为的结果，并且各方的专利法可以作为博弈框架构成对其单个国家行为选择的约束。

三、发挥制度激励创新的效应

目前，中国与多国达成了 PPH 的协议，实现了双边网络中的
审查信息共享，使申请人的跨国申请能得到优先处理；同时，我
国参与了 IP5 PPH 的多边协议体系，在体系中可以引入 IP5 成员
国之间的"第三方"审查信息和"反向"结果利用，能够进一步
提高专利审查的工作效率，实现审查高效率的良性循环。专利审
查国际合作能够帮助中国企业加速在国外的申请，节约专利申请
的时间和经济成本，有助于中国企业开拓海外市场，加快全球的
专利布局。我国应以积极的姿态参与构建国际法律秩序，参与制
度的研究和制定，而不要待到不得不加入该合作之中时被动接受
合作模式的既定规则。专利审查国际合作制度是相关制度主体表
达自身利益的根本取向而根据需要制定的审查行为模式，此种行
为模式通过法律形成一种常态化的审查行为体系。我国参与国际
化的专利审查法律秩序的构建有利于表达我国的价值取向，有利
于我国的科技创新。

第七节　本章小结

本章在现有专利审查国际协作体系下，对专利审查的全球合
作模式进行理论构建，分析了专利审查全球化的法律秩序，指出
专利审查全球化的法律秩序蕴含于全球社会的法律实践之中；具
有独立运作的规则体系，与国家法律并行执行，两者之间互不隶

属；专利审查全球化的法律秩序是基于各国对于专利审查的"需求"来提供"供给"，这种制度在一个国家的法律制度体系之外，有两种方式来实现，其一是制度创新；其二是制度变迁。构建的具体内容包括全球统一的专利局，新颖性、创造性/非显而易见性、实用性、现有技术、充分公开等实质性要件需在平衡各缔约国利益和强调保护公共利益的基础上达成一致，通过一次审查即可授权的专利审查制度。设立合理的模式来应对专利审查制度的差异性、专利审查质量和工作成果共享、专利审查和技术创新之间的关系等专利审查一体化进程中亟须重视的议题。通过审查员培训计划、检索系统的改进、电子申请系统的建立、加强创新人才培养等创新制度建设来适应专利审查国际协作发展的需要。同时，对专利审查国际协作制度全球化的持续性发展提供策略，完善救济措施，理性均衡各成员方利益。

第六章

基于国际协作的我国专利审查法律制度本位建设

法学中体系形成之任务及其可能性……诸多规范之各种价值决定得借此法律思想得以正当化、一体化，并因此避免其彼此间的矛盾。❶

——［德］卡尔·拉伦茨

利用各阶段对体系的反省，可以再度由之取得重新观察、联结的出发点，并使之有助于各方面的应用。体系所以可以激发新知，其故在此……体系化之总结过去，演进新知的功能，不但说明了新知之产生的过程，而且指出法律发展之演进性。❷

——黄茂荣

第一节 我国专利审查法律制度的体系

一、专利审查法律制度的法理基础

（一）专利权的私权属性

知识产权并非起源于任何一种民事权利，也并非起源于任何一种财产权，而起源于"特权"。这种"特权"由代表国家权力

---

❶ ［德］卡尔·拉伦茨. 法学方法论［M］. 陈爱娥，译. 北京：商务印书馆，2003：316.

❷ 黄茂荣. 法学方法与现代民法［M］. 北京：法律出版社，2007：573.

的机关或个人来授予。❶ 伴随欧美资产阶级革命的兴起，资产阶级的启蒙思想家大胆批判封建思想，强调自然法，主张人人生而平等、天赋人权的学说。在这种环境下，知识产权作为权利的一种，逐渐演变成为当今世界普遍承认的"私权"、一种民事权利。权利本体的私权性是知识产权归类于民事权利范畴的基本依据，❷《与贸易有关的知识产权协议》（*Agreement on Trade-Related Aspects of Intellectual Property Rights*，TRIPs 协议）前言规定"承认知识产权为私权"。当今世界绝大多数国家都是根据知识产权是私权这一法律属性来构建知识产权法律体系的。

知识产权的私权属性给知识产权的保护提供了法律基础，从罗马至今的物权体系更多地围绕有形物而建立。知识产品被认为是一种全新的权利客体，私权的法律属性在制度层面上为人们获取知识产权成为可能。同时，私权神圣是一项基本的法律原则，强化了国家对知识产权进行私权保护的主张。伴随当前经济全球化和法律全球化的发展，扩大知识产权私权保护范围和提升知识产权私权保护标准是不可避免的趋势，而广大发展中国家在面临私权保护的同时，更多地需要考虑公共政策的利益均衡，这也为其寻求知识产权为普遍人权的维护打下了基础。

广义的知识产权包含一切人类智力劳动成果，这是《建立世界知识产权组织公约》为"知识产权"所下的定义，其中第 2 条第 8 款包括：与人类创造性活动的一切领域内的发明有关的权

---

❶ 郑成思. 知识产权论（第三版）［M］. 北京：法律出版社，2007：2.

❷ 吴汉东. 知识产权法学（第五版）［M］. 北京：北京大学出版社，2011：5.

利。这主要指就发明、实用新型及非专利发明享有的权利。TRIPs 协议的第一部分第 1 条划出了协议所包含的知识产权的范围，其中第五项为：专利权。在我国，20 世纪 80 年代，专利权在学界普遍承认为具有"一体两权"，具有财产权和人身权的两重属性；90 年代，国内知识产权学界基于民事权利体系分析，将专利权区别于有形财产所有权，定性为无形财产权；加入世界贸易组织后，专利权作为一种私权得到普遍承认。在专利权的取得过程中，法律确认是必要的，权利人需要在法律的庇护下才能有效享有该无形财产的权利。

（二）专利权的权利本质

对知识产权权利本质属性影响最大的是自然权利理论。该理论以人本主义为核心、强调按照自然法则立法的思想体系，是传统民法中财产所有权的理论基础，同样也是现代财产权法（包括知识产权）的理论依据。❶ 根据洛克的劳动价值理论，私人财产权来源于人们的劳动，即劳动是获得私人财产权的重要途径，劳动使人们获得财产权具有合理性。既然体力劳动属于劳动，那么没有理由认为具有创造性的脑力劳动不属于劳动，智力劳动者应对其知识产品享有财产权，即知识产权。❷ 知识产权的权利来源于人们的创造性劳动，是创造者的自然权利，是社会发展的核心价值体现。

近代启蒙思想家关于财产权的论述是知识产权具有人权本质属性的渊源。"天赋人权"倡导了一种权利本质。人权是什么？

---

❶　徐瑄. 关于知识产权的几个深层次理论问题［J］. 北京大学学报（哲学社会科学版），2003（3）.

❷　易继明. 评财产权劳动说［J］. 法学研究，2000（3）.

"人权是人按其本性应当享有的权利，从本来的意义上讲，人权就是指人的这种'应有权利'。法律规定的权利不过是人们运用法律这一工具使人的应有权利法律化、制度化，使其实现能得到最有效的保障。"❶ 财产权是"天赋人权"的核心内容，洛克基于自然法理论指出：财产作为人们生命和自由权的基础，既不是来源于君主的赋予，也不是来源于人们的协议，而是在劳动基础上产生的；财产权是神圣不可侵犯的，政府的重大的和主要的目的就是保护他们的财产，政府未经人们的同意不得取去人们财产的任何部分。❷ 18 世纪时，英国为著作财产权辩护，广泛运用了洛克的劳动财产权理论，因为劳动创造价值，而体力劳动和脑力劳动同属于劳动，所以，创造性的脑力劳动同样创造价值，脑力劳动者对此种价值的私人所有权同样是一种"天赋人权"。专利权的存在根植于发明人的劳动创造，基于发明人的创造性劳动而取得，此种劳动产生了一种新的所有权。以自然法思想为基础，该权利不需要国家授予才产生，而应基于发明人的创造性劳动而产生，发明人理应享有对自身劳动创造出的财产所有权。美国宪法规定对专利权的发明者进行保护的哲学基础正是基于此："保障著作家和发明家对各自著作和发明在一定期限内的专有权利，

---

❶ 李步云. 论人权的三种存在形态 [J]. 中国法学，1991（4）.

❷ ［英］洛克. 政府论（下篇）［M］. 叶企芳等，译. 北京：商务印书馆，1964：19.

以促进科学和实用艺术之进步。"❶ 此种对专利权的确认延续了洛克的自然权利理论，认为发明创造的成果凝聚了发明家创造性的劳动，宪法理应对其进行确认和保护，使智力劳动的创造者能够充分并自由地享有其应有的权利。美国宪法的此项规定具有明显的自然法思想。

---

❶ 《美国宪法》第 1 条第 8 款：

国会有权：

规定和征收直接税、进口税、捐税和其他税，以偿付国债、提供合众国共同防务和公共福利，但一切进口税、捐税和其他税应全国统一；

以合众国的信用借款；

管制同外国的、各州之间的和同印第安部落的商业；

制定合众国全国统一的归化条例和破产法；

铸造货币，厘定本国货币和外国货币的价值，并确定度量衡的标准；

规定有关伪造合众国证券和通用货币的罚则；

设立邮政局和修建邮政道路；

保障著作家和发明家对各自著作和发明在限定期限内的专有权利，以促进科学和工艺的进步；

设立低于最高法院的法院；

界定和惩罚在公海上所犯的海盗罪和重罪以及违反国际法的犯罪行为；

宣战，颁发掳获敌船许可状，制定关于陆上和水上捕获的条例；

招募陆军和供给军需，但此项用途的拨款期限不得超过两年；

建立和维持一支海军；

制定治理和管理陆海军的条例；

规定征召民兵，以执行联邦法律、镇压叛乱和击退入侵；

规定民兵的组织、装备和训练，规定用来为合众国服役的那些民兵的管理，但民兵军官的任命和按国会规定的条例训练民兵的权力，由各州保留；

对于由某些州让与合众国、经国会接受而成为合众国政府所在地的地区（不得超过 10 平方英里），在任何情况下都行使独有的立法权；对于经州议会同意、由合众国在该州购买的用于建造要塞、弹药库、兵工厂、船坞和其他必要建筑物的一切地方，行使同样的权力；以及制定为行使上述各项权力和由本宪法授予合众国政府或其任何部门或官员的一切其他权力所必要和适当的所有法律。

洛克认为：人们在建立政权时仍然保留着他们在前政治阶段的自然状态中所拥有的生命、自由和财产（洛克常常把这些东西都归入财产这一概念之中❶）的自然权利。"人们联合成为国家并置身于政府之下的——重大的和主要的目的，便是保护他们的财产。而这一方面，恰恰是自然状态所远远不能满足的"。❷ 专利法对专利权的规定正是基于此，私有财产权在自然权利中占有重要地位，专利权作为私有财产权的一种，具有不可侵犯的地位。

在发达国家强化知识产权的私权属性时，广大发展中国家期待在人权领域实现知识产品的公共分享，保障在知识产权领域的普遍人权。因此，原住民代表、非政府组织，发展中国家如印度、巴西等成为"知识产权为人权"的积极推动者。❸ 1948 年12 月 10 日生效的《世界人权宣言》再次确认了知识产权的人权属性。该宣言第 27 条❹肯定了人的精神和物质权利都应受到保护。相似的规定也存在于《经济、社会和文化权利国际公约》的第15 条。这种权利包含两个方面的内容，其一是人有权进行智力劳动创造并享有该劳动创造的成果；其二是人有权参与到社会之

❶ ［美］E. 博登海默. 法理学：法律哲学与法律方法［M］. 邓正来，译，北京：中国政法大学出版社，2004：59.

❷ ［美］E. 博登海默. 法理学：法律哲学与法律方法［M］. 邓正来，译，北京：中国政法大学出版社，2004：60.

❸ 梁志文. 知识产权与人权关系的断想［J］. 中华商标，2007（8）.

❹ 《世界人权宣言》第 27 条：

一、人人有权自由参加社会之文化生活，欣赏艺术，并共同襄享科学进步及其利益。

二、人人对其本人之任何科学、文学或美术作品所获得之精神与物质利益，有享受保护之权。

中，分享智力劳动成果给社会进步带来的公共利益。这两种权利紧密联系，成为国际社会承认的基本人权。该条约揭示了知识产权制度的均衡保护思想，即知识财产独占权的保护和知识财产利益的合理分享，❶ 明确了知识产权的本质——人权，反映了现代知识产权制度的自然法理念。

因此，国家颁布知识产权相关法律并非创造了知识产权，而是确认了这种权利，该权利本质是"天赋人权"。正如卢梭所言"强力并不创设权利"（force does not create right）。❷ 我国的学界对人权进行了划分：应有权利、法定权利、实有权利。理想的人权追求是把应有的人权——凡在道德上能得到支持的都肯定在立法上，使之转化为法定人权，然后再以完善的制度使法定人权均变为现实，现实的人权才是一个国家真正的人权状况。❸ 由此可知，专利权作为知识产权的一种，由专利法加以规定，专利法确认了专利权，而并非创造了它。将专利权通过立法体现出来，是对发明人应有权利的肯定，使专利权成为法定人权，并为该法定人权成为现实提供了制度支持。

二、专利法律、法规及司法解释

专利法律制度的初衷是"给天才之火浇上利益之油"，在技术的开发和转化过程中，需要投入大量成本，因此设立一种机

---

❶ 吴汉东. 知识产权的私权与人权属性——以《知识产权协议》与《世界人权公约》为对象［J］. 法学研究，2003（3）.

❷ ［美］E. 博登海默. 法理学：法律哲学与法律方法［M］. 邓正来，译，北京：中国政法大学出版社，2004：74.

❸ 徐显明. 人权的体系与分类［J］. 中国社会科学，2000（6）.

制，既能确保投资者收回成本，又能让社会增加知识储备，使社会公众能有机会接触和利用先进的科学技术，专利法律制度采用"公开＋垄断"的方式，为发明创造的智慧之火添加利益之薪，成为有效的技术成果保护方式。❶ 专利法律制度为专利权的生存和繁衍起到了良好的作用，首先，专利法律制度的保护机制使得发明人能期待自身的智力成果获得有效的回馈，激励了创新；技术的使用具有非竞争性，任何个人使用专利技术都不会影响他人对该技术的使用，因此，专利知识的公开增加了社会财富的自积累。其次，专利技术的公开避免了技术的重复研发，节省了社会成本，新的研发者可以"站在巨人的肩膀上"二次创新，进一步推动科技的发展。最后，专利权是参与市场竞争的有效途径，首先获得专利权的发明人可在一定时间和一定地域范围内排除其他竞争对手，优先占领市场，实施专利布局，推进专利权人的专利战略。

（一）《专利法》的规定

从一项发明创造到最终授予专利权，需要历经审查的过程。通过专利审查，对新颖性、创造性和实用性进行判断，从中选出具有创新意义的成果授予专利权。根据《专利法》第 22 条第 1 款的规定，授予专利权的发明和实用新型应当具备新颖性、创造性和实用性。因此，申请专利的发明和实用新型具备新颖性是授予其专利权的必要条件之一。《专利法》第 22 条第 2 款、第 3 款、第 4 款分别规定：

> 新颖性，是指该发明或者实用新型不属于现有技术；也没有任何单位或者个人就同样的发明或者实用新型在申请日

---

❶ 李明德. 知识产权法［M］. 北京：北京师范大学出版社，2011：95.

以前向国务院专利行政部门提出过申请，并记载在申请日以后公布的专利申请文件或者公告的专利文件中。

创造性，是指与现有技术相比，该发明具有突出的实质性特点和显著的进步，该实用新型具有实质性特点和进步。

实用性，是指该发明或者实用新型能够制造或者使用，并且能够产生积极效果。

我国《专利法》在第四章规定"专利申请的审查和批准"，对专利审查制度进行法律规制。《专利法》的第 34~41 条对申请公开、实质审查、撤回、驳回、授权、生效和复审、起诉进行了规定。专利法的规定从广义上为专利审查制度提供了法律依据，尤其是与授权有紧密联系的实质审查制度："发明专利申请经实质审查没有发现驳回理由的，由国务院专利行政部门做出授予发明专利权的决定，发给发明专利证书，同时予以登记和公告。发明专利权自公告之日起生效。"❶

在专利审查过程中，我国对发明专利申请进行实质审查，对实用新型专利申请和外观设计申请进行初步审查，后两者经过初步审查合格，即可授予专利权。2009 年，我国在第三次专利法修改中，将专利审查中的相对新颖性改为绝对新颖性，提高了专利授权的标准。一方面，与世界专利大国的审查标准接近；另一方面，从专利审查的这一环节控制了专利质量。有人认为，对专利申请没有进行全面的实质审查是导致低质量专利出现的原因。目前的情况是，美国对专利申请全部实行实质审查，多数欧洲国家对于实用新型类型的专利申请多采用登记制度，少有进行实质审查，其中包括法国和

---

❶ 《中华人民共和国专利法（2008 年修正）》第 39 条。

德国。经过第三次专利法的修改，我国采用初步审查加上评价报告的制度，一方面可以节省审查资源，另一方面又能从一定程度上控制审查质量。同时，对于我国的实用新型专利和外观设计专利，从国家知识产权局的审查部门着手，采取了一系列措施，严格控制审查质量，为切实全面提高专利质量尽职工作。

（二）《专利法实施细则》与相关司法解释的规定

我国《专利法实施细则》第三章规定了"专利申请的审查和批准"，详细阐释了《专利法》所规定的审查规则，并进一步充实审查内容。在第 37～58 条中，对初步审查、实质审查、复审和无效宣告程序进行了进一步的规定，针对《专利法》第 26 条第 5 款的规定，在《专利法实施细则》第 53 条中增加了专利审查中驳回申请的理由，同时详细说明了保密审查和专利权评价报告。对于国防专利的申请和审查，国家通过中华人民共和国国务院、中华人民共和国中央军事委员会令第 418 号，于 2004 年 9 月 17 日颁布了《国防专利条例》，自 2004 年 11 月 1 日实施。其中的第二章"国防专利的申请、审查和授权"中对专利审查进行了单独规定。专利纠纷的第一审案件，由各省、自治区、直辖市人民政府所在地的中级人民法院和最高人民法院指定的中级人民法院管辖，审级不同于其他的知识产权案件。在专利诉讼中的实践中，有部分司法解释涉及专利审查，其中具有代表性的是2001 年6 月 19 日最高人民法院审判委员会第 1180 次会议通过的《最高人民法院关于审理专利纠纷案件适用法律问题的若干规定》和 2009 年 12 月 21 日最高人民法院审判委员会第 1480 次会议通过的《最高人民法院关于审理侵犯专利权纠纷案件应用法律若干问题的解释》。前项规定的第 9 条涉及专利审查中新颖性和创造性判断的问题；后项规定的第 14 条涉及等同侵权判断的问题，其中对于"被诉落入专利权保护范围的全部技术特征，与一项现有技术方案中的相应技术特征相同或者无实质性差异"的判断是对专利审查的进一步深入研究。

三、国家专利行政机构关于专利审查制度的规章、公告

（一）《专利审查指南》

作为国家知识产权局的部门规章，《专利审查指南》是我国专利局和专利复审委员会在专利审查、复审和无效宣告等各个阶段依法行政的依据和标准，也是专利申请人在以上各个阶段遵循的规章制度。我国的《专利审查指南》共分为 5 部分，分别是初步审查、实质审查、进入国家阶段的国际申请的审查、复审与无效请求的审查和专利申请及事务处理。《专利法》和《专利法实施细则》对专利的申请和审查作了全面的规定，《专利审查指南》在此基础上对相关制度作相应的补充和细化，尤其在对新颖性、创造性和实用性等授予专利权的必要条件的判断进行详细的阐述，为申请人的发明创造指引了方向，并对申请文件的撰写提供了指南，同时对审查员依职权进行审查提供方案，有助于提高审查效率，缩短审查周期，节约审查资源。

我国目前实行的是 2010 年版的《审查指南》。根据《专利法》第 26 条第 1 款的规定，一件发明专利申请应当有说明书（必要时应当有附图）及其摘要和权利要求书；一件实用新型专利申请应当有说明书（包括附图）及其摘要和权利要求书。说明书和权利要求书是记载发明或者实用新型及确定其保护范围的法律文件。说明书及附图主要用于清楚、完整地描述发明或者实用新型，使所属技术领域的技术人员能够理解和实施该发明或者实用新型。权利要求书应当以说明书为依据，清楚、简要地限定要

求专利保护的范围。❶ 根据《专利法》第 59 条第 1 款的规定，发明或者实用新型专利权的保护范围以其权利要求的内容为准，说明书及附图可以用于解释权利要求的内容。专利审查国际协作涉及各协作国家在专利审查方面的形式要件和实质要件（参见附录一）。而这其中最重要的是涉及授权的实质审查要件。在我国，审查新颖性采取的是判断是否为同样的发明或实用新型和单独对比原则。❷ 根据《专利法》第 22 条第 3 款的规定，审查发明是否

---

❶ 中华人民共和国国家知识产权局：专利审查指南（2010 年）［M］. 北京：知识产权出版社：130.

❷ 《专利审查指南（2010 年）》第二部分第三章 3.1 节，审查新颖性时，应当根据以下原则进行判断：

（1）同样的发明或者实用新型。

被审查的发明或者实用新型专利申请与现有技术或者申请日前由任何单位或者个人向专利局提出申请并在申请日后（含申请日）公布或公告的（以下简称申请在先公布或公告在后的）发明或者实用新型的相关内容相比，如果其技术领域、所解决的技术问题、技术方案和预期效果实质上相同，则认为两者为同样的发明或者实用新型。需要注意的是，在进行新颖性判断时，审查员首先应当判断被审查专利申请的技术方案与对比文件的技术方案是否实质上相同，如果专利申请与对比文件公开的内容相比，其权利要求所限定的技术方案与对比文件公开的技术方案实质上相同，所属技术领域的技术人员根据两者的技术方案可以确定两者能够适用于相同的技术领域，解决相同的技术问题，并具有相同的预期效果，则认为两者为同样的发明或者实用新型。

（2）单独对比。

判断新颖性时，应当将发明或者实用新型专利申请的各项权利要求分别与每一项现有技术或申请在先公布或公告在后的发明或实用新型的相关技术内容单独地进行比较，不得将其与几项现有技术或者申请在先公布或公告在后的发明或者实用新型内容的组合，或者与一份对比文件中的多项技术方案的组合进行对比。即判断发明或者实用新型专利申请的新颖性适用单独对比的原则。这与发明或者实用新型专利申请创造性的判断方法有所不同。

具备创造性，应当审查发明是否具有突出的实质性特点和是否具有显著的进步。在这其中，判断"突出的实质性特点"尤为重要，也就是判断"是否显而易见"。"在评价发明是否具备创造性时，审查员不仅要考虑发明的技术方案本身，而且要考虑发明所属技术领域、所解决的技术问题和所产生的技术效果，将发明作为一个整体看待。与新颖性'单独对比'的审查原则不同，审查创造性时，将一份或者多份现有技术中的不同的技术内容组合在一起对要求保护的发明进行评价。"❶ 判断显而易见性采用三步法，第一步，判断最接近的现有技术；第二步，判断区别技术特征和实际接近的技术问题；第三步，判断申请保护的发明对于本

---

❶　中华人民共和国国家知识产权局. 专利审查指南（2010 年）［M］. 北京：知识产权出版社，2010：172 – 173.

领域的技术人员而言是否显而易见。❶ 实用性的审查应当在判断

---

❶ 《专利审查指南（2010 年）》第二部分第四章 3.2.1.1 节，判断要求保护的发明相对于现有技术是否显而易见，通常可按照以下三个步骤进行。

（1）确定最接近的现有技术。

最接近的现有技术，是指现有技术中与要求保护的发明最密切相关的一个技术方案，它是判断发明是否具有突出的实质性特点的基础。最接近的现有技术，例如可以是，与要求保护的发明技术领域相同，所要解决的技术问题、技术效果或者用途最接近和/或公开了发明的技术特征最多的现有技术，或者虽然与要求保护的发明技术领域不同，但能够实现发明的功能，并且公开发明的技术特征最多的现有技术。应当注意的是，在确定最接近的现有技术时，应首先考虑技术领域相同或相近的现有技术。

（2）确定发明的区别特征和发明实际解决的技术问题。

在审查中应当客观分析并确定发明实际解决的技术问题。为此，首先应当分析要求保护的发明与最接近的现有技术相比有哪些区别特征，然后根据该区别特征所能达到的技术效果确定发明实际解决的技术问题。从这个意义上说，发明实际解决的技术问题，是指为获得更好的技术效果而需对最接近的现有技术进行改进的技术任务。审查过程中，由于审查员所认定的最接近的现有技术可能不同于申请人在说明书中所描述的现有技术，因此，基于最接近的现有技术重新确定的该发明实际解决的技术问题，可能不同于说明书中所描述的技术问题；在这种情况下，应当根据审查员所认定的最接近的现有技术重新确定发明实际解决的技术问题。重新确定的技术问题可能要依据每项发明的具体情况而定。作为一个原则，发明的任何技术效果都可以作为重新确定技术问题的基础，只要本领域的技术人员从该申请说明书中所记载的内容能够得知该技术效果即可。

（3）判断要求保护的发明对本领域的技术人员来说是否显而易见。

在该步骤中，要从最接近的现有技术和发明实际解决的技术问题出发，判断要求保护的发明对本领域的技术人员来说是否显而易见。判断过程中，要确定的是现有技术整体上是否存在某种技术启示，即现有技术中是否给出将上述区别特征应用到该最接近的现有技术以解决其存在的技术问题（即发明实际解决的技术问题）的启示，这种启示会使本领域的技术人员在面对所述技术问题时，有动机改进该最接近的现有技术并获得要求保护的发明。如果现有技术存在这种技术启示，则发明是显而易见的，不具有突出的实质性特点。

详见《专利审查指南（2010 年）》。

新颖性和创造性之前进行,❶ 因为, 一旦发明专利申请不具备实用性, 则无须进行新颖性和创造性的判断。实用性的判断基准是"能够制造或者使用",❷ 相比较与新颖性和创造性, 实用性的判断更为简单直接。

因此, 在提交专利申请时, 应该全面考虑专利审查中可能面临的问题。对此, 理解发明创造的内容是撰写权利要求书和说明书的重要前期工作。通过仔细研究交底材料, 确定可能的研究领域和主题。接下来, 确定所做的发明创造是否属于可授予专利权的客体, 考虑是否具有实用性。在确定可专利性和实用性之后, 分析各技术主题的类型, 以确定申请的类型: 发明专利或是实用新型专利。而这两者在通过审查获得授权有很大的区别, 前者需要通过实质审查, 而后者只需要通过初步审查即可。由于专利申请通过审查一个重要的要求是充分公开, 因此, 在前期进行专利申请时就需要考虑清楚申请专利的保护范围, 并根据所要求保护的范围清楚地描述发明创造。

在提交专利申请前, 除了理解发明创造本身, 还需要进行必要的检索, 理解现有技术, 并将其余专利申请做对比, 排除不具备新颖性和创造性的技术主题, 从而确定最主要的技术主题。在此基础上, 还需要考虑单一性的问题: 如果具备单一性, 即使有

---

❶ 中华人民共和国国家知识产权局. 专利审查指南 (2010 年) ［M］. 北京: 知识产权出版社, 2010: 185 – 186.

❷ 《专利法》第 22 条第 4 款所说的 "能够制造或者使用" 是指发明或者实用新型的技术方案具有在产业中被制造或使用的可能性。满足实用性要求的技术方案不能违背自然规律并且应当具有再现性。因不能制造或者使用而不具备实用性是由技术方案本身固有的缺陷引起的, 与说明书公开的程度无关。

几个技术主题，也可以撰写独立权利要求；如果不具备单一性，存在有几个技术主题的情况，则需要撰写另外的申请。

权利要求书是专利申请中最重要的法律文件，也是专利授权之后确定专利权范围的唯一法律文件。在专利申请时，以最主要的技术主题为独立权利要求的范围，将必要技术特征清楚简明地表达，符合新颖性和创造性的要求。接下来，将优选的技术方案作为从属权利要求，防范独立权利要求的新颖性和创造性受到破坏。在符合单一性的情况下，如果有其他技术方案，可以撰写并列独立权利要求及其从属权利要求。在完成权利要求书以后，为确保充分公开专利申请的全部内容以及支持权利要求书的必要内容，撰写说明书。完成说明书后，提炼出说明书摘要。

专利审查是获得专利授权的必经过程，对此，在提交专利申请时应根据专利审查的要求做好充分的准备，以确保顺利获得专利权，且能在专利权的有效期内具有稳定性。

（二）其他相关规定

与专利审查联系较大的相关规定主要集中在专利申请和复议等方面。这其中包括 2007 年 8 月 27 日国家知识产权局令第 45 号的《关于规范专利申请行为的若干规定》，2002 年 7 月 25 日国家知识产权局令第 24 号的《国家知识产权局行政复议规程》，1999 年 12 月 15 日国家知识产权局令第 10 号的《关于在香港特别行政区知识产权署提出的首次申请的优先权的规定》，1993 年 11 月 23 日中国专利局令第 5 号的关于中国实施《专利合作条》的规定，1993 年 3 月 29 日中国专利局的《关于受理台胞专利申请的规定》，1986 年 2 月 1 日中国专利局、外交部和国家科委联合发布的《关于我国学者在国外完成的发明创造申请专利的规定》等。

四、与专利审查制度相关的国际条约

（一）《专利合作条约》

《专利合作条约》的缔结建立了全球专利申请的 PCT 途径。"期望对科学和技术的进步作出贡献，期望使发明的法律保护臻于完善，期望简化在几个国家取得发明保护的手续，并使之更加经济，期望使公众便于尽快或得记载新发明的文件中的技术信息，期望通过采用提高发展中国家为保护发明而建立的国家或地区法律制度的效率的措施，来促进和加速这些国家的经济发展；其办法是，对适合其特殊需要的技术解决方案提供易于利用的信息，以及对数量日益增长的现代技术提供利用的方便，深信各国之间的合作将大大有助于达到这些目的，缔结本条约"。❶《专利合作条约》不仅为专利申请开辟了新的途径，也使各国看到了在专利领域国际协作的可行性。通过该途径，申请人只需在一国提交 PCT 专利申请，即可在 PCT 成员国享有统一的国际申请日。经过国际初审和公开，在自优先权日起 30 个月内可以进入国家阶段。PCT 途径并不是一个授权体系，PCT 申请仍然由各个国家或地区的专利局进行实质审查并决定是否授权。我国知识产权局是 PCT 申请的国际初步审查单位，可以进行国际检索和初审，在我国《关于中国实施〈专利合作条〉的规定》的第四章"国际初步审查程序"中，详细规定了"专利局作为国际申请的主管国际初步审查单位，应当按照条约、条约实施细则、条约行政规程以及专利局与国际局根据条约第 32 条签订的协议的规定对国际申

---

❶ 《专利合作条约》（1970 年 6 月 19 日签订于华盛顿，1979 年 9 月 28 日修正，1984 年 2 月 3 日和 2001 年 10 月 3 日修改）的前言。

请进行国际初步审查。"❶

经过 PCT 提交的国际申请，指明希望获得中国的发明专利或实用新型专利的文本，在经历国际阶段的程序后，根据我国《专利法实施细则》第 103 条和第 104 条的规定，办理进入中国国家阶段的手续，从而在中国国家知识产权局专利局启动国家阶段的程序。国家阶段程序包括：在专利合作条约允许的限度内进行初步审查、国家公布，参考国际检索和国际初步审查结果进行实质审查、授权或驳回，以及可能发生的其他程序。❷ 进入到中国国家阶段的 PCT 申请，可以是符合 PCT 第 22 条未经国际初步审查的申请，也可以是根据 PCT 第 39 条经过国际初步审查的申请。

（二）PPH 相关条约

我国于 2011 年开始 PPH 的第一步，中国国家知识产权局和日本特许厅开始 PPH 试点，并取得不错的成绩。当前，我国与多数国家签订 PPH 双边协议，是 IP5 PPH 的成员国，暂时未加入 Global PPH。PPH 协议内容多涉及以下几个方面：（1）具有最早的优先权日；（2）在首次申请局至少有一项权利要求具有可专利性；（3）在后续申请局接受审查的所有权利要求必须与首次申请局具有可专利性的权利要求有一条或一条以上充分对应；（4）后续申请局没有开始实质审查，在 PPH 请求之时或以前，实质申请的请求已经提交；（5）已经按照后续申请局的要求提交申请，可能收到申请费的缴费通知；（6）首次申请局的申请必须有效，且必须完成对新颖性和创造性等特征的实质性审查。

---

❶ 《关于中国实施〈专利合作条约〉的规定》第 13 条。

❷ 中华人民共和国国家知识产权局. 专利审查指南（2010 年）[M]. 北京：知识产权出版社，2010：313.

USPTO、JPO、EPO、SIPO 和 KIPO 等五局（IP5）于 2013 年 9 月就启动一项全面的五局专利审查高速路（IP5 PPH）试点项目达成合意，该项目于 2014 年 1 月 6 日起开始实施，为期 3 年。❶在 IP5 PPH 之中，我国的申请必须是电子申请，且需满足申请程序进度的要求和权利要求的规定。❷

1. 程序进度

（1）提出参与 IP5 PPH 试点项目的 SIPO 申请必须与在其他四局之一局提出的对应申请具有相同的最早日，该最早日可以是申请日，也可以是优先权日。

（2）申请已经公开，必须已经进入实质审查阶段，但在提出 PPH 请求的时间点尚未收到 SIPO 实质审查部门作出的任何审查意见通知书。

2. 权利要求

（1）在其他四局之一局至少有一个对应申请，其具有一项或多项被该局认定为可授权/具有可专利性的权利要求。

（2）SIPO 申请的所有权利要求（在 IP5 PPH 试点项目下请求加快审查），无论是原始提交的或者是修改后的，必须与其他四局之一局认定为具有可专利性/可授权的一个或多个权利要求充分对应。

从我国目前参与的 PPH 项目来看，专利审查国际协作具有在实体法方面进行协调的意向。

---

❶❷ 参见附录一《在五局专利审查高速路（IP5 PPH）试点项目下向中国国家知识产权局（SIPO）提出 PPH 请求的流程》。

第二节　我国专利审查法律制度的
主要内容和特点

一、立法目的：激励创新

专利审查国际协作制度实现了三个创新维度：（1）提高创新效率。由于经过首次申请局的可专利性审查，后续申请局的对经过限定后的权利要求只需要在前后两国专利审查制度的差异性部分集中审查，并同时对经过首次申请局认为具有可专利性的权利要求进行审查，不仅使审查质量在前后两局之间确保稳定性，审查意见的发文次数减少、答复审查意见的次数降低、专利申请的可授权性得到提高。一般而言，协同创新比独立创新更有助于提高企业的创新效率。❶ 在专利审查国际合作制度的协同创新体系中，专利审查的工作效率得到改善，专利的授权率有大幅增长，有利于增加企业在市场上的竞争能力，提高企业的经济收益，提升创新主体的创新效率。（2）缩短创新时间。通过对美国专利商标局、欧洲专利局和日本特许厅等专利审查机构的专利申请案进行研究，发现审查周期的长度与专利质量的优异程度直接呈现负

---

❶　赵伟莉. 协同创新，寻找危机中的机会［N］. 新华日报，2012 - 03 - 02.

相关。❶ 审查周期的延长增加了专利系统的不确定性，降低专利审查品质，还为低质量专利提供授权机会。如果审查周期过长，发明创造相当于被迫搁置，从而阻碍了其应有的市场效应。对于高新技术企业而言，技术的快速更新是获得市场的关键，审查的拖延将使其资金的周转产生困难，可能会面临生存的危机。专利审查国际协作制度可以缩短专利审查周期，可以使技术成果的市场化得以更快实现，缩短创新时间。（3）降低创新成本。审查的权利要求数减少和审查意见的发文次数降低都将缩短审查周期，降低审查费用。❷ 专利审查周期的缩短，意味着专利审查资源的周转频率的提升，同样的资源效能可以得到更有效的发挥，提升资源的利用率，降低单个专利申请的成本。同时，专利审查周期的缩短将减少专利申请人为了获取授权而进一步支付的各种费用，增强了费用的可预期性。

现行的相关立法都有一个明确的现实指向，我国的专利审查法律制度服务于创新机制。概言之，我国的专利审查法律制度的立法目的主要有以下几个方面：其一，促进特定技术领域的科技研发，我国专利审查制度在基于国际协作的条件下的调整也主要围绕这个激励机制。其二，促进社会公共福利，同时维护各国利益平衡和整体国际秩序。《专利法》第 34 条规定："国务院专利行政部门收到发明专利申请后，经初步审查认为符合本法要求的，自申请日起满 18 个月，即行公布。国务院专利行政部门可

---

❶ Van Zeebroeck. Filing Strategies andthe Increasing Duration of Patent Application［A］. CEB Working Paper, 2009（15）：13.

❷ 佘力焓，朱雪忠. 专利国际申请的费用及其控制策略研究——基于专利审查高速路的研究视角［J］. 情报杂志, 2014, 33（10）：90–95.

以根据申请人的请求早日公布其申请。"发明创造的适时公布有利于社会公共财富的积累，也为后续的创造提供了智力基础。

二、管理体制：行政部门主导，司法部门协同

国家知识产权局是国务院主管专利工作和统筹协调涉外知识产权事宜的直属机构，主导我国的专利审查工作。具体的专利审查工作由国家知识产权局下属的专利局管理，在专利局下属有初审及流程管理部、机械发明审查部、电学发明审查部、通信发明审查部、医药生物发明审查部、化学发明审查部、光电技术发明审查部、材料工程发明审查部、实用新型审查部、外观设计审查部等审查业务部门来负责专利审查事务。当涉及司法诉讼时，司法部门会参与专利审查关于专利权判定的部分工作，以确定专利纠纷中的权利归属问题。

三、法律责任：行政责任为主

在涉及专利审查的法律制度方面，法律责任主要是依据《专利法》和《专利法实施细则》以及其他有关法律法规来进行裁决，其中以行政责任居多，如"不予受理""驳回""撤回"和"视为撤回"等。《专利法实施细则》第53条规定："依照《专利法》第三十八条的规定，发明专利申请经实质审查应当予以驳回的情形是指：（一）申请属于专利法第五条、第二十五条规定的情形，或者依照专利法第九条规定不能取得专利权的；（二）申请不符合专利法第二条第二款、第二十条第一款、第二十二条、第二十六条第三款、第四款、第五款、第三十一条第一款或者本细则第二十条第二款规定的；（三）申请的修改不符合专利法第三十三条规定，或者分案的申请不符合本细则第四十三条第一款

的规定的。"行政责任之外，在专利侵权中涉及专利审查的部分内容时会涉及民事责任和刑事责任。

第三节　专利审查国际协作制度在我国的实践——PPH 的视角

中国自 2011 年 11 月 1 日启动首个 PPH 试点以来，已与 18 个国家启动了双边 PPH 试点业务，加上通过五局合作机制，由中、美、欧、日、韩五局共同达成的 IP5 PPH 试点，中国国家知识产权局通过双边和五局合作机制与国外专利行政机构启动的 PPH 项目总数已达 19 个。❶

一、PPH 在我国的运作情况

（一）整体概况

我国受理的 PPH 申请呈逐年递增的趋势，2011 年受理量为 106 件，2012 年为 2 188 件，2013 年为 3 320 件。❷ 截至 2014 年 6 月 30 日，我国国家知识产权局共受理海外 PPH 申请 7 492 件，其中常规 PPH《巴黎公约》途径为 5 809 件，PCT - PPH 途径为

---

❶　吴艳 . PPH 对外合作网络：助力中国企业"走出去"［EB/OL］. http：//www. sipo. gov. cn/zscqgz/2014/201408/t20140827_ 1001343. html，2014 - 11 - 18.

❷　http：//www. jpo. go. jp/cgi/linke. cgi？url ＝/rireki_ e/whate. htm，2015 - 01 - 18. 同时，部分数据来源于 2014 年 12 月 23 日国家知识产权局在上海同济大学举办的专利审查高速路实务讲座。

1 683件。同时，我国向海外提出的 PPH 申请为 1 117件，其中常规 PPH《巴黎公约》途径为 424 件，PCT - PPH 途径为 693 件。

（二）我国受理海外 PPH 的具体情况

截至2014 年 6 月 30 日，在我国国家知识产权局受理的海外 PPH 请求中，前三位依次是日本、美国和韩国，分别是 3 574件、2 007件和160 件。受理的 PCT - PPH 前三位分别是来自日本的 1 066件、来自韩国476 件和来自欧洲专利局的 62 件。美国紧随其后，提交了 56 件 PCT - PPH 申请。在我国受理的 1 683 件 PCT - PPH 申请中，日本、美国、韩国和欧洲专利局合计提交了 1 660件，仅有23 件来自 IP5 以外的国家和地区。

（三）我国向海外提出 PPH 具体情况

截至2014 年 6 月 30 日，我国申请人向海外提出 PPH 请求量共计424 件，指定国家或地区按照排名依次是美国、日本、韩国和欧盟，分别是 329 件、29 件、25 件和 18 件，合计 401 件；向 IP5 之外的国家和地区仅提出 23 件 PPH 申请。同时，我国向海外提出 PCT - PPH 的 693 件申请中，有 562 件指定美国，77 件指定日本，31 件指定韩国和 21 件指定欧洲专利局。指定 IP5 的 PCT - PPH 申请共计 691 件，仅有 2 件指定 IP5 之外的国家和地区。

（四）制度理念调整下的我国 PPH 运行情况

2015 年，PPH 伴随制度的改进和调整，审查合作的新理念在称谓上有了体现。历经 PPH 制度的演进，首次申请局（Office of First Filling，OFF）和后续申请局（Office of Second Filling，OSF）发展到早期审查局（Office of Earlier Examination，OEE）和后续审查局（Office of Later Examination，OLE），从称谓的改变可以看出 PPH 的核心要义从申请转向审查，更注重的是审查的效率。审查效率高的专利局往往是 OEE，而审查效率低的专利局则成为 OLE。不论哪个国家局作为 OFF 和 OSF，往往最终是以审查效率来确定区分 OEE 和 OLE。❶

截至 2015 年 6 月 30 日，SIPO 作为 OLE 共受理海外 PPH 申请 12 018 件，❷ 其中常规 PPH 为 9 100 件，PCT - PPH 途径为 2 918 件，同时，以 SIPO 作为 OEE 向海外提出 PPH 请求量共计 2 340 件，SIPO 作为 OLE 的受理量大于作为 OEE 的受理量，在一定程度上表明通过 PPH 输入中国的专利申请大于从中国输出的专利申请。截至 2015 年 6 月 30 日，以 SIPO 作为 OEE 向海外提出 PPH 请求指定国家或地区按照排名依次是美国、欧盟、日本和韩国，分别是 1 599 件、254 件、220 件和 168 件，合计 2 241 件；向 IP5 之外的国家和地区仅提出 99 件 PPH 申请。❸ 同时，截至 2015 年 6 月 30 日，中国向海外提出 PCT - PPH 的 438 件申请（未含美国的统计数据）中，158 件指定日本，83 件指定韩国和 185 件指定欧洲专利局。❹

---

❶　多数情况下 OFF 往往是 OEE，即使有时 OFF 的审查效率低于 OSF，由于两者申请的时间差也可以弥补其效率低所耽误的时间，在选择过程中往往需要根据申请人的判断来考虑。

❷　中国国家知识产权局官网专利审查高速路专栏，http：//www. sipo. gov. cn/ztzl/ywzt/pph/，2015 - 10 - 04.

❸　日本特许厅官网专利审查高速路专栏，http：//www. jpo. go. jp/pp-ph-portal/statistics. htm，2015 - 11 - 22.

❹　日本特许厅官网专利审查高速路专栏，http：//www. jpo. go. jp/pp-ph-portal/statistics. htm，2014 - 12 - 21.

二、关于 PPH 在我国实践的思考

（一）我国利用 PPH 的机遇和挑战

1. 通过 PPH 途径的专利输入大于我国的专利输出

目前，我国受理的 PPH 申请远大于我国向海外提出的 PPH 请求。通过 PPH 途径形成的专利输入和输出有较大的落差。从 2011 年我国参与 PPH 项目开始，我国受理的 PPH 申请呈逐年上升的趋势。在全球专利申请激增的前提下，我国的 PPH 受理量将在总量上持续上升。

从总数上来看，我国对于 PPH 的利用还有很大的提升空间。在我国利用 PPH 途径向海外提交申请的用户主要集中于企业，这部分企业中具有代表性的是华为和中兴等通信企业。拓展海外市场需要有具有竞争力的技术和全球性的专利战略视野，一部分中小企业对于自身的技术缺乏信心，另一部分企业认为国内市场已经足够，因此没有必要再费力拓展海外市场。形成目前这种状况主要基于本国企业的科技实力与日本、美国等发达国家存在差距，且一部分企业没有进行全球专利布局的战略规划，即使 PPH 对于中小企业，尤其是高科技产业的中小企业有帮助，但真正形成此种意识的中小企业屈指可数。另外，我国对于 PCT - PPH 利用率高于常规 PPH《巴黎公约》途径，表明我国的专利申请人的海外申请多数指定了多个国家，这表明我国一部分企业还是具有相当的全球眼光，在专利申请的同时在多个国家进行专利战略布局。

2. PPH 的利用集中于 IP5 成员国和地区

在我国受理的海外 PPH 中，绝大多数来自于 IP5 的四国专利局（美国专利商标局、日本特许厅、韩国专利局和欧洲专利局）。虽然目前我国与其他国家或地区的 PPH 项目已达 19 个，除了 IP5 的四

个成员以外，其余的 15 个合作单位几乎没有实际的 PPH 工作往来。截至 2014 年 6 月 30 日，在我国受理的 PCT – PPH 中，仅有 23 件来自 IP5 以外的国家和地区。我国向海外提出 PCT – PPH 的 693 件申请中，仅有 2 件指定 IP5 之外的国家和地区。截至 2015 年 6 月 30 日，在我国受理的 PCT – PPH 中，仅有 46 件（总数的 2%）来自 IP5 以外的国家和地区。我国向海外提出 PCT – PPH 申请中，仅有 12 件（总数的 2.7%，总数未含美国的统计数据）指定 IP5 之外的国家和地区。❶ 由此可见，我国的 PPH 项目的利用主要集中在 IP5 的成员之间，其他的 PPH 项目还未发挥实际作用。

我国 PPH 项目的利用率高度集中于 IP5 的成员国和地区与我国企业向海外拓展的需要有关，同时也与这几个国家和地区的 PPH 的工作效率有关。美、日、欧是目前科技实力和市场较为集中的国家和地区，PPH 在这些国家有着现实的需求。在目前的状况下，我国参与 IP5 PPH 的项目，尚未加入 GPPH，对我国的海外申请没有太多消极影响。但从长远看，全球专利审查的一体化发展，加入一个更为广泛的专利审查国际协作体系，更符合我国专利申请人的全球专利战略。

3. 提升 SIPO 专利审查工作在国际协作中的重要性

不断上升的 PPH 受理量使中国的专利审查工作在专利审查高速路的作用日显重要。PPH 申请进入中国将促进 SIPO 积极参与专利审查国际协作的工作，实施加速审查体系。在专利审查高速路的推动下，美、日、韩、欧盟和中国都将受到

---

❶　12 件 PCT – PPH 申请分别指定的国家为俄罗斯 RU：8 件，墨西哥 MX：1 件，英国 GB：3 件。日本特许厅官网专利审查高速路专栏，http：//www. jpo. go. jp/ppph – portal/statistics. htm，2015 – 11 – 22.

共同审批所带来的专利审查加速影响。中国是 PPH 申请的大国，SIPO 需要及时根据专利审查国际协作的趋势调整自身的定位和作用。

PPH 申请进入海外同样使 SIPO 需要考虑当前 PPH 合作的对象，参与或构建更大的专利审查国际协作网络。在"一带一路"战略的推动下，越来越多的中国企业开始投入到"一带一路"沿线国家的建设之中。"一带一路"贯穿亚欧非大陆，从国际的大环境中观察，目前"一带一路"的两端即欧盟和环太平洋经济带是当今国际经济最活跃的两个主引擎，而中间的国家处于两个引擎之间的"塌陷地带"。部分"一带一路"沿线国家专利制度不完善，参与的专利国际协作制度较少。长期以来，中国的海外专利战略集中关注在美、日、欧等国家和地区，与"一带一路"沿线国家，尤其是中亚地区的国家进行技术转移时，较少考虑专利授权及专利审查等的问题。这主要是因为在此之前，中国与这些国家的经贸往来数量少，技术含量低，产业层次不高，企业没有过多考虑专利布局。当"一带一路"启动后，中国对"一带一路"沿线国家将进行基础设施、能源、跨境光缆、新兴产业的合作等，投资量加大，技术层次提高。在投资贸易的过程中，亟须了解并掌握"一带一路"国家的专利审查及获得专利权保护的情况。中国能否将 PPH 以合适的方式与"一带一路"国家的专利审查进行衔接，将影响到"一带一路"科技合作和科技创新的积极性，影响我国在"一带一路"国家投资和发展的信心，进而影响"一带一路"战略目标的实现。

（二）我国改进利用 PPH 途径的反思

1. 审视我国专利申请人的需求和 PPH 的目的

我国专利申请人采用 PPH 途径提交申请的数量不及外国专利

申请人向我国提交的 PPH 数量，表明我国专利申请人对于 PPH 的需求意识还需进一步提升，但并非是一种劣势。一方面，我国不仅是产品的制造国，也是产品的创造国，PPH 途径为我国的创造提供了走向世界的加速途径，但我国企业并没有很好地加以利用。对于企业来说，能够实现利润的最大化是其经营的目标和方向，而并不在乎是国内市场或国外市场。通过 PPH 途径能够缩短审查周期，节省审查费用，提高授权率，是我国专利申请人进行全球专利布局，拓展海外市场的良好方式。由此可见，我国专利申请人并不是没有对于 PPH 的需求，而是这种 PPH 的需求在很大程度上还有待开发。另一方面，美国作为 PPH 的倡导和推动国，其本国专利申请人通过 PPH 途径提交的申请数量远远低于外国专利申请人向美国提交的 PPH 数量，❶ 由此可见，单从数量上来判断一国在 PPH 中的得失是不妥的。外国申请人通过 PPH 途径进入一国的专利申请数量多表明该国的市场前景大，有必要在该国寻求专利保护。因此，PPH 的构建不仅是加速审查的一个渠道，还蕴含全球专利审查制度构建的意图和方式，其中，国家的参与意味着对于构建主张的发言权。

2. 审视我国专利局在专利审查国际协作制度中的定位和工作效率

鉴于我国专利申请人的 PPH 需求开发，我国政府需要在专利战略意识培养和海外专利申请途径等事项上加大投入。我国的专

---

❶ 截至 2014 年 6 月，美国申请人通过 PCT‑PPH 途径向海外提交的申请为 992 件，外国申请人通过 PCT‑PPH 途径向美国提交的申请为 8 913 件。http://www.jpo.go.jp/ppph‑portal/number_pctpph_printpage.html，2015‑01‑16.

利局参与 PPH 的项目，是要为我国的专利申请人对外的专利申请提供支持和帮助，助力我国企业走向全球市场。当前，我国受理的 PPH 申请远大于我国向海外提出的 PPH 申请，专利局在很大程度上承担了为海外申请人服务的工作。通过 PPH 途径进入我国的申请数量最多的是来自日本，其次是美国；而从我国向海外提出 PPH 申请数量最多的是美国，其次是日本。这种通过 PPH 途径的审查工作是相互的，从目前我国的专利申请指向来看，是对等的，差别主要在于向海外提交 PPH 申请的数量，当我国的专利申请人的 PPH 需求被挖掘出来后，他国或地区的专利局同样需要依据协议为我国的专利申请人提供更多的服务。因此，我国的专利局以及政府需要将精力投入我国企业自身需求的开发，为我国企业提供深入了解及便捷使用 PPH 的机会，使 PPH 对于我国专利申请人而言不是束之高阁的工具，而是在企业的经营策略中能主动想到的专利申请方式。

SIPO 作为 OLE 的受理量大于作为 OEE 的受理量，为什么很多申请人选择中国作为 OLE 呢？原因有以下三点：（1）中国专利申请人提交的海外申请数量本来就远不及海外申请人向中国提交的申请数量，SIPO 作为 OLE 的概率加大。（2）美、日、韩等国的科技实力不容小觑，向海外的专利申请量大，而中国是一个充满机遇的广阔市场，自然会有不少申请人的 PPH 请求指向中国，考虑到优先权和语言等问题，申请人多数会在本国提交申请，然后将 SIPO 作为 OLE。（3）PPH – MOTTAINAI 的适用，打破首次申请局和二次申请局之间的次序界限，而是以效率高低来区分两个申请局之间的关系，并且在表述上也将原来使用的 OFF 和 OSF 改为 OLE 和 OEE。考虑到 OLE 将利用（不是采纳）OEE 的审查结果而加速审查，国外申请人会考虑将效率较高的申请局作为 OEE，而将效率较低的一方作为 OLE，从而在整体的授权速度上节省时间。

PPH 具有审查时间短、授权率高的优势，申请人选择使用 PPH 主要是考虑审查工作的效率。在 OEE 和 OLE 的选择上，主要是以专利审查工作的效率为导向。SIPO 作为 OLE 的申请量过大，容易在专利审查国际协作中处于被动的位置，且无法满足我国目前经济的高速发展、科技快速进步的需求。由于《专利法》保密审查的规定，我国仍保有一部分 OEE 申请量，但是解决问题的根本仍是提高 SIPO 的专利审查工作效率。

3. 审视专利审查国际协作制度

专利审查国际协作制度是各国专利局为了一定的目的，有主观意识的建制。在重新审视我国专利局的定位后，明确我国专利局对于本国专利申请人的服务定位。在专利审查国际协作这一由各国专利局参与构建的公开的规范体系中，我国专利局可以将本国在专利审查服务方面的需求反映到专利审查国际协作制度之中。国际社会是平权社会，各国都有权在平等的合作之中表达自身的价值意愿。我国参与到专利审查国际协作制度之中时，应更加全面考虑我国专利申请人的实际需要，为我国的专利申请人寻求较好的海外拓展途径，审时度势，灵活处理对于我国专利申请出现的不利局面。

构建专利审查国际协作制度是各个不同专利制度的国家共同协商，争取各国利益最大化的过程。在此审查制度中，所有的缔约方都是一种最优选择，即给定任何一缔约方选择，也没有任何其他缔约方有积极性作出新选择，这种理想的模式是达到纳什均衡，在专利审查国际协作制度中，各个缔约方同时达到最大目标而保持这种合作模式的长期存在。我国应积极主张全球专利审查制度的利益均衡性，要求该制度是全体参与国共同商讨的结果，而不是个别强势国家个体收益最大化的行为，设立完备的例外和豁免制度，抑制强权的扩张，作为国际协作框架内对权利滥用行为的约束。

第四节　我国专利审查法律制度参与
国际协作之路径分析

一、专利审查国际协作制度对中国的影响

中国是《保护工业产权巴黎公约》和 PCT 的成员国，在专利审查国际协作中，中国与多国达成了 PPH 的协议，❶ 实现了双边网络中的审查信息共享，使申请人的跨国申请能得到优先处理；由于首次申请局的检索或审查意见得到后续申请局的借鉴和参考，使得申请人答复审查意见通知书的次数减少，并提高了审查结果的可预见性。中国华为技术有限公司的 4 件专利申请参加了中日 PPH 的预试点，有的在 2 个月内就收到了审查意见通知书，而以前需要 1 年；中国科学院某研究所的一件专利申请通过中日 PPH 途径不到 1 个月的时间就获得了授权。❷ 专利审查国际协作

---

❶　详情参见国家知识产权局专利审查高速路专栏，http：//www. sipo. gov. cn/ztzl/ywzt/pph/，2014 - 12 - 24.

❷　贺延芳. 搭建国际合作共享通道，加快专利审批速度——中日正式启动专利审查高速路 [N]. 中国知识产权报，2011 - 11 - 04.

能够帮助中国的专利申请人加速在国外的申请，节约专利申请的时间和经济成本，有助于中国企业开拓海外市场，加快全球的专利布局。当专利审查国际协作发展到全球统一的专利审查制度时，对中国的专利制度将带来多方面的影响。

（一）对政府的影响

对发明创造授予专利权是一国依据本国法律决定的事情。在全球统一的专利审查制度下，一体化的申请、审查和授权体系将原本属于一国的国内决定的事务的权力/权利让渡出来，由各国协议组建的全球统一专利局来负责，将压缩我国政府和国家知识产权局的对专利事务的部分权力/权利。

我国《专利法》第20条规定了保密审查，经过审查认为不涉及国家安全或者重大利益的，才可以向外国提出专利申请，若违反保密审查的规定，在中国申请专利的，不会授予专利权。一旦形成全球统一的专利审查体系，我国规定的保密审查将受到限制。

在全球统一的专利审查体系中，由于全球统一的专利局存在，各国的专利审查机构职能将会弱化，虽然这对有利于减轻各国专利审查机构的工作负荷，但职能的削弱将影响一国在国际专利事务中发挥的作用。同时，各国共存于一个审查体系中，不同国家的审查质量存在差异，审查质量的风险该如何控制尚缺乏有效机制。

全球一体的专利审查制度对我国的专利保护标准也会产生影响。我国是WTO的成员，遵守TRIPs协议规定的知识产权保护水平。在一体化的专利审查体系中，我国专利的审查标准不可避免面临美、欧等发达国家专利审查规则的压力。

（二）对企业的影响

专利审查国际协作的加强有利于我国企业开拓海外市场，

但一枚硬币有两面，这一制度同样有利于外国企业开拓中国市场。在全球统一的专利审查体系下，将有越来越多的外国申请指定中国，在中国形成专利布局。强有力的专利攻击态势将对我国的模仿创新产生更多限制，给我国企业的市场竞争带来压力。

由于在全球统一的专利局提交专利申请，我国的专利代理机构将参与全球竞争，这将对我国专利代理行业的利益进行重新分配，我国已经预见到这种情况。在 2008 年修订的专利法中，删除了中国单位或个人向外国申请专利必须委托涉外代理机构的规定，将我国的专利代理机构推向了国际市场，参与国际竞争，而这也是一个不可避免的趋势。

二、我国对于专利审查国际协作制度的自身选择

（一）结合科技发展现状，完善我国专利审查规则

我国的专利审查制度应该因地制宜、因时制宜地引导创新。紧跟前沿科技的发展，对于创新领域的科学技术应减少苛刻的审查要求，使其有充分发展的空间，鼓励创造热情；对生产力发展贡献不大、能源消耗高的旧技术应收紧审查尺度，转移在此领域的研发投入，使资源分配到更有利于社会进步和发展的科技领域。近年来，电子触屏系统蓬勃发展，尤其是触屏手机和触屏电脑的广泛运用，掀起了新一轮的技术创新浪潮。在这一轮的技术创新比拼中，摩托罗拉和诺基亚等传统手机制造商被淘汰出局，苹果和三星公司脱颖而出，占据手机市场的大多数份额。触屏手机的软件界面有一部分具有功能性，如果不对其加以保护，将不利于我国在触屏技

术领域的创新研发。❶ 基于专利审查与科技创新之间的紧密联系，专利审查规则的及时调整能激励创造热情，反映前沿科技发展的趋势。如果专利审查规则停留在过去的技术时代，则无法对科技创新起到引领作用。通过专利审查规则的引导，使我国的技术创新紧跟国际发展的趋势。

（二）提高专利审查质量，加强自身的审查工作能力建设

专利审查的一体化趋势使我国的专利审查质量将对后续申请国的审查质量产生影响。2014 年 6 月，IP5 的主要负责人在韩国釜山召开会议，❷ 会议就提升专利文本质量、改进公众对专利信息获取的渠道、开启专利一体化进程和 IP5 网站的信息建设达成一致。2014 年秋季，IP5 的主要负责人在中国就优先权的引用和充分公开等审查问题展开讨论，这些问题涉及的核心是专利审查质量。

提高专利审查质量中重要的一个环节是提高专利检索质量。通过检索获得的对比文件影响对优先权的判定和新颖性、创造性和实用性的判断。检索质量的高低影响审查质量的高低。我国的专利审查部门可以针对不同的技术领域制定检索指南，重点在于对比文件的正确获取。通过提高检索文件的正确率从而改进专利

---

❶ 2014 年的《专利审查指南》修改中将一部分具有功能性的软件界面纳入专利保护的范围，第一部分第三章正式将第 7.4 条的第 11 项改为："游戏界面以及与人机交互无关或者与实现产品功能无关的产品显示装置所显示的图案，例如，电子屏幕壁纸、开关机画面、网站网页的图文排版，属于不授予外观设计专利权的情形。"

❷ IP5 Heads of Office meeting in Busan：move towards public access to patent information［EB/OL］. http：//www. epo. org/news-issues/news/2014/20140606. html，2014 - 06 - 27.

审查质量。

目前我国专利审查质量的控制是由国家知识产权局专利局的各个审查部门开进行。❶ 我国可以参考判例法国家的做法，对审查中遇到的具有代表性的案例结集成册，或者建立专利审查案例的数据库。该数据库囊括专利审查的全部代表性案例，分技术领域设立子目录。通过这样的信息资源集合中心，使审查员遇到类似审查案例时有借鉴和参考，就同一类案例可以保持审查质量的一致性。例如，对 DNA 技术的充分公开达到何种程度为合适，通过多个审查案例可以得出大致的审查方式和结论，后续类似技术的公开程度也能有所借鉴，从而可以将类似技术的审查质量控制在一个相对稳定合理的范围内。这样的数据库也可以使专利申请人和专利代理人对自身的专利申请形成预判，改进专利申请文本的写作，从而从源头上改善专利审查质量。数据库的开放能使学者和科研人员参与到专利审查的研究中，形成对专利审查的体系化认识，对专利审查质量进行前瞻性的把握。

（三）找准我国的定位，提高国际化参与能力

专利审查一体化对于发达国家的发展具有合理性，但对于发展中国家并不都是如此。❷ 2013 年，我国成为 PCT 申请的第三大国，却只有排名第二国申请量的一半，且这个数字仅仅是 PCT 申

---

❶ 张海志，吴艳，刘阳子，等. 我国专利审查工作实现"十二五"良好开局（下）［EB/OL］. http：//www. sipo. gov. cn/mtjj/2012/201202/t20120207_ 643883. html，2014 – 03 – 21.

❷ "Although this rationale may have some validity for developed countries, the rationale is not applicable to developing countries." A. Samuel Oddi：The International Patent System And Third World Development：Reality or Myth？［J］. Duke L. J. , 1987：832 – 843.

请量，而不是通过 PCT 途径在各个国家获得的授权量，现实情况是，我国的 PCT 申请进入国家阶段的申请量远远小于 PCT 申请量，这既有申请人根据国际检索报告做出的战略决定，也有国家资助政策的影响。可见，各国之间构建的专利审查高速路在审查数量方面对我国的影响将小于部分专利大国的发达国家。同时，在审查一体化的体系之中，各成员国的专利审查水平在较高程度上趋向一致，如果我国专利审查水平被迫提高，将挤压我国薄弱技术的发展空间。

不可否认的是，我国近几年的快速发展举世瞩目，一直致力于创新型国家的建设，对于我国科技的支持，倾向性的保护并不是长久之计。❶ 熊彼特认为，如同新产品、新技术、新市场等创新因素一样，新的组织形式也是创新的一部分。专利审查高速路这一国际合作模式能有效缩短审查时间，节省审查成本，成为专利审查与技术创新结构中的一个重要部分。专利审查高速路通过审查资源共享，首次申请局的审查结果在后续申请局得到借鉴和参考，加速审查，为技术创新的企业和个人提供了有助于创新的路径支持。即使我国的专利能力暂时不如某些发达国家，但依据我国目前的发展现状，我国有跻身成为世界科技强国的潜力和能力。"我们面临着选择：或者我们什么都不改变，继续处于边缘化的状态；或者我们进行改革，参与到世界事务中去。"❷ 我国的选择应着眼于前瞻性的科技发展战略，积极参与国际专利审查制

---

❶　朱雪忠. 知识产权协调保护战略［M］. 北京：知识产权出版社，2005：181.

❷　［比利时］居伊·伏思达. 走向欧洲合众国——一个新欧洲的宣言［M］. 关呈远，胡祖桢，译. 北京：世界知识出版社，2009：8.

度的构建，为我国的科技走出国门、占领国际市场提供先机。

第五节　基于国际协作的我国专利审查法律制度的内容建议

一、基于国际协作的我国专利审查法律制度建设的主要内容

（一）原则

在国际协作的大背景下确定我国专利审查法律制度的原则，实际上是对我国立法理念的选择和确认。一些大陆法系国家在财产法或担保法中把知识产权称为"以权利为标的的物权"，有些英美法系国家则把它称为"诉讼中的准物权"或者是"无形准动产"，● 不论其对知识产权如何归类，这些概念都体现了知识产权自身的特点。知识产权作为权利的一种，逐渐演变成为当今世界普遍承认的"私权"、一种民事权利。权利本体的私权性是知识产权归类于民事权利范畴的基本依据，❷ TRIPs 协议的前言规定"承认知识产权为私权"。当今世界绝大多数国家都是根据知识产权是私权这一法律属性来构建知识产权法律体系的。

在专利法的调整下，专利权还具有时间性、地域性和专有性的

● 郑成思．知识产权论（第三版）［M］．北京：法律出版社，2007：46.

❷ 吴汉东．知识产权法学（第五版）［M］．北京：北京大学出版社，2011：5.

特点，也即专利权人在一定时间和一定地域范围内对专利权具备专有性。专利法对其专有性的保护也是维护其价值的一种途径。从法哲学的角度来看，公权与私权的划分是建立在政治国家与市民社会分离的基础之上，有效维护了私权的自主性，是法治国家的体现之一。私权产生于平等主体之间，是一种民事权利，国家通过法律予以保障。专利权是一种财产权，根据洛克的理论，没有权利人的同意，最高权力机关不能夺走其财产的任何一部分。如果权力机关不适当地处理了人民的生命和财产，那么它就违反了社会契约的基本条件和它得以掌握权力的委托关系。❶ 专利审查法律制度是需要注重合理平衡的制度体系，它寻求一种可用于衡量个人利益和社会公益的转归标准，必须始终在"私权自治"和"公权干预"之间找到平衡点，并且审时度势地调整平衡点。

（二）范围

从专利审查制度的立法本意上来说，专利审查是为保护专利权人的合法权益，激励创新，鼓励和支持发明创造及其应用。现代的专利法律制度对发明创造等智力劳动成果的有力保护促进了技术创新，而这也符合基于私权领域的私有财产保护理念和基于公权领域的社会发展理念，专利审查为激励机制提供了促进作用。

在公共知识领域进行专利知识的私权保护是一个不断找寻平衡的过程。❷ 这种平衡主要产生于垄断利益和社会公共利益之间，

---

❶ ［美］E. 博登海默. 法理学：法律哲学与法律方法［M］. 邓正来，译. 北京：中国政法大学出版社，2004：59.

❷ Kenneth G. Huang & Fiona Murray. Does Patent Strategy Shape the Long-Run Supply of Public Knowledge？［J］. Evidence from Human Genetics，Academy of Management Journal，XXXXXII. 2009：1193 – 1221.

垄断利益的持有有利于激发创造热情，社会公共利益的维护有助于促进社会公平，专利审查制度对于何者需要保护，何者可以供社会公众自由使用一直都在权衡，这种平衡很难控制在一个绝对公正的状态，有时会向激励科技创造多一点，有时会向维护社会公平多一点，具体的倾向性根据一国的发展状况而定。

我国专利审查法律制度的范围应当在价值体系中确立，既要实现制度价值的"正义"，也需要将制度所体现的"利益"落实到实处，并在专利审查之中建立良好的"秩序"。对于一项制度，参与者必然关注该制度的规则和目的。这些规则和目的就是要给为数众多的却又杂乱无序的人类活动以某些模式和结构，从而避免发生失控。❶ 因此，我国的专利审查法律制度适用于专利审查质量、专利审查周期和专利审查费用等方面，在高位阶的立法上宜作原则性的规定，并与整个民事法律体系衔接。

在具体审查工作方面，我国的专利审查法律制度应主要规定初步审查、实质审查、进入国家阶段的国际申请的审查、复审与无效请求的审查和专利申请及事务处理；在国际合作方面，我国的专利审查法律制度应主要规定程序法和实体法的衔接方式，同时确立风险评估、风险管理和协调应急机制，对专利审查质量和专利质量进行考核。

（三）法律体系

从理论层面看，健全的法律体系是将专利审查法律制度落实到实处的必要条件。完善法规体系是专利审查立法工作的重要内容之一。要践行专利审查法律制度的价值理念，实现专利审查的

---

❶ ［美］E. 博登海默. 法理学：法律哲学与法律方法［M］. 邓正来，译. 北京：中国政法大学出版社，2004：260.

立法目标，就要在坚持立法原则的基础上，构建一个完整的专利审查法律体系，可以从以下几个方面展开。

（1）原则性规定入宪。我国目前没有一部作为专利审查体系的专门性法律，但可以将对发明创造或发明人的保护加入根本法宪法之中，作出原则性的规定，从而为专利审查法律提供指导方向。例如，美国在宪法中对专利权的发明者进行保护："保障著作家和发明家对各自著作和发明在一定期限内的专有权利，以促进科学和实用艺术之进步。"❶ 此种对专利权的确认延续了洛克的自然权利理论，认为发明创造的成果凝聚了发明家创造性的劳动，宪法理应对其进行确认和保护，使智力劳动的创造者能够充分并自由地享有其应有的权利。

（2）专利审查的基本理念加入民法典或知识产权法典。当前我国的民法体系建设正在进行，其中关于知识产权究竟是成为民法典的一个部分还是独立成为知识产权法典一直在讨论中。不论是民法典还是知识产权法典，专利审查的基本理念应加入到法典之中，以完善专利审查的法律体系结构。同时，由于专利审查并没有一部法律来加以规定，有时会存在立法概念的不明确，管理机构缺乏协调、管理机制的不科学和管理制度的不健全等问题，概念、机构、机制和制度等都是从宏观上来理解的事务，需要系统的指导，而合适的方式就是在高位阶的法律之中对其进行抽象的规定，将专利审查理念、目的、原则和一般性的规则联系起来，为我国的专利审查法律制度的完善奠定理论基础，同时，更

---

❶ U. S. Constitution Article I Section 8：To promote the progress of science and useful arts，by securing for limited times to authors and inventors the exclusive right to their respective writings and discoveries.

好地满足专利审查工作的现实需要。

（3）完善《专利法》《专利法实施细则》和《专利审查指南》等法律法规。当前的《专利法》《专利法实施细则》和《专利审查指南》在我国的专利审查工作中发挥着重要的作用，这些规定需要根据科技发展的现状和我国参与的国际协作制度进行适时的调整。例如，2014 年的《专利审查指南》对一直不受专利法保护的软件界面进行了区分，将一部分具有功能性的软件界面纳入专利保护的范围，我国的审查规则应紧跟国际科技发展的前沿，依法及时作出回应和反馈，引导我国科技创新的方向。我国专利审查规则的制定需要着眼于我国的现实，又需要放眼国际合作的未来。我国专利审查规则的完善应考虑国际技术贸易和国际市场的扩张，这才能使我国在一体化进程中游刃有余，从法律层面上为我国的技术创新保留发展空间。

（四）管理体制

在专利审查法律制度中，管理体制是最具有国家差异性的，具有明显的国别特征。因此，在基于国际协作的专利审查法律制度建设中，需要在我国的国情特点和法学理论上的理想模型之间进行平衡，寻找合适的设置点。在我国，关于专利审查法律制度的安排更大程度上是国务院专利行政部门之间在政策层面上的协调机制，因此，在管理体制的建设方面需要在现有政策体制和法学理想模式之间寻找平衡。主要解决的问题集中在两个方面：

（1）主管机构的责任。管理体制应确立国务院专利行政部门在专利审查方面的责任，做到责、权相匹配。国务院专利行政部门主要负责会同其他有关主管部门共同制定我国专利审查制度的方针、政策、法规和标准，建立和完善专利审查的反馈体系、国家专利文献数据库，评估专利审查质量和对其进行风险管理，组织和协调与专利审查有关的国际条约的谈判和执行。

（2）协调和咨询机构的协同作用。我国设有专利复审委员会对在审查中被驳回的申请进行复审，在一定程度上是专利审查的一个监督部门。同时，可以设立机械、电学、通信、医药生物、化学、光电技术、材料工程的专家委员会，负责就该领域的专利审查的政策、法规、标准和方式提供咨询。可以考虑引入公众专利审查制度（Community Patent Review，CPR），邀请第三方加入审查，结合专家、学者和社会可以利用的资源，❶着重考虑 NGO 的作用。同时，构建协调机构，在社会资源和公权力资源、专利局和专利申请人之间进行协调，以期更好地运用专利审查法律制度。

（五）法律责任

一些大陆法系国家在财产法或担保法中把知识产权称为"以权利为标的的物权"，有些英美法系国家则把它称为"诉讼中的准物权"或者是"无形准动产"，❷不论其对知识产权如何归类，这些概念都体现了知识产权自身的特点。专利权具有无形性、时间性、地域性和专有性的特点，也即专利权人在一定时间和一定地域范围内对专利权具备专有性。专利法对其专有性的保护也是维护其价值的一种途径。专利审查法律制度在一定程度上确认专利权，为发明创造者提供法律保护。例如，国家技术

---

❶　Beth Noveck. Peer To Patent：Collective Intelligence，Open Review，And Patent Reform［J］. Harvard Journal of Law& Technology，2006（20）：123 – 127.

❷　郑成思. 知识产权论（第三版）［M］. 北京：法律出版社，2007：46.

监督局通过行政规章要求企业在该局系统登记"地理名称"。❶其实，知识产权管理部门的管理职能应与某些行使公权力的行政机关有所区别，正如江平教授所言"绝不能把商标管理等同于枪支管理"。❷

为了使法律法规得到良好运行，我国的专利审查法律制度还应当针对违反规定的行为予以惩罚。责任承担的方式包括责令停止违法行为，责令改正和行政处罚等行政责任，停止侵害、排除危害和赔偿损失等民事责任，情节严重的则需予以刑事处罚。这些责任形式所适用的对象包括相关行政部门及在专利审查、授权过程中直接或间接的人员。

二、我国参与的专利审查国际协作制度与现行国内法律制度的衔接

（一）从立法位阶上考虑

当前，在专利审查法律体系中，《专利法》位阶最高，这在很大程度上为专利审查制度的依法运行提供法律依据。前文已经论述到，目前我国的专利审查法律体系存在结构性的缺陷，需要在民事法律体系内得到进一步完善，以解决法律规范内容适用的缺位、不合理，甚至出现内在矛盾的情况，从而更有利于保护专利申请人和专利权人的权益，激励创新和增加社会福祉。我国参与的专利审查国际协作多是以协议或条约的形式达成，还需要进一步转化为国内法才能得到直接适用。因此，笔者建议从法律的

---

❶ 郑成思. 知识产权论（第三版）[M]. 北京：法律出版社，2007：71.

❷ 李步云，江平. WTO 与中国法制建设 [M]. 北京：中国方正出版社，2001：232.

层面考虑专利审查的国际协作，从而为我国的科技创新提供更高更大的平台，为我国的科技全球战略布局提供先机。

（二）从实体内容上考虑

我国是《专利合作条约》的成员国，我国的专利体系与 PCT 体系有较大的关联性。目前，我国的专利审查制度与《欧洲专利公约》的规定有相似之处，并进一步在世界专利制度的发展中不断调整自己，以适应科技发展的全球趋势。在专利审查国际协作制度中，符合中国国情的合理内容，我国的专利法律制度应给予认可，或者将合理部分内容直接转化为国内法；对于需要改进和完善的内容，则可以提交相关人员和团体讨论，或者在小范围予以试用，比如 2011 年的中日 PPH 试点，以实践来检验成效，根据运行状态另行规定；对于我国专利法律体系中未出现的内容，则应全面权衡我国专利审查的实际需求，考虑是否予以增加和补充。当前的 PPH 要求后续申请局的所有权利要求必须与首次申请局的可授权的权利要求一个或多个充分对应，如果能从实体法上进行衔接，则这种复杂的权利要求对应工作能得到缓解。

（三）从程序规范上考虑

目前我国参与的专利审查国际协作主要是在程序上对专利全球的申请进行改良。我国并没有参与直接使用首次审查局审查结果的 PPH 合作，更多的是从程序上进行调整和修改。通过 PPH 进行加速审查在审查时间上是缩短的，但是后续申请局只审查在首次申请局审查中可授权的那部分内容，相当于缩小了审查范围，这种状况更多是由于专利审查制度的差异性造成的。在程序方面对审查制度的差异性进行调整，使各专利局能彼此适应对方的审查方式，同时能最大限度地保护专利申请人的权益。

第六节　我国参与专利审查国际
协作制度的策略

目前，全球统一的专利审查制度还未实现，但是我国不可避免地面临这样的专利审查制度的发展趋势。一方面，伴随着区域专利制度的一体化和双边协议网络的全球化，其影响日益广泛，我国若置身事外则将在专利事务的谈判中被边缘化；另一方面，我国的知识产权发展状况一直是欧美国家关注的对象，一旦构建全球统一的专利审查制度，我国将不可避免涉及其中。因此，加强对策研究，预先制定完备的规则和程序，以适应未来全球专利审查的发展趋势实属必要。

一、完善维系中国和美、日、欧、韩等国家的专利审查协作的机制

从整体情况而言，我国目前通过 PPH 途径的输入大于输出，并且在部分 PPH 项目中，我国专利申请人并没有指定项目合作国。这其中的原因一部分是基于我国专利申请人的市场目标需要，另一部分是我国企业的 PPH 需求还有待开发。我国专利局参与的 PPH 项目应以我国专利申请的现实需求和长远规划来定位。目前最大的现实需求是我国的专利申请人将主要的专利战略目标指向了美国和日本，因此，我国专利局应更关注中美、中日以及 IP5 PPH 项目，在我国专利申请人集中使用的 PPH 项目中提供更周全的法律和技术服务，以便我国的专利申请人更好地了解和掌

据自身技术前往美国和日本的方式。对于我国专利申请人尚未涉及的 PPH 项目合作国，专利局可以通过宣传的方式，指出这些项目的特别之处，以供我国专利申请人根据自身的实际情况进行参考。从当前 PPH 发展的趋势上观察，从 PPH 到 PCT - PPH 再到 PPH - MOTTAINAI，从 OFF 和 OSF 改为 OEE 和 OLE，PPH 越来越注重解决专利审查效率问题。JPO 和 USPTO 自 2015 年 8 月起，在美日两国之间提出的专利申请开展共同审批的合作，在一定程度上可以利用对方的审查结果，从而大幅度提高专利审查工作的效率，加速专利审批的进程。

面对当前专利审查国际协作的局面，我国需要建立一个维系中国和美、日、欧、韩等国家或地区的知识产权协作的机制，以有效应各种知识产权挑战。目前，SIPO 作为 OLE 的受理量大于作为 OEE 的受理量，专利审查工作的效率在 PPH 的成员中未突显优势，同时作为 OLE 的被动状态将进一步促使 SIPO 考虑提高专利审查工作效率的方式方法。共同合作审批是基于合作双方对此有近似的专利审查需求。从前文的数据可以看出，SIPO 的 PPH 请求主要集中在 IP5 的成员之中，因此，在通过专利审查人员数量的增加、工作条件的改善、工作能力的提升、专利审查文化的培养等来提高我国的专利审查效率之后，SIPO 可以考虑以试点的形式与我国 PPH 申请和审查效率相当的国家展开试点进行共同审批的合作。合作不仅能提高专利审查的工作效率，减少专利审批的时间，还能带来专利审查工作的互惠互利，同时在信息的共享和互通之中，双方可以更加密切联系专利相关工作的协调和衔接，为我国的知识产权外交提供一个良好的沟通渠道。

二、积极主动参与专利审查国际协作制度的建构

纵然我国受理的 PPH 申请远大于我国向海外提出的 PPH 请求，但从两个方面看，专利申请的指向是相互对等的。❶ 因此，我国参与到 PPH 之中是必要的，至于通过 PPH 专利申请数量上的差距可以通过我国企业的发展壮大来逐渐消弭。在这其中最重要的一点是，我国应积极主动参与专利审查国际协作制度的建构，提出我国的主张，在专利审查过程中，实现我国专利申请主体利益最大化的目标需要。

专利审查国际协作本身就包含价值的判断，从规范的意义上，PPH 是为了缓解审查积压的需求，在各个合作成员国中具有普遍性，在一定的历史条件下具有稳定性的审查规范体系。为了保持这种规范体系被广泛接受并持续存在，它需要包容各个成员的价值选择。我国的价值选择应基于我国专利申请人的实际需求和长远规划，因此，我国应主动参与制度构建，将我国的价值取向体现在其中。通过我国对专利审查国际协作制度的设定和调整，从而使制度展示出适合我国专利申请人和发明创造进行全球专利布局的功能，我国积极主动地参与制度构建是需要满足我国专利局的自身定位，作为对于我国专利申请有积极意义的途径，制度本身必然需要展示出符合我国价值取向的功能。

当前，我国实施"推动共建丝绸之路经济带和 21 世纪海上丝绸之路的愿景与行动"，这是我国在 2015 年提出的重要行动计划。"一带一路"建设是一项系统工程，涉及大量的科技投资和

---

❶ 通过 PPH 途径进入我国的申请数量最多的是日本，其次是美国；而从我国向海外提出 PPH 申请数量最多的是美国，其次是日本。

建设，而沿线国家和地区的知识产权现状堪忧，专利审查制度不健全，我国可以积极推动"一带一路"国家与我国的专利审查合作，需从以下四个方面考虑。

（1）推动建立和完善"一带一路"国家的专利审查制度建设。目前"一带一路"沿线国家的专利审查制度不健全，正处于逐渐建设的阶段。中国可以推动以"一带一路"建设为核心的知识产权规划建设，支持沿线国家构建完善基于自身发展需要的专利审查制度。美、日等国家积极推进跨区域的合作，从长远来看，是试图占领知识产权规则构建的主动权。从某种意义上说，我国积极主动地参与帮助沿线国家专利审查制度的建设，既满足了我国在"一带一路"中的自身定位，对于我国在"一带一路"建设中的发展具有积极意义，也提升了沿线国家的知识产权制度建设，促进该国的科技进步与发展。

（2）推动"一带一路"沿线国家与我国的专利审查的双边合作，完善专利审查的保护措施。双边合作的方式能使签约国家将专利审查问题更为集中地得到处理。专利审查的双边合作能使双方国家的专利审查制度得到协调和统一化，在未来的全球专利一体化建设中减少彼此合作的摩擦，尤其是在知识产权保护、技术投资监管和知识产权执法等行政法律方面。

（3）推动"一带一路"沿线国家加入专利审查国际协作的相关公约。承认法律多元体系下的知识产权制度的协调和合作表现之一是构建并参与知识产权相关的国际公约。可以预见，如果仅仅依靠"一带一路"沿线国家本身的途径来进行专利的申请和审查，则容易发生途径缺乏或不同国家法律制度的差异而使外国申请人望而却步的问题。因此，在这种情况下，通过参与知识产权国际条约或协议，将国际法、国际惯例或国际公约的某些要求融入其本国的法律体系中，从而在程序或实体上减少本国法律与国际社会普遍接受的法律制度之间的差异，促进国家和地区间的知识产权法律合作。只有具备良好的法律体系和法律途径，外国申请人才得以便利地获得知识产权的授权和保护，进而促进其展开在一国的投资和贸易。共建"一带一路"旨在促进经济要素有序自由流动、资源高效配置和市场深度融合，推动沿线各国实现经济政策协调，开展更大范围、更高水平、更深层次的区域合作。❶专利审查国际协作的相关公约为技术资源的配置提供了国际法的途径和保障，推动"一带一路"沿线国家实现知识产权政策协调，为开展重大科技合作，共同提升科技创新能力提供了保障。

（4）参与承担"一带一路"沿线国家的一部分专利审查工作。"一带一路"国家的知识产权规则处于构建和完善之中，参与的专利领域国际协作制度有限，且自身对于专利申请和审查工作的处理能力有限。中国政府制定"推动共建丝绸之路经济带和21世纪海上丝绸之路的愿景与行动"，目的是让古丝绸之路焕发新活力，沿线各国互利合作迈向新的历史高度。对此，在知识产权领域，中国国家知识产权局作为世界五大知识产权局之一，具有丰富的专利工作经验，可以参与承担"一带一路"沿线国家的一部分专利工作，如专利检索、专利审查等，而专利授权仍由"一带一路"沿线国家依据本国法律决定。我国对于专利工作的承担，将改善"一带一路"沿线国家在专利审查工作方面的困难处境，提高"一带一路"沿线国家的审查效率，缩短审查时间，节省审查费用，保障审查质量。在工作的承担过程中，中国国家

---

❶　参见《推动共建丝绸之路经济带和21世纪海上丝绸之路的愿景与行动》。

知识产权局可以收取基本的劳务费用，同时可以对"一带一路"沿线国家进行专利审查员的培训工作，在工作承担的过程中培养"一带一路"沿线国家本国的专利人才。因此，通过知识产权工作的参与，能够有效改善部分国家知识产权工作的现状，并进一步培育这些国家自身的工作能力，改进知识产权保护的状况。

三、制定相关措施以适应国际法律秩序的调整

在改革开放的初期，我国法律处于百废待兴之时，立法的观念和体系都处于初级阶段，立法着重考虑的是国内利益和国内社会秩序的维护，随着中国整体国力的提升，我国已经成为国际事务中举足轻重的参与者，立法的理念应该从国内利益和国内秩序向维护各国利益平衡和整体国际秩序转变。

我国当前的民商事法律集中于本国市场上专利权的行使和保护，伴随着一体化的进程，我国的市场也是全球市场中不可分割的一部分，并且将越来越重要。在涉外民商事关系立法完善中应考虑国际合作的趋势，考虑到在国际合作环境下的专利权执行与保护。从当前的发展趋势看，最有可能的专利权跨国行使和保护通过贸易的形式来实现，专利权更多的是以一种财产权的方式来行使。涉外民商事法律的完善应考虑国际技术贸易和国际市场的扩张，才能使我国在一体化进程中游刃有余，从法律层面上为我国的技术创新保留发展空间。从专利审查国际协作的创新效应和PPH 的运行实践可以看出，PPH 需要发挥其专利授权率高、加速审批和节省费用的优势，关键是提高专利审查机构的工作效率。在 PPH、PCT‐PPH 和 PPH‐MOTTAINAI 中，审查效率是协作途径的关键。在审查员引进和培训的工作上，注重国际合作，同时积极参与审查员交流项目。政府在专利工作的引导上，提高对专

利审查的关注度，加强对专利审查配套设施建设，改进电子申请和审查系统，以促进工作效率的提高。

专利审查国际协作的发展和延伸需要体现知识产权利益平衡的基本原则，我国的科技能否在一个较高的水平上做跨越式的发展关键在于专利政策能否引导国内科技产业界采取正确的专利战略充分利用国外的全球专利。❶ 在全球专利审查体系中，外国的专利申请将以更便捷的方式进入中国，获得专利保护，反之亦然。中国已意识到这种挑战，并且以积极的态势来面对。在正确的政策引导下，中国企业有能力在专利全球竞争中赢得一席之地。❷ 同时，我国可以积极探索解决相关的经费问题，提供周全的专利法律服务，尤其是需要进一步改进我国的知识产权公共服务体系，为利用良好的专利国际申请途径提供社会支持，国家正确的引导和鼓励是提升专利申请人创新热情的重要保障。

四、加强利用专利审查协作制度的正面效应

作为一项提高审查效率，加快审查速度的系统工程，PPH 有可能是迈向建立 IP5 范围内知识产权申请、审查、授权联合机制的第一步，并且将在世界范围内受到重视。这是因为，专利审查

---

❶ 朱雪忠. 知识产权协调保护战略［M］. 北京：知识产权出版社，2005：179.

❷ 2012 年，我国的中兴通讯公司（ZTE）以 3 906 件申请占据 PCT 申请榜首，远超过第二名的日本松下公司。2012 年，日本松下公司（Panasonic Corporation of Japan）提交 2 951 件 PCT 申请，位居第二。World Intellectual Property Organization. 2013 PCT Yearly Review：The International Patent System［R］. Geneva：WIPO，p. 34. http：//www. wipo. int/export/sites/www/freepublications/en/patents/901/wipo＿ pub＿ 901＿ 2013. pdf.

国际协作是全球专利战略实施的应有之意。（1）全球专利战略的时代背景蕴含专利审查国际协作的需求。全球专利战略是顺应世界多极化、经济全球化、文化多样化、社会信息化的潮流，秉持开放的区域合作精神的结果，与此对应的是，专利审查国际协作是协调全球专利审查机制的主要推动者。（2）TRIPs、WIPO 的合作重点需要专利审查国际协作。TRIPs、WIPO 合作重点涉及国际技术转移、共建联合科技研究中心、科技人员交流等，专利审查国际协作是科技成果获得专利授权必不可少的工作环节。（3）国家专利战略的合作机制要求专利审查国际协作。在双边合作和多边合作机制中，专利制度国际协作是其中涉及的议题。（4）国家知识产权强国战略的美好未来涵盖专利审查国际协作的发展。国家知识产权强国战略的愿景是逐步形成产业参与国际竞争的知识产权新优势，其中第 13 条明确提出"完善知识产权审查和注册机制。完善知识产权审查协作机制，建立重点优势产业专利申请的集中审查制度，建立健全涉及产业安全的专利审查工作机制。合理扩大专利确权程序依职权审查范围，完善授权后专利文件修改制度。拓展'专利审查高速路'国际合作网络，加快建设世界一流专利审查机构。"❶ 知识产权国际协作机制的建立是在新形势下我国知识产权战略实施的重要环节。

　　我国参与专利审查国际协作制度，避免采用强制性的承诺来解决问题，审时度势，灵活应变出现的不利局面。专利审查国际协作的各项协议是在各国广泛参与的情况下，经由谈判的争论与

---

　　❶　国务院关于新形势下加快知识产权强国建设的若干意见（国发〔2015〕71 号）　［EB］．http：//www. gov. cn/zhengce/content/2015 – 12/22/content_ 10468. htm，2015 – 12 – 18．

妥协最终达成一致意见，其中将包含一些兼顾各国发展情况的适应性条款和原则，这些条款和原则留有弹性和进一步商榷的余地。我国在加入专利审查国际协作制度时，应坚持维护我国的国家安全，基于我国的社会发展现状来主张合适的审查标准，不能盲目跟从发达国家高标准的审查要求。可以设定一个普适性的审查原则，其中包括基本的审查标准，然后根据不同的发明创造类型再设定具体的审查要求，最大限度地争取审查原则的灵活性，为我国专利技术薄弱的领域保留发展空间。

第七节　本章小结

　　在国际协作的大环境下，我国的专利审查法律制度需要从国内利益和国内秩序向维护各国利益平衡和整体国际秩序转变。我国当前的专利法律集中于本国范围内专利的审查和保护，应进一步考虑国际合作的趋势，考虑在国际合作环境下的专利审查制度执行与作用。从法律的层面考虑专利审查的国际协作，从而为我国的科技创新提供更高更大的平台，为我国的科技的全球战略布局提供先机。同时，国家应该为我国的专利申请人积极参与包括PPH在内的专利国际申请提供良好的组织安排和制度保障，提升我国的专利审查质量，改进我国的专利审查工作效率是一项持续的工作，需要在专利审查国际协作的大环境下得到进一步的锻炼。我国应重视专利审查国际协作的发展，坚持构建利益均衡的制度体系，激励我国市场主体利用国际协作体系的优势面，灵活处理合作模式中的不利因素。同时，我国应预设本国的对策和优先事项，审慎研究一体化发展趋势，在专利审查国际协作的谈判中把握主动权，避免边缘化和消极态势，影响全球专利审查制度的走向，在专利审查的国际事务中形成自身的风格和理念，为专利制度的国际协作打造良好开端，为构建专利制度的国际秩序奠定中国基调。

第七章

结论与展望

　　在各国的关系中，文明的进展可以认为是从武力到外交，从外交到法律的运动。❶

——Louis Henkin

　　我坚持认为法律应当被视为一项有目的的事业，其成功取决于那些从事这项事业的人们的能量、见识、智力和良知，也正是由于这种依赖性，它注定永远无法完全实现其目标。❷

——富勒

第一节　研究成果总结

　　本书针对专利审查国际协作制度，从问题的缘起切入分析制度的现实态势与理论基础，以价值论和机理论作为理论研究的核心，将 PPH 作为研究的具体制度模式，综合运用法学的价值分析方法、法经济学方法、分析实证法学分析方法等，探讨国际社会专利审查协作制度的演进逻辑，构建专利审查国际协作制度的全球化发展模式，并根据我国当下的专利审查法律体系，探究我国法律制度在专利审查国际协作方面的完善和改进。本书的核心观点是：专利审查国际协作制度是由专利审查相关主体基于价值效用最大化的需要，在审查实践中通过一国审查和多国审查合作的

---

　　❶　Louis Henkin. How Nations Behave：Law and Foreign Policy ［M］. New York：Columbia University Press，1979：2. 转引自王铁崖. 国际法引论 ［M］. 北京：北京大学出版社，1998：3.

　　❷　［美］富勒. 法律的道德性 ［M］. 北京：商务印书馆，2012：169.

利害权衡而建立的一种审查优化机制，通过集体的分工合作来调整个体的审查行为，并可以在创新机理的基础上形成全球化的审查组织，促进我国专利审查法律理念从调整国内秩序向维护国家利益均衡和整体国际秩序的转变，主动参与国际协作制度的构建。

国与国之间展开专利审查合作的模式由来已久，美日之间早在 20 世纪 80 年代已经建立起加快审查的合作渠道，并逐渐演变成美日欧三局之间的合作联盟。在美日的倡导下，PPH 应运而生。该合作模式能提高专利申请的授权率、减免专利审查的国际协作途径的费用、减少答复审查意见通知书的次数、降低继续审查请求及申诉率，降低取得专利的成本，有助于提高创新效率。本书研究得出专利审查国际协作制度可以解释为：在专利审查及其相关领域，由专利审查相关主体基于效用最大化的需要，在审查实践中通过一国审查和多国合作审查的利害比较而建立的一种审查优化机制，并在此基础上形成组织，通过集体的分工合作来调整个体的审查行为。专利审查国际协作制度中一部分是法律意义上的制度，但更大程度上是权利意义上的制度；同时，它拥有自身的制度特性：法律性、经济性和技术性。通过制度之 PPH 模式的分析，专利审查国际协作制度可以节省成本、提高工作效率、缓解审查积压，同时，制度还面临成员国审查制度差异化、法律文化多样性、制度稳定性和协调性等现实问题。各国基于合作的共同诉求，努力寻求专利审查国际协作制度的解决途径，为专利审查国际协作制度的发展开辟了广阔的前景。

在专利审查国际协作制度的现实基础上，本书从价值角度进一步展开对制度的理论分析，从而探寻制度的价值内涵、价值困境、价值选择、价值衡量和价值定位等问题，并为制度的机理研究和全球化构建奠定理论基础。国际审查秩序来源于各成员国自由意志的约定，当现实的审查工作量超出单个国家所能承受的范围时，各国会以谋求合作的方式来改变原来资源和人手的紧缺。一国不能提供更多的资源和力量来解决当前的困境，将会集合有意愿的国家形成资源集合来克服专利审查工作的阻力。各国基于科技进步与发展而协商一致达成审查合作协议，逐步形成专利审查国际协作制度。在该制度下，各国分享审查信息，从而加速专利审查，节省申请成本。正义是法的内在要求，包含平等、自由和安全等价值因素；效用真实表达了主观的满意程度，它指示人们应当的行为。对法学进行实证分析能清晰表明专利审查国际协作制度的法律效果。综合研究增强了制度的理论解释力，明确了制度的价值含义：专利审查国际协作制度应基于正义的本质，以最大多数国家的最大效用为目标，并切实保障每一个协议成员国最基本的发展权利。在法学研究的基础上，通过理性的制度化分析，综合运用法学、经济学和管理学的方法进行研究。首先，通过均衡分析表明，各国的专利审查机构应提高工作效率，加速审查，在审查制度方面提供充足的供给，甚至能提供更完备的制度和更先进的管理来降低审查成本，使供给曲线移动的幅度大于需求曲线移动的幅度，将有效提升专利申请人的效用，激励创新。其次，利用经济学方法进行法学的实证分析能清晰表明专利审查国际协作制度的法律效果。对于审查国际协作制度的研究，从传统的法学理论研究转向经济学实证分析是可行的。最后，实现最大多数国家的最大效用是专利审查国际协作制度的目标，同时，也应该保障在协作中境况最差的国家的科技进步与发展，满足每一个协议成员国最基本的科技发展权是制度设计的底线。

专利审查国际协作的机理研究回应了专利审查国际协作制度

的现实状况，并依据价值研究的成果对制度的运行机理展开论述。PPH 的出现顺应了专利审查法律制度的供求关系。PPH 使后续审查局得以利用首次申请局的审查结果，缓解了审查资源的供求关系，使专利审查法律制度供需得以向均衡趋近。研究表明，在 PPH 网络全球扩展的情形下，专利审查速度将会进一步提升，专利审查周期缩短将是发展趋势；专利审查高速路尊重各成员的合作意愿和现实情况，得到广泛的参与和运用，并将得到持续发展。专利审查国际协作制度有着制度发展的内在要求，也是专利全球申请量激增推动的必然选择。通过对于 STS 分析可以看出，协议模式与构建平台的多元性、审查体系成员的广泛性、审查制度与审查体系的虚拟重构、体系的"共时性"与制度的"历时性"显现为专利审查国际协作制度的新特征。专利审查的权利要求数、专利审查意见的发文次数、专利审查周期、专利审查费用、专利申请费用和授权率之间有相互影响的逻辑联系，对专利局和专利相关人的创新效用产生影响，具有良好的创新效应，共同实现对创新的激励。

专利审查国际协作制度从三个方面来实现创新。（1）提高创新效率。在 PPH 的专利申请中，专利审查意见的发文次数和权利要求数相比传统途径的全球专利申请都有所改善。提交专利申请后，申请进入审查程序。当审查中的权利要求数经过在先申请局的可专利性审查后，后续申请局根据在先申请局限定的可专利性权利要求再次审查，审查的权利要求数减少，并由此引起检索量减小。同理，由于经过首次申请局的可专利性审查，后续申请局的对经过限定后的权利要求只需要在前后两国专利审查制度的差异性部分集中审查，并同时对经过首次申请局认为具有可专利性的权利要求进行审查，不仅使审查质量在前后两局之间确保稳定性，而且审查意见的发文次数减少、答复审查意见的次数降低、专利申请的可授权性得到提高。（2）缩短创新时间。在 PPH 中，前后两局对审查结果的利用使得审查意见的发文次数减少、答复审查意见的次数降低，可以大幅缩短审查周期。相比 PPH，原有的一国之内非协同专利审查行为不仅耗费大量的审查资源，而且延长了审查周期。审查周期的延长增加了专利系统的不确定性，降低了专利审查品质，还为低质量专利提供了授权机会。在以技术占领市场的时代，发明人即使有非常先进的创造，将其推向市场也需要获得法律的支持和保护。同时，大部分的发明人未必有足够的资金支撑，他们需要以自身的技术获得外界投资人的协助，申请专利是获得投资的良好方式。尤其对于中小企业而言，资金是他们将技术转化为生产力的关键；而投资人的投资方向也主要以发明专利为考虑对象，为此，及早获得专利授权有助于更快获得投资机会，降低市场的可预期风险。如果审查周期过长，发明创造相当于被迫搁置，从而阻碍其应有的市场效应。对于高新技术企业而言，技术的快速更新是获得市场的关键，审查的拖延将使其资金的周转产生困难，可能会面临生存的危机。PPH 有效缩短专利审查周期，可以使技术成果的市场化得以更快实现，缩短创新时间。（3）降低创新成本。专利审查周期的缩短，意味着专利审查资源的周转频率提升，同样的资源能够得到更有效的发挥，提升了资源的利用率，降低单个专利申请的成本。同时，专利审查周期的缩短将减少专利申请人为了获取授权而进一步支付的各种费用，增加了费用的可预期性。专利申请人的专利国际申请费用中，一部分是价格成本，一部分是交易成本。通过 PPH 途径申请专利，各国专利审查服务的价格并没有发生改变，PPH 途径节省的并不是价格成本，而是交易成本。专利申请的授权率提高、答复审查意见的次数降低、继续审查请求和申诉率减少，简化了专利申请—授权的交易过程，有效促进了交易的完成，从而降低了交易成本。在专利审查国际合作制度之下，企业的研发费用降低，节省创新成本。审查费用的降低为专利局整合了审查资源，使审查资源能得到高效的利用。各国专利局设立专利审查国际协作制度的初衷是缓解审查积压，提高审查工作效率。专利审查周期的缩短和专利审查费用的降低符合制度设立的目标，提升了专利局的创新效用。审查费用、审查周期和授权率对专利相关人的创新效用有着提升或降低的影响。当审查费用低、审查周期短和授权率高时，能够降低成本的支出，为技术的产业化提供更多机会，专利相关人能得到正面的激励，创新效用高；当审查费用高、审查周期长和授权率低时，增加了专利获取的成本，使专利将面临市场更多的不可预知的风险，专利相关人得到负面的激励，创新效用低。专利审查高速路的初衷是缓解审查积压，在审查合作之中，专利审查高速路产生了正的外部性，通过加速审查产生了对于创新的激励效应。

通过专利审查国际协作制度的现实分析，根据对其价值和机理的深入探讨，专利审查国际协作制度会向何处去？当前的专利审查还处于国际化的阶段，尚未实现全球化。现行的合作模式主要集中在专利申请的程序方面，对于更为复杂的实质性要件，如专利审查的新颖性、创造性、充分公开等并未涉及。检索和审查信息的共享在各国的专利审查机构中更多地停留在参考的位置上，并未在不同的国家之间可以直接给予认可；是否授予专利权仍是由各国根据本国专利法律自行决定。在专利审查国际协作制度新发展的进程中，专利审查制度的差异性、专利审查质量的相互影响以及专利审查对技术创新的作用一直是专利审查国际协作制度留给各合作方思考的议题，深入的一体化合作体系启示各方为专利审查国际协作制度的全球化进程提供解决方案。本书分析了专利审查全球化的法律秩序，指出其蕴含于全球社会的法律实践之中；具有独立运作的规则体系，与国家法律并行执行，两者之间互不隶属；专利审查全球化的法律秩序是基于各国对于专利审查的"需求"来提供"供给"，这种制度在一个国家的法律制度体系之外，有两种方式来实现：其一是制度创新；其二是制度变迁。构建的具体内容包括全球统一的专利局，新颖性、创造性/非显而易见性、实用性、现有技术、充分公开等实质性要件需在平衡各缔约国利益和强调保护公共利益的基础上达成一致，通过一次审查即可授权的专利审查制度。构建全球统一的专利异议机构对全球统一的专利局在专利审查过程中出现的各种问题集中处理，这样既保持了规则和程序的一致性，也为专利申请人和第三方提供了便利的救济途径。这种制度的构建具有可能性，但是也具有长期性。在具体内容上可以通过审查员培训计划、检索系统的改进、电子申请系统的建立、加强创新人才培养等创新制度建设等来适应专利审查国际协作发展的需要。该制度的持续性发展还需要建立合适的救济制度，在这个合作模式中，不仅考虑单个国家的专利法律制度收益，更考虑全体专利审查合作方的专利法律制度收益，最终的专利审查国际协作模式也是全体参与方共同博弈的结果，而不是个别强势国家个体收益最大化行为的结果，并且各方的专利法可以作为博弈框架构成对其单个成员行为选择的约束。

　　本书对专利审查国际协作制度进行理论与实践的研究，期望为我国专利审查制度的完善提出政策建议。在国际协作的大环境下，我国的专利审查法律制度需要从国内利益和国内秩序向维护各国利益平衡和整体国际秩序转变。我国当前的专利法律集中于本国范围内专利的审查和保护，应进一步考虑国际合作的趋势，考虑在国际合作环境下的专利审查制度执行与作用。从法律的层面考虑专利审查的国际协作，从而为我国的科技创新提供更高更大的平台，为我国的科技全球战略布局提供先机。在专利审查法律制度中，管理体制是最具有国家差异性的，具有明显的国别特征。因此，在基于国际协作的专利审查法律制度建设中，需要在我国的国情特点和法学理论上的理想模型之间进行平衡，找寻合适的设置点。在我国，关于专利审查法律制度的安排更大程度上是国务院专利行政部门在政策层面上的协调机制，因此，在管理体制的建设方面需要在现有政策体制和法学理想模式之间找寻平衡。同时，我国参与的专利审查国际协作制度与现行国内法律制度衔接。国家应该为我国的专利申请人积极参与包括 PPH 在内的专利国际申请提供良好的组织安排和制度保障，提升我国的专利审查质量。改进我国的专利审查工作效率是一项持续的工作，需要在专利审查国际协作的大环境下得到进一步的锻炼。我国应重视专利审查国际协作的发展，以我国的专利申请需求定位我国参与的审查协作项目，主动参与到专利审查国际协作制度的构建之中，主张利益均衡的制度体系，激励我国市场主体利用国际协作体系的优势面，灵活处理合作模式中的不利因素，为我国的国家权益争取更大的国际空间。

本书从理论和实践两部分展开论述，在定性和定量的基础上对专利审查国际协作制度的价值和机理进行探析，明确该制度的理论基础，为未来的专利审查全球化实践提供理论支持，并从国际和国内两个角度探究了全球化的实践和我国的专利审查法律理念。

第二节　研究的局限性

1. 理性的不完全性

人类发展的历史表明，人为的法律制度构建都具有不完全性，真实社会中的或然事件不可能在事前都能完全被准确预测。就本书的研究而言，由于笔者知识结构的局限性，研究更多集中在法学、管理学和经济学方面，而对于社会学、哲学等其他社会科学的研究涉及较少。同时，在数据获取方面也不尽完善，只能尽力收集各成员方的宏观层面上的数据，在这其中以日本和美国的数据为主，其他国家和地区专利局能得到的数据比较少。

2. 研究的盲点：政治现象

专利审查国际协作制度研究具有假设前提：全球社会的逐步形成和各国在专利审查领域合作意愿的持续发展。如果假设不存在，则专利审查国际协作制度仅仅是空中楼阁。本书研究的盲点是难以解释和预测政治因素导致的专利审查国际协作制度的改变。在协作制度中，各国之间的博弈结果可能会基于经济科技实力的改变、不同地区或文化的人群价值观的融合或对立等，但难以充分阐释由于政治原因而导致在专利审查国际协作制度上发生的政治现象。

第三节　研究展望

　　专利审查国际协作制度调整了国家之间的专利合作关系，具有外交的性质。当前的知识产权外交是指国家的外交机构和外交人员对于知识产权问题展开的合作、谈判、条约签订、人员互访、国际会议和国际组织交流等对外交往的事务。专利战略是国家知识产权战略中举足轻重的一个部分，❶ 因此，在我国的知识产权外交中，专利领域的外交事务将占据最为重要的位置。

　　在全球化和一体化的背景下，知识产权成为国际竞争的重要战略手段。专利战略的全球布局就是其中具有代表性的手段。在这一过程中，不同国家技术发展的阶段和目的不同，只有通过专利审查国际协作采取有针对性的外交政策，才能更好地平衡和协调不同发展阶段的国家对利益和发展的不同需求。在这个部分，需要综合运用法学、经济学和管理学的方法，分析不同国家对制度的需求和供给，为法律制度的构建提供现实基础。尤其是在目前尚未在全球范围启动的专利审查实体法的一体化调整方面，需要通过构建合理的知识产权（专利）外交政策，平衡在实体专利

---

❶　2014 年 12 月 10 日，国务院办公厅关于转发知识产权局等单位深入实施国家知识产权战略行动计划（2014—2020 年）的通知，为进一步贯彻落实《国家知识产权战略纲要》，全面提升知识产权综合能力，实现创新驱动发展，推动经济提质增效升级，推广执行该行动计划。详情参见：深入实施国家知识产权战略行动计划（2014—2020 年）[EB/OL]. http：//news. xinhuanet. com/fortune/2015 – 01/04/c_ 1113870665. htm，2015 – 01 – 07.

法方面的不同价值诉求。

专利审查国际协作制度主要涉及的是国家之间的关系，即使未来出现全球专利一体化的情形，国家仍是该协作制度的主体。专利审查国际协作制度具有技术性、经济性和法律性的特征，在接下来的研究中，可以进一步开展交叉学科的研究，将法学、经济学和管理学结合起来，分析专利审查国际协作制度对于具体产业的创新激励作用，从而为我国的知识产权外交提供需要关注的重点方面。在实证分析的基础上，研究专利审查国际协作制度的全球一体化进程，为我国知识产权外交策略在一体化的进程中拥有先占的发言权。

285

参考文献

中文文献

专著

[1] 丁社教.法治博弈分析导论［M］.西安：西北工业大学出版社，2007.

[2] 冯契.哲学大辞典［M］.上海：上海辞书出版社，1992.

[3] 公丕祥.国际化与本土化：法制现代化的时代挑战［A］.法理学论丛第1卷.北京：法律出版社，1999.

[4] 国家知识产权局专利局审查业务管理部组织编写.杨兴，赵晨，牟有伟撰稿.葛树，冯小兵审核.专利审查高速路（PPH）用户手册［M］.北京：知识产权出版社，2012.

[5] 黄茂荣.法学方法与现代民法［M］.北京：法律出版社，2007.

[6] 李德顺.价值论［M］.北京：中国人民大学出版社，1978.

[7] 李步云，江平.WTO与中国法制建设［M］.北京：中国方正出版社，2001.

[8] 吕世伦.西方法律思想史［M］.北京：商务印书馆，2006.

［9］刘志云.现代国际关系理论视野下的国际法［M］.北京：法律出版社，2006.

［10］李明德.知识产权法［M］.北京：北京师范大学出版社，2011.

［11］孙国华.法理学教程［M］.北京：中国人民大学出版社，1994.

［12］王铁崖.国际法引论［M］.北京：北京大学出版社，1998.

［13］王泽鉴.民法思维［M］.北京：北京大学出版社，2009.

［14］吴汉东.知识产权法学（第五版）［M］.北京：北京大学出版社，2011.

［15］尹新天.中国专利法详解［M］.北京：知识产出版社，2011.

［16］周辅成.西方伦理学名著选辑（上卷）［M］.北京：商务印书馆，1964.

［17］张文显.二十世纪西方法哲学思潮研究［M］.北京：法律出版社，1996.

［18］张国钧.邓小平的利益观［M］.北京：北京出版社，1998.

［19］张乃根.西方法哲学史纲［M］.北京：中国政法大学出版社，2002.

［20］张文显.法理学［M］.北京：法律出版社，2004.

［21］朱雪忠.知识产权协调保护战略［M］.北京：知识产权出版社，2005.

［22］张清奎.中国专利法与欧洲专利公约比较研究［A］.国

家知识产权条法司编.专利法研究（2004）.北京：知识产权出版社，2005.

[23] 郑成思.知识产权论（第三版）［M］.北京：法律出版社，2007.

[24] 周旺生.洛克自然法理论［A］.北京大学法学百科全书编委会，周旺生，朱苏力.北京大学法学百科全书.北京：北京大学出版社，2010.

[25] 张文显.西方法哲学［M］.北京：法律出版社，2011.

[26] 曾志超.全球专利积案问题与对策研究［A］.易继明.私法.第11辑.武汉：华中科技大学出版社，2014.

[27] 计秋枫，冯梁.英国文化与外交［M］.北京：世界知识出版社，2002.

论文

[28] 白光清.从专利法国际协调看美国专利制度的发展［J］.知识产权，2003，13（3）：54－59.

[29] 陈劲.协同创新与国家科研能力建设［J］.科学学研究，2011（12）：1763.

[30] 顾秉林.创新：研究型大学的成功之道［J］.清华大学教育研究，2008（29）：1.

[31] 李步云.论人权的三种存在形态［J］.中国法学，1991（4）.

[32] 梁志文.知识产权与人权关系的断想［J］.中华商标，2007（8）.

[33] 刘洋，郭剑.我国专利质量状况与影响因素调查研究［J］.知识产权，2012（9）：72－77.

[34] 强世功.法理学视野中的公平与效率［J］.中国法学，

1994（4）：44－52.

［35］佘力焓.专利审查国际协作制度构建之探析［J］.科技与法律，2014（6）：950－973.

［36］佘力焓，朱雪忠.专利国际申请的费用及其控制策略研究——基于专利审查高速路的研究视角［J］.情报杂志，2014，33（10）：90－94.

［37］佘力焓，朱雪忠.专利审查国际协作制度完善及中国的策略［J］.科技进步与对策，2014，31（17）：106－110.

［38］佘力焓.论专利权救济之惩罚性赔偿机制——从权利属性的视角［J］.贵州大学学报（社会科学版），2014，32（5）：90－94.

［39］佘力焓，朱雪忠.专利审查高速路运行分析［J］.科技管理研究，2015，35（24）：142－147.

［40］佘力焓.专利审查国际协作制度的特征研究——基于PPH的模式［J］.情报杂志，2015，34（2）：201－207.

［41］佘力焓，朱雪忠.专利审查高速路的制度理性探讨［J］.中国科技论坛，2016（2）：140－146.

［42］佘力焓，朱雪忠.专利审查高速路的利益架构及我国的完善策略［J］.科技进步与对策，2016，33（3）：18－21.

［43］唐春，朱雪忠.拟议中的全球专利制度及其对我国的影响初探［J］.科技与法律，2003（2）：103－106.

［44］唐春.专利审查一体化制度初探［J］.电子知识产权，2010（4）：52－57.

［45］魏建.理性选择理论与法经济学的发展［J］.中国社会科学，2002（1）：101－113.

［46］吴汉东.法哲学家对知识产权法的哲学解读［J］.法商研究，2003（5）：77－84.

［47］吴汉东.知识产权的私权与人权属性——以《知识产权协议》与《世界人权公约》为对象［J］.法学研究，2003（3）.

［48］吴汉东.后 TRIPs 时代知识产权制度的变革与中国的应对方略［J］.法商研究，200（5）：3－7.

［49］吴汉东.知识产权国际保护制度的变革与发展［J］.法学研究，200（3）：126－140.

［50］吴汉东.知识产权本质的多维度解读［J］.中国法学，2006（5）：97－106.

［51］吴汉东.知识产权法律构造与移植的文化解释［J］.中国法学，2007（6）：49－61.

［52］武兰芬，余翔，周莹.海峡两岸专利审查合作的影响及实施模式研究［J］.科研管理，2010（11）：80－90.

［53］文家春.专利审查行为对技术创新的影响机理研究［J］.科学学研究，2012，30（6）：849－854.

［54］徐瑄.关于知识产权的几个深层次理论问题［J］.北京大学学报（哲学社会科学版），2003（3）.

［55］徐显明.人权的体系与分类［J］.中国社会科学，2000（6）.

［56］易继明.评财产权劳动说［J］.法学研究，2000（3）.

［57］叶伟巍，梅亮，李文，王翠霞，张国平.协同创新的动态机制与激励政策——基于复杂系统理论视角［J］.管

理世界，2014（6）：79－91.

[58] 张古鹏，陈向东.保护性专利审查机制对企业专利战略效应研究——基于壮丽条件寿命期的视角［J］.科学学研究，2012，30（7）：1011－1019.

[59] 郑旋律.PPH 与 PCT-PPH 专利审查质量控制机制及其比较研究［J］.科研管理，2014，35（10）：114－120.

[60] 周璐，朱雪忠.基于专利质量控制的审查与无效制度协同机制研究［J］.科学学与科学技术管理，2015，36（4）：115－123.

[61] 周永坤.全球化与法学思维方式的变革［J］.法学，1999（11）：26－29.

[62] 朱雪忠.欧洲联盟协调专利制度的新举措——评欧洲委员会关于设立"共同体专利"的建议［J］.知识产权，2001（4）：45－47.

[63] 张平.论商业方法软件专利保护的创造性标准：美、日、欧三方专利审查之比较［J］.知识产权，2003，13（1）：25－28.

[64] 朱雪忠，唐春.拟议中的全球专利制度研究［J］.中国软科学，2005（7）：55－68.

[65] 曾令良.现代国际法的人本化发展趋势［J］.中国社会科学，2007（1）：89－103.

[66] 詹映，佘力焓.国家知识产权战略实施之法治环境完善绩效评价研究［J］.科技进步与对策，2011（28）：124－126.

[67] 朱雪忠.论低碳发展与我国专利法的完善［J］.知识产权，2011（6）：4－6.

[68] 朱雪忠，佘力焓.专利审查高速路制度的成效、困境与对策 [J].知识产权，2015（6）：87－93.

网络资料

[69] 贺延芳.搭建国际合作共享通道，加快专利审批速度——中日正式启动专利审查高速路 [EB/OL].中国知识产权报，2011－11－04.

外文文献

译著

[70] [古希腊]Aristotle.亚里士多德伦理学 [M].向达，译.北京：商务印书馆民国二十二年一月初版（1933年），2006年影印本.

[71] [美] 埃里克·弗鲁博顿，[德] 鲁道夫·芮切特.新制度经济学 [M].姜建强，罗长远，译.上海：上海三联书店，上海人民出版社，2006.

[72] [英] 边沁.政府片论 [M].沈叔平，译.北京：商务印书馆，1995.

[73] [美] 布罗姆利.经济利益与经济制度 [M].上海：上海三联书店，1996.

[74] [英] 边沁.道德与立法原理导论 [M].时殷弘，译.北京：商务印书馆，2000.

[75] [美] 保罗·萨缪尔森，威廉·诺德豪斯.经济学（第十七版）[M].萧琛，译.北京：人民邮电出版社，2004.

[76] [英] 布莱恩·辛普森.法学的邀请 [M].范双飞，译.北京：北京大学出版社，2014.

［77］ ［美］理查德·A.波斯纳.法律的经济分析（上）［M］.蒋兆康，译.北京：中国大百科全书出版社，1997.

［78］ ［美］理查德·N.兰格劳斯.交易成本、生产成本和岁月流逝［A］.［美］斯蒂文·G.米德玛编，罗君丽，李井奎，茹玉骢，译.张旭昆，校.科斯经济学——法与经济学和新制度经济学.上海：上海三联书店，2007.

［79］ ［美］理查德·波斯纳.法律的经济分析［M］.蒋兆康，译.北京：法律出版社，2012.

［80］ ［美］道格拉斯·C.诺斯.经济史中的结构与变迁［M］.上海：上海三联书店，1991.

［81］ ［美］道格拉斯·C.诺斯.制度、制度变迁与经济绩效［M］.上海：上海三联书店，1994.

［82］ ［美］R.科斯，A.阿尔钦，D.诺斯，等.财产权利与制度变迁［M］.刘守英等，译.上海：上海三联书店，上海人民出版社，1994.

［83］ ［美］E.博登海默.法理学：法律哲学与法律方法［M］.邓正来，译.北京：中国政法大学出版社，2004.

［84］ ［美］富勒.法律的道德性［M］.北京：商务印书馆，2012.

［85］ ［德］赫尔穆特·施密特.全球化与道德重建［M］.柴方国，译.北京：社会科学文献出版社，2001.

［86］ ［美］惠顿.万国公法［M］.丁韪良，译.上海：世纪出版集团，上海书店出版社，2002.

［87］ ［德］汉斯·高德，［德］克里斯·阿尔贝特.欧洲专利公约手册（第三版）［M］.王志伟，译．北京：知识

产权出版社，2013.

[88] ［美］加里·S.贝克尔.人类行为的经济分析 ［M］.王业宇，陈琪，译.上海：上海三联书店、上海人民出版社，1995.

[89] ［比利时］居伊·伏思达.走向欧洲合众国——一个新欧洲的宣言 ［M］.关呈远，胡祖桢，译.北京：世界知识出版社，2009.

[90] ［德］卡尔·雅斯贝尔斯.历史的起源和目标 ［M］.魏楚雄，俞新天，译.北京：华夏出版社，1989.

[91] ［美］康芒斯.制度经济学 ［M］.北京：商务印书馆，1997.

[92] ［德］卡尔·拉伦茨.法学方法论 ［M］.陈爱娥，译.北京：商务印书馆，2003.

[93] ［加］罗宾·巴德，迈克尔·帕金.微观经济学原理(第二版) ［M］.王秋石，李胜兰等，译.北京：中国人民大学出版社，2004.

[94] ［美］罗伯特·考特，托马斯·尤伦.法和经济学（第六版） ［M］.史晋川，董雪兵等，译.上海：格致出版社、上海三联书店、上海人民出版社，2012.

[95] ［英］洛克.政府论（下篇） ［M］.叶企芳等，译.北京：商务印书馆，1964.

[96] ［英］罗素.人类的知识 ［M］.张金言，译.北京：商务印书馆，1983.

[97] ［美］罗斯科·庞德.通过法律的社会控制 ［M］.沈宗灵，译，楼邦彦校.北京：商务印书馆，1984.

[98] ［美］罗尔斯.正义论 ［M］.何怀宏，何包钢，廖申白

译.北京：中国社会科学出版社，1988.

[99] ［古希腊］柏拉图.理想国［M］.北京：商务印书馆，1986.

[100] 里斯本小组.竞争的极限：经济全球化与人类的未来［M］.张世鹏，译.北京：中央编译出版社，2000.

[101] ［法］卢梭.社会契约论［M］.何兆武，译.北京：商务印书馆，2003.

[102] ［美］劳伦斯·M.弗里德曼.法律制度——从社会科学角度观察［M］.北京：中国政法大学出版社，2004.

[103] ［美］路易斯·亨金.国际法：政治与价值［M］.张乃根等，译.北京：中国政法大学出版社，2005.

[104] ［美］罗伯特·S.平狄克，丹尼尔·L.鲁宾费尔德.微观经济学（第七版）［M］.张军校，高远，朱海洋，范子英，张弘，译.北京：中国人民大学出版社，2009.

[105] ［美］罗伯特·考特，托马斯·尤伦.法和经济学（第六版）［M］.史晋川，董雪兵等，译，史晋川审校.上海：格致出版社、上海三联书店、上海人民出版社，2012.

[106] ［德］马克斯·韦伯.经济、诸社会领域及权力［M］.李强，译.上海：上海三联书店，1998.

[107] ［美］玛莎·费丽莫.国际社会中的国家利益［M］.袁正清，译.杭州：浙江人民出版社，2001.

[108] 十二国专利法［M］.十二国专利法翻译组，译.北京：清华大学出版社，2013.

［109］ ［英］威廉·退宁.全球化与法律理论 ［M］.北京：中国大百科全书出版社，2009.

［110］ ［日］星野昭吉.变动中的世界政治 ［M］.刘小林等，译.北京：新华出版社，1999.

［111］ ［美］约瑟夫·熊彼特.经济发展理论：对于利润、资本、信贷、利息和经济周期的考察 ［M］.何畏，易家详等，译，张培刚，易梦虹，杨敬年校.北京：商务印书馆，2009.

［112］ ［美］詹姆斯·马奇，等.规则的动态演变 ［M］.童根兴，译.上海：世纪出版集团、上海人民出版社，2005.

论文

［113］ Alicia Pitts，Joshua Kim，The patent prosecution highway：is life in the "fast lane" worth the cost? ［J］. Hasting Journal of Science & Technology Law Journal，2009 （1）：127.

［114］ AlfonsPalangkaraya，Paul H. Jensen，Elizabeth Webster. Applicant Behavior in Patent Examination Request Lags ［J］. Economics Letters，2008，101 （3）：243 – 245.

［115］ Alison Brimelow. Hitch a hide on the patent highway ［J］. Managing Intellectual Property，2008 （2）：21 – 23.

［116］ Anneliese M. Seifert. Will the United States take the plunge into global patent law harmonization：A discussion of the united states' past，present，and future harmonization efforts ［J］. Marq. Intell. Prop. L. Rev，2002 （6）：

184 – 185.

[117] Ayal Sharon, Yifan Liu. Improving patent examination efficiency and quality: An operations research analysis of the USPTO, using queuing theory [J]. Federal Circuit Bar Journal, 2007 (17): 21 –40.

[118] Beth Noveck. Peer To Patent: Collective Intelligence, Open Review, And Patent Reform [J]. Harvard Journal of Law& Technology, 2006 (20): 123 – 127.

[119] Brad Pedersen, Vadim Braginsky. The Rush to a First – to – File Patent System in the United States: Is a Globally Standardized Patent Reward System Really Beneficial to Patent Quality and Administrative Efficiency? [J]. Minn. J. L. SCI&TECH, 2007 (2): 757 –758.

[120] Bingbin Lu. Expedited Patent Examination for Green Inventions: Developing Countries' Policy Choices [J]. Energy policy, 2013 (61): 1526 – 1538.

[121] Byeongwoo Kang. The Innovation Process of Huawei and ZTE: Patent Data Analysis [J]. China Economic Review, 2015 (36): 378 – 393.

[122] Bomi Song, HyeonjuSeol, Yontae Park. A Patent Portfolio-Based Approach for Accessing Potential R&D Partners: An Application of the Shapley Value [J]. Technological Forecasting and Social Change, 2016 (102): 156 – 165.

[123] Bongsun Kim, Eonsoo Kim, Douglas J. Miller, Joseph T. Mahoney. The Impact of the Timing of Patents on Inno-

vation Performance [J]. Research Policy, 2016, 45 (4): 914 – 928.

[124] Chris J. Katopis: Perfect happiness? Game theory as a tool for enhancing patent quality [J]. Yale J. L&TECH, 2008 (10): 360 – 403.

[125] Christopher Anthony Cotropia, Mark A. Lemley, Bhaven N. Sampat. Do applicant patent citations matter? Implications for the presumption of validity [J]. Stanford Public Law Working Paper, 2012 (1): 2 – 44.

[126] Christopher M. Holman. Book review patent ethic: prosecution [J]. The IP Law Book Review, 2010 (1): 40 – 45.

[127] Christopher Potts. The patent prosecution highway: A global superhighway to changing validity standards [J]. SSRN, 2011 (15): 21 – 65.

[128] Coase, The Problem of Social Cost [J]. Journal of Law and Economics, 1960 (3): 1 – 67.

[129] David Hricik, Mercedes Meyer. Patent ethics: prosecution [J]. Oxford University Press, 2009 (1): 392.

[130] David J. Kappos. Patent law harmonization [J]. Landslide, 2011 (3): 16.

[131] Dennis D. Crouch. An empirical study of the role of the written description requirement in patent prosecution [J]. Northwestern University Law Review Colloquy, 2010 (6): 1 – 15.

[132] Diaz, Charlsye Smith. Strategies for writing about innovation: Navigating the relationship between technical docu-

mentation, patent prosecution, and technology transfer [J]. IEEE Transactions on Professional Communication, 2014 (57): 113 – 122.

[133] Dongwook Chun. Patent law harmonization in the age of globalization: the necessity and strategy for a pragmatic outcome [J]. Journal of the patent and trademark office society, 2011 (3): 97 – 115.

[134] Dylan M. Aste. To disclose or not to disclose: why the United States properly adopted the European model for third-party participation during patent prosecution [J]. Case Western Reserve Journal of Law, Technology & the Internet, 2011 (3): 2 – 47.

[135] Eric L. Lane. Building the global green patent highway: A proposal for international harmonization of green technology fast track programs [J]. Berkeley Technology Law Journal, 2012 (27): 3.

[136] Estelle Derclaye. Not only innovation but also collaboration, funding, goodwill and commitment: which role for patent laws in post-copenhagen climate change action [J]. John Marshall IP Law Review, 2010 (9): 161 – 177.

[137] Eugenio Hoss. Delays in patent examination and their implications under the TRIPS agreement [J]. MIPLC Master Thesis Series, 2010 (11): 21 – 35.

[138] Eugenio, A., Dominique, G., Niels, S., Bruno van Pottelsberghe de, Nicolas V. Z. When Small Is Beautiful: Measuring the Evolution and Consequences of the Volumi-

nosity of Patent Applications at the EPO ［J］. Information economics and policy, 2007 （19）: 103 – 132.

［139］ Francis Gurry. Report of the director general to the WIPO assemblies 2012 ［C］. http: //www. wipo. int/export/ sites/www/freepublications/en/general/1050/wipo _ pub_ 1050. pdf.

［140］ Helfgott, Samson. Patent offices should embrace the PCT, not the PPH ［J］. Managing Intellectual Property, 2008 （179）: 30 – 30.

［141］ Hicks, John. The Foundations of Welfare Economics. The Economic Journal, 1939, 49 （196）: 696 – 712.

［142］ Henrique M. Barros. Exploring the Use of Patents in a Weak Institutional Environment: The Effects of Innovation Partnerships, Firm Ownership, and New Management Practices ［J］. Technovation, 2015 （45）: 63 – 77.

［143］ Isamu Yamauchi, SadaoNagaoka. Does The Outsourcing of Prior Art Search Increase the Effciency of Patent Examination ? Evidence From Japan ［J］. Research Policy, 2015, 44 （8）: 1601 – 1614.

［144］ Jerome H. Reichman, Rochelle C. Dreyfuss. Harmonization without consensus: critical reflections on drafting a substantive patent law treaty ［J］. Duke L. J. 2007 （57）: 2 – 9.

［145］ John A. Tessensohn. Whither the global Patent Prosecution Highway? ［J］. E. I. P. R. 2008 （30）: 261 – 268.

［146］ John R. Allison, Mark A. Lemley. Who's patenting what?

An empirical exploration of patent prosecution ［J］. Vanderbilt Law Review, 2000 (53): 2099.

［147］ Joshua L. Sohn. Can't the PTO get a little respect? ［J］. Berkeley Technology Law Journal, 2011 (26): 1605 – 1607.

［148］ Johannes Liegsalz, Stefan Wagner, Patent Examination at the State Intellectual Property Office in China ［J］. Research Policy, 2013, 42 (2): 552 – 563.

［149］ Jianwei Dang, Kazuyuki Motohashi. Patent Statistics: A Good Indicator for Innovation in China? Patent Subsidy Program Impacts on Patent Quality ［J］. China Economic Review, 2015 (35): 137 – 155.

［150］ Kenneth G. Huang & Fiona Murray. Does Patent Strategy Shape the Long – Run Supply of Public Knowledge? Evidence from Human Genetics ［J］. Academy of Management Journal, XXXXXII, 2009: 1193 – 1221.

［151］ Kristen JakobsenOsenga. Cooperative patent prosecution: viewing patents through a pragmatics lens ［J］. University of Richmond -School of Law, 2010 (13): 3 – 25.

［152］ Kumar, Rajeev, Yeh et al. Patent prosecution strategies for stem cell – related applications ［J］. Journal Of Biomolecular Screening, 2007 (12): 769 – 774.

［153］ Kurtycz, Eric R. Commentary: new process allows "fasttracking" of some pct applications ［J］. Michigan Lawyers Weekly, 2011 (27): 85 – 97.

［154］ Koki Arai. Patent quality and pro-patent policy ［J］. Journal of Technology Management &Innovation. 2010

(24): 13 - 56.

[155] London Economics. Economic study on patent backlogs and a system of mutualrecognition-final report to the intellectual property office (2010) [EB/OL]. http: //www. ipo. gov. uk/p - backlog - report. pdf, 2011 - 04 - 25.

[156] Mabey, Warren K. Deconstructing the patent application backlog: A story of prolonged pendency [J]. Journal of the Patent and Trademark Office Society, 2010 (92): 208 - 282.

[157] MalwinaMejer, Bruno van Pottelsberghe de la Potterie. Patent backlogs at USPTO and EPO: Systemic failure vs. deliberate delays [J]. World Patent Information, 2011 (33): 122 - 127.

[158] Mark A. Lemley, Kimberly A. Moore. Ending abuse of patent continuations [J]. Boston University Law Review, 2004 (84): 63.

[159] Mark A. Lemley. Rational ignorance at the patent office [J]. Northwestern University Law Review, 2001 (95): 1 - 34.

[160] Martin Sulsky, Raj S Dave. How to Avoid Patent Prosecution Errors [J]. Managing Intell. Prop. 2008 (178): 56 - 57.

[161] Michael J. Meurer, Craig Allen Nard. Invention, refinement and patent claim scope: A new perspective on the doctrine of equivalents [J]. Boston University School of Law Working Paper, 2005 (93): 1947.

[162] Michael J. Meurer, James E. Bessen. Lessons for patent policy from empirical research on patent litigation [J]. Lewis & Clark Law Review, 2005 (9): 1 – 27.

[163] Moore, K. A. Worthless Patents [J]. Law and Economics Working Paper Series, George Mason University School of Law, Virginia, USA, 2005.

[164] Mittal, A. K. Koontz, L. D. Intellectual Property-improvements Needed to Better Manage Patent Office Automation and Address Workforce Challenges [J]. General Accounting Office Reports& Testimony, January, 2005.

[165] MattiKarvonen, Rahul Kapoor, Antti Uusitalo, Ville Ojanen. Technology Competition in the Internal Combustion Engine Waste Heat Recovery: A Patent Landscape Analysis [J]. Journal of Cleaner Production, 2016, 112 (5): 3735 – 3743.

[166] P. H. Jensen, A. Palangkaraya, E. Webster, Application Pendency Times and Outcomes Across Four Patent Offices [J]. Intellectual Property Research Institute of Australia Working Paper, 2008 (1): 12.

[167] Paolo Trevisan. The Patent Prosecution Highway (PPH) Program, Office of Policy and International Affairs, United States Patent and Trademark Office.

[168] Pierre M. Picard, Bruno van Pottelsberghe de la Potterie. Patent Office Governance and Patent Examination Quality [J]. Journal of Public Economics, 2013 (104): 14 – 25.

[169] Raymond A. Mercado. The use and abuse of patent reex-

amination: sham petitioning before the USPTO [J]. Columbia Science and Technology Law Review, 2011 (12): 92 – 158.

[170] Rebecca S. Eisenberg. Patent costs and unlicensed use of patented inventions [J]. University of Chicago Law Review, 2011 (78): 53.

[171] Robert A. Armitage. International patent harmonization requisites, ripeness, and realism [J]. landslide, 2012 (4): 1.

[172] Ronald J. Mann, Marian Underweiser, A New Look at Patent Quality: Relating Patent Prosecution to Validity [J]. Journal of Empirical Legal Studies, 2012 (9): 1 – 32.

[173] Shine Tu. Luck/unluck of the draw: an empirical study of examiner allowance rates [J]. Stanford Technology Law Review, 2011 (20): 20 – 54.

[174] SubhashiniChandrasekharan, Tahir Amin, Joyce Kim, ElianeFurrer, Anna-Carin Matterson, Nina Schwalbe, Aurélia Nguyen. Intellectual Property Rights and Challenges for Development of Affordable Human Papillomavirus, Rotavirus and Pneumococcal Vaccines: Patent Landscaping and Perspectives of Developing Country Vaccine Manufacturers [J]. Vaccine, 2015, 33 (46): 6366 – 6370.

[175] Snehasharma, Manchikantipadmavati. Duty of Disclosure during Patent Prosecution in India [J]. World Patent Information, 2015 (41): 31 – 37.

[176] Tara Kowalski. International patent rights and biotechnolo-

gy: should the United States promote technology transfer to developing countries? [J]. Loy. L. A. Int'l&Comp. L. Rev. 2003 (25): 42 – 49.

[177] Thomas G. Field. Controlling patent prosecution history [J]. Pierce L. Rev. 2010 (8): 231 – 237.

[178] Timothy D. Smith. Patents and Patent Prosecution [J]. Miss. Law. , 2006 (52): 34 – 35.

[179] Toshinao Yamazaki. Patent Prosecution Highway (PPHs): Their First Five Years and Recent Developments Seen from Japan [J]. World Patent Information, 2012, 34 (4): 279 – 283.

[180] Van Zeebroeck. Filing strategies and increasing duration of patent applications [J]. CEB working paper, 2009 (15): 13.

[181] Warren S. Wolfeld. International Patent Cooperation: The Next Step [J]. Cornell Int'l L. J. , 1983 (16): 229 – 248.

[182] WIPO. World intellectual property indicators 2011 [D]. Switzerland: WIPO economics & statistics series, 2011.

[183] Hirsch W Z. Law and economics [M]. Boston: Academic Press, 1988.

网络资料

[184] WIPO. World Intellectual Property Indicators – 2015 Edition [EB/OL]. http://www. wipo. int/ipstats/en/wipi/, 2016 – 02 – 25.

[185] Patrick J. Coyne. 解析美国专利法修改后的新规定 [EB/OL]. http://www. sipo. gov. cn/mtjj/2012/

201207/t20120705_720297. html，2014 - 11 - 17.

［186］ Daisuke Nagano. Expectations for Patent Prosecution High-
way by Japanese Users ［EB/OL］. http：//www. jpo. go.
jp/torikumi_ e/t_ torikumi_ e/pdf/highway_ userseminar/jipa_ ha.

附 录

附录一　在五局专利审查高速路（IP5 PPH）试点项目下向中国国家知识产权局（SIPO）提出 PPH 请求的流程*

欧洲专利局（EPO）、日本特许厅（JPO）、韩国特许厅（KIPO）、中国国家知识产权局（SIPO）和美国专利商标局（USPTO）等五局（IP5）于 2013 年 9 月就启动一项全面的五局专利审查高速路（IP5 PPH）试点项目达成一致，以更好地加快处理在这些局提出的专利申请。

IP5 PPH 试点项目自 2014 年 1 月 6 日起始，为期三年，至 2017 年 1 月 5 日止。

必要时，试点时间将延长，以便 SIPO 和其他四局（EPO、JPO、KIPO 和 USPTO）恰当地评估 IP5 PPH 试点项目的可行性。

SIPO 在请求数量超出可管理的水平时或出于其他任何原因，可终止 IP5 PPH 试点项目。若 IP5 PPH 试点项目在 2017 年 1 月 5 日之前终止，SIPO 将先行发布通知。

SIPO 和 JPO、KIPO、USPTO 之间现有的双边 PPH 试点仍然继续进行，申请人也可以按照参与这些双边 PPH 试点的有关要求继续提出 PPH 请求。

---

* IP5 PPH 指南：http：//www. sipo. gov. cn/ztzl/ywzt/pph/zn/201401/t20140103_ 895059. html.

第一部分

PPH：使用来自 EPO、JPO、KIPO 或 USPTO 的国家或地区工作结果

申请人可以就基于 EPO、JPO、KIPO 或 USPTO 申请在 SIPO 提出的且满足以下 IP5 PPH 试点项目要求的申请，按照规定流程，包括提交与申请相关的文件，请求加快审查。

申请人提出 PPH 请求，必须向 SIPO 提交"参与专利审查高速路项目请求表"。

1. 要求

为能够参与 IP5 PPH 试点项目，SIPO 申请须满足以下条件：

（a）提出参与 IP5 PPH 试点项目的 SIPO 申请必须与在其他四局之一局提出的对应申请具有相同的最早日，该最早日可以是申请日，也可以是优先权日。

该 SIPO 申请（包括 PCT 国家阶段申请）是：

（i）依《巴黎公约》有效要求在其他四局之一局提出之对应申请优先权的申请，或

（ii）作为依《巴黎公约》在其他四局之一局提出之对应申请（包括 PCT 国家/地区阶段申请）的有效优先权请求基础的申请，或

（iii）与在其他四局之一局提出之对应申请（包括 PCT 国家/地区阶段申请）具有相同优先权的申请，或

（iv）PCT 国家阶段申请，该申请与在其他四局之一局提出之对应申请系同一 PCT 国际申请的国家/地区阶段申请，该 PCT 国际申请未要求优先权。

（b）在其他四局之一局至少有一个对应申请，其具有一项或

多项被该局认定为可授权/具有可专利性的权利要求。

对于 EPO 申请而言，权利要求"被认定为可授权/具有可专利性"是指，① EPO 审查员针对该权利要求作出了授予欧洲专利之意向的通知书［通知书标题为"Communication under Rule71（3）EPC"］；或② EPO 审查员作出的审查意见通知书（Communication from the Examining Division）或其附加文件（Annex to the communication）明确指出该权利要求"可授权/具有可专利性"。如果 EPO 审查员作出的审查意见通知书及其附加文件未明确指出特定的权利要求"具有可专利性/可授权"，申请人应当随参与 PPH 试点项目请求附上"EPO 审查意见通知书未就某权利要求提出驳回理由，因此，该权利要求被 EPO 认定为可授权/具有可专利性"之解释，同时，还应当提供该权利要求相对于 EPO 审查员引用的对比文件具有可专利性/可授权的说明。

对于 JPO 申请而言，权利要求"被认定为可授权/具有可专利性"是指，JPO 审查员在最新的审查意见通知书中明确指出权利要求"具有可专利性/可授权"，即使该申请尚未得到专利授权。所述审查意见通知书包括：（1）授权决定（Decision to Grant a Patent）；（2）驳回理由通知书（Notification of Reason forRefusal）；（3）驳回决定（Decision of Refusal）；及（4）申诉决定（Appeal Decision）。

例如，若"驳回理由通知书"有如下标准语段，权利要求被明确认定为可授权/具有可专利性：

〈未发现驳回理由的权利要求〉

目前就本发明的权利要求＿＿＿，未发现驳回的理由。

对于 KIPO 申请而言，申请的权利要求经 KIPO 审查后通常在审查意见通知书中会被认定为"具有可专利性"或"存在驳回理由", 因此, 权利要求"被认定为可授权/具有可专利性"是指 KIPO 审查员在最新的审查意见通知书中明确指出权利要求"具有可专利性", 即使该申请尚未得到专利授权。

以下情形下, 权利要求也"被认定为可授权/具有可专利性": 如果 KIPO 审查意见通知书未明确指出特定的权利要求"具有可专利性"或"存在驳回理由", 申请人必须随参与 PPH 试点项目请求附上"KIPO 审查意见通知书未就某权利要求提出驳回理由, 因此, 该权利要求被 KIPO 认定为可授权/具有可专利性"之解释。

所述审查意见通知书包括: (1) 驳回理由通知书 (Notice of Grounds for Rejection); (2) 驳回决定 (Decision of Rejection); 及 (3) 授予专利权决定 (Decision to Grant a Patent)。

上述审查意见通知书 (1) ~ (3) 可以在实质审查阶段、复审阶段或上诉阶段作出。

对于 USPTO 申请而言, 可授权/具有可专利性的权利要求是指:

(i) 在授权及缴费通知 (Notice of Allowance and FeesDue) 的授权通知部分 (Notice of Allowability) 的"可授权的权利要求是_____"栏中 ("The allowed claim (s) is/are _____") 列出的权利要求;

(ii) 在非最终驳回意见 (Non-Final Rejection) 或最终驳回意见 (Final Rejection) 的意见总结部分 (Office Action Summary) 的"可授权的权利要求是_____"栏中 ("Claim (s) _____ is/are allowed") 列出的权利要求;

(iii) 在非最终驳回意见 (Non-Final Rejection) 或最终驳回意见 (Final Rejection) 的意见总结部分 (Office Action Summary)

的"被拒绝的权利要求是＿＿＿＿"栏中（"Claim（s）＿＿＿＿is/ are objected to"）列出的权利要求,❶ 并且 USPTO 审查员指出,上述权利要求被拒绝是由于从属于被驳回的基础权利要求,如果上述权利要求改写成包括基础权利要求和关联权利要求的所有限定内容的独立权利要求形式,则是可授权的。

（c）SIPO 申请的所有权利要求（在 IP5 PPH 试点项目下请求加快审查）,无论是原始提交的或者是修改后的,必须与其他四局之一局认定为具有可专利性/可授权的一个或多个权利要求充分对应。

考虑到由于翻译和权利要求格式造成的差异,如果 SIPO 申请的权利要求与在其他四局之一局提出的对应申请的权利要求有着同样或相似的范围,或者 SIPO 申请的权利要求范围比在其他四局之一局提出的对应申请的权利要求范围小,那么,权利要求被认为是"充分对应"。

在此方面,当在其他四局之一局提出的对应申请的权利要求修改为被说明书（说明书正文和/或权利要求）支持的附加技术特征所进一步限定时,权利要求的范围变小。

与其他四局之一局认定为可授权的权利要求相比,SIPO 申请的权利要求引入新的/不同类型权利要求时,不被认为是充分对应。例如,在其他四局之一局提出的对应申请的权利要求仅包含制备产品的方法权利要求,如果 SIPO 申请的权利要求引入依赖

---

❶　当一项权利要求被驳回时,如果 USPTO 审查员在审查意见通知书中指出,可授权/具有可专利性的发明的某些特征未能恰当要求保护,若恰当要求保护范围,或可给予肯定性意见。这样建议的假设性权利要求在本项目中不被认为是可授权/具有可专利性的。

对应方法权利要求的产品权利要求，那么，SIPO 申请的权利要求不被认为是充分对应。

SIPO 申请不需要包含其他四局之一局认定为具有可专利性/可授权的所有权利要求，删去某些权利要求是允许的。例如，在其他四局之一局提出的对应申请包含 5 项被认定为具有可专利性/可授权的权利要求，SIPO 申请可以仅包含其中的 3 项权利要求。

申请人参与 PPH 试点项目的请求获得批准后、收到有关实质审查的审查意见通知书之前，任何修改或新增的权利要求需要与在其他四局之一局提出的对应申请中被认定为具有可专利性/可授权的权利要求充分对应；申请人参与 PPH 试点项目的请求获得批准后，为克服审查员提出的驳回理由对权利要求进行修改，任何修改或新增的权利要求不需要与在其他四局之一局提出的对应申请中被认定为具有可专利性/可授权的权利要求充分对应。任何超出权利要求对应性的修改或变更由审查员裁量决定是否允许。

注意，申请人在 SIPO 提出实质审查请求时以及在收到 SIPO 作出的发明专利申请进入实质审查阶段通知书之日起的 3 个月内，可以对包括权利要求在内的申请文件主动提出修改。因此，申请人需要注意修改的时机，以使 SIPO 申请的权利要求和在其他四局之一局提出的对应申请中被认定为具有可专利性/可授权的权利要求充分对应。

（d）SIPO 申请必须已经公开。

申请人在提出 PPH 请求之前或之时必须已经收到 SIPO 作出的发明专利申请公布通知书。

（e）SIPO 申请必须已经进入实质审查阶段。

申请人在提出 PPH 请求之前或之时必须已经收到 SIPO 作出的发明专利申请进入实质审查阶段通知书。

注意，一个允许的例外情形是，申请人可以在提出实质审查请求的同时提出 PPH 请求。

（f）SIPO 在申请人提出 PPH 请求之时尚未对该申请进行审查。

申请人在提出 PPH 请求之前及之时尚未收到 SIPO 实质审查部门作出的任何审查意见通知书。

（g）SIPO 申请必须是电子申请。

2. 提交的文件

以下文件（a）至（d）必须随付"参与专利审查高速路项目请求表"一并提交。

注意，即使某些文件不必提交，其文件名称亦必须列入"参与专利审查高速路项目请求表"中（具体细节参见"请求参与专利审查高速路项目样表"）。

（a）其他四局之一局就对应申请作出的所有审查意见通知书（与其他四局之一局关于可专利性的实质审查相关，包括任何形式的检索报告、检索意见）的副本及其译文。

中文和英文可作为译文语言。

若审查员无法理解审查意见通知书译文，可要求申请人重新提交译文。

（b）其他四局之一局认定为具有可专利性/可授权的所有权利要求的副本及其译文。

中文和英文可作为译文语言。

若审查员无法理解权利要求译文，可要求申请人重新提交译文。

（c）其他四局之一局审查员引用文件的副本。

需提交的文件指前述审查意见通知书引用的文件。仅系参考文件而未构成驳回理由的引用文件可不必提交。

若引用文件是专利文献，申请人不必提交该文件。若 SIPO 没有这些专利文献，应审查员要求，申请人必须提交专利文献。非专利文献必须提交。

申请人不需要提交引用文件的译文。

（d）权利要求对应表。

申请人提出 PPH 请求，必须提交权利要求对应表，说明 SIPO 申请的所有权利要求如何与其他四局之一局提交的对应申请中具有可专利性/可授权的权利要求充分对应。

若权利要求在文字上是完全相同的，申请人可仅在表中注明"它们是相同的"。若权利要求有差异，需要根据前述 1.（c）之标准解释每个权利要求的充分对应性（参见"请求参与专利审查高速路项目样表"）。

注意，当申请人已通过同步或在前程序向 SIPO 提交了以上（a）至（c）述及的文件，申请人不必提交相关文件，但必须在"参与专利审查高速路项目请求表"中列出省略提交文件的名称，并注明提交文件的时间。

当以上（a）或（b）述及的文件可通过其他四局的案卷访问系统（DAS）❶ 查阅时，除非 SIPO 要求，申请人不必提交相关文件，但必须在"参与专利审查高速路项目请求表"中列出省略提

---

❶ EPO 的案卷访问系统是 European Patent Register，https：//register. epoline. org/espacenet/regviewer；JPO 的是 AIPN；KIPO 的是 K－PION；USPTO 的是 Public Pair，http：//portal. uspto. gov/external/portal/pair/。

交文件的名称。

对以上（a）和（b）述及的译文文件，申请人可提交机器翻译译文。若机器翻译译文不充分，审查员可要求申请人提交准确的译文。

若在其他四局之一局提交的对应申请未公开，申请人必须在提交 PPH 请求时提交以上（a）和（b）述及的文件，不能省略提交。

3. 根据 IP5 PPH 试点项目提交加快审查请求的"参与专利审查高速路项目请求表"

（a）情况说明。

申请人根据 IP5 PPH 试点项目向 SIPO 提出加快审查请求，必须提交"参与专利审查高速路项目请求表"。申请人应当说明申请在 1.（a）之（i）至（iv）情形之列，由此请求在 PPH 试点项目下请求加快审查，还必须注明在其他四局之一局提出的对应申请的申请号、公开号或授权专利号。

若有一个或多个具有可专利性/可授权权利要求的申请与 1.（a）之（i）至（iv）情形涉及的在其他四局之一局提出的申请不同（例如基础申请的分案申请），必须指明该具有可专利性/可授权权利要求的申请的申请号、公开号或授权专利号，以及与相关申请间的关系。

（b）文件提交。

申请人必须以清楚、可辨的方式列出以上 2. 中提到的所有要求的文件，即使申请人可省略提交某些文件。

（c）说明。

申请人只能以电子形式向 SIPO 提交"参与专利审查高速路项目请求表"。

4. PPH 试点项目下加快审查的流程

SIPO 在收到 PPH 请求及其附加文件后作出申请是否能被给予 PPH 下加快审查状态的决定。若 SIPO 决定批准 PPH 请求，申请将被给予 PPH 下加快审查的特殊状态。

若请求未能完全符合上述要求，申请人将被告知结果以及请求存在的缺陷。SIPO 将视情况给予申请人一次补正的机会，以克服请求存在的某些缺陷。若请求未被批准，申请人可以再次提交请求，但至多一次。若再次提交的请求仍不符合要求，申请人将被告知结果，申请将按照正常程序等待审查。

第二部分

PCT – PPH：使用来自 EPO、JPO、KIPO 或 USPTO 的 PCT 国际阶段工作结果

申请人可以根据由 EPO、JPO、KIPO 或 USPTO 作出的 PCT 国际阶段工作结果就在 SIPO 提出的、且满足以下 IP5 PPH 试点项目要求的申请，按照规定流程，包括提交与申请相关的文件，请求加快审查（PCT – PPH 试点项目）。申请人提出 PCT – PPH 请求，必须向 SIPO 提交"参与专利审查高速路项目请求表"。

1. 要求

申请人在 SIPO 提出 PCT – PPH 请求的申请应当满足以下要求：

（a）对应该申请的 PCT 申请的国际阶段的最新工作结果（"国际工作结果"），即国际检索单位的书面意见（WO/ISA❶）、

---

❶ Written Opinion of the International Searching Authority.

国际初步审查单位的书面意见（WO/IPEA❶）或国际初步审查报告（IPER❷），指出至少一项权利要求具有可专利性/可授权（从新颖性、创造性和工业实用性方面）。

注意，作出 WO/ISA、WO/IPEA 和 IPER 的 ISA 和 IPEA 仅限于 EPO、JPO、KIPO 和 USPTO。

在申请要求优先权的情况下，可对任何专利局的申请提出优先权要求，参见附录 II 例 A'（申请 ZZ 可以是任何国家申请）。申请人不能仅基于国际检索报告（ISR）提出 PCT – PPH 请求。

若构成 PCT – PPH 请求基础的 WO/ISA、WO/IPEA 或 IPER 的第 VIII 栏记录有任何意见，申请将不能够要求参与 PCT – PPH 试点项目。

（b）申请和对应国际申请之间的关系满足以下要求之一：

（i）申请是对应国际申请的国家阶段申请；

（ii）申请是作为对应国际申请的优先权要求基础的国家申请；

（iii）申请是要求了对应国际申请的优先权的国际申请的国家阶段申请；

（iv）申请是要求了对应国际申请的国外/国内优先权的国家申请；

（v）申请是满足以上（i）—（iv）要求之一的申请的派生申请（分案申请和要求国内优先权的申请等）。

（c）提出参与 PCT – PPH 试点项目的申请的所有权利要求，无论是原始提交的或者是修改后的，必须与对应国际申请中被最

---

❶　Written Opinion of the International Preliminary Examining Authority.

❷　International Preliminary Examination Report.

新国际工作结果认为具有可专利性/可授权的一个或多个权利要求充分对应。

考虑到由于翻译和权利要求格式造成的差异，如果申请的权利要求与被最新国际工作结果认为具有可专利性/可授权的权利要求有着同样或相似的范围，或者申请的权利要求范围比被最新国际工作结果认为具有可专利性/可授权的权利要求范围小，那么，权利要求被认为是"充分对应"。

在此方面，当被最新国际工作结果认为具有可专利性/可授权的权利要求修改为被申请的说明书（说明书正文和/或权利要求）支持的附加技术特征进一步限定时，权利要求的范围变小。与被最新国际工作结果认为具有可专利性/可授权的权利要求相比，申请的权利要求引入新的/不同类型权利要求时，不被认为是充分对应。例如，被最新国际工作结果认为具有可专利性/可授权的权利要求仅包含制备产品的方法权利要求，如果申请的权利要求引入依赖对应方法权利要求的产品权利要求，那么，申请的权利要求不被认为是充分对应。SIPO 申请不需要包含所有最新国际工作结果认为具有可专利性/可授权的权利要求，删去某些权利要求是允许的。例如，对应国际申请包含 5 项被认为具有可专利性/可授权的权利要求，SIPO 申请可以仅包含其中的 3 项权利要求。申请人参与 PCT－PPH 试点项目的请求获得批准后、收到有关实质审查的审查意见通知书之前，任何修改或新增的权利要求需要与最新国际工作结果认为具有可专利性/可授权的权利要求充分对应。

申请人参与 PCT－PPH 试点项目的请求获得批准后，为克服审查员提出的驳回理由对权利要求进行修改，任何修改或新增的权利要求不需要与最新国际工作结果认为具有可专利性/可授权的权利要求充分对应。任何超出权利要求对应性的修改或变更由审查员裁量决定是否允许。

注意，申请人在 SIPO 提出实质审查请求时以及在收到 SIPO 作出的发明专利申请进入实质审查阶段通知书之日起的 3 个月内，可以对包括权利要求在内的申请文件主动提出修改。因此，申请人需要注意修改的时机，以使 SIPO 申请的权利要求和对应国际申请中被认为具有可专利性/可授权的权利要求充分对应。

（d）申请必须已经公开。

申请人在提出 PCT – PPH 请求之前或之时必须已经收到 SIPO 作出的发明专利申请公布通知书。

（e）申请必须已经进入实质审查阶段。

申请人在提出 PCT – PPH 请求之前或之时必须已经收到 SIPO 作出的发明专利申请进入实质审查阶段通知书。

注意，一个允许的例外情形是，申请人可以在提出实质审查请求的同时提出 PCT – PPH 请求。

（f）SIPO 在申请人提出 PCT – PPH 请求之时尚未对该申请进行审查。

申请人在提出 PCT – PPH 请求之前及之时尚未收到 SIPO 实质审查部门作出的审查意见通知书。

（g）申请必须是电子申请。

2. 提交的文件

以下文件（a）至（d）必须随付"参与专利审查高速路项目请求表"一并提交。

注意，即使某些文件不必提交，其文件名称亦必须列入"参与专利审查高速路项目请求表"中（具体细节参见"请求参与专利审查高速路项目样表"）。

（a）认为权利要求具有可专利性/可授权的最新国际工作结果（WO/ISA；在依据 PCT 第二章规定提出请求的情形下，WO/IPEA 或 IPER）的副本及其中文或英文译文。

若申请满足上述 1.（b）(i) 之关系，申请人不需要提交关于可专利性的国际初审报告（IPRP❶）的副本及其英文译文，因为这些文件的副本已包含于申请案卷中。此外，若最新国际阶段工作结果的副本及其译文可通过"PATENTSCOPE?"❷ 获得，除非 SIPO 要求，申请人不需要提交这些文件。（WO/ISA 和 IPER 通常自优先权日起 30 个月内按"IPRP 第 Ⅰ 章"和"IPRP 第 Ⅱ 章"可获得。）

若审查员无法理解国际工作结果译文，可要求申请人重新提交译文。

（b）对应国际申请中被最新国际工作结果认为具有可专利性/可授权的权利要求的副本及其中文或英文译文。

如果被认为具有可专利性/可授权的权利要求的副本可以通过"PATENTSCOPE?"获得（例如，国际专利公报已公开），除非 SIPO 要求，申请人不需要提交这些文件。

若审查员无法理解权利要求译文，可要求申请人重新提交译文。

（c）在该申请对应的国际申请的最新国际工作结果中引用文件的副本。

仅系参考文件而未构成驳回理由的引用文件可不必提交。

若引用文件是专利文献，申请人不必提交该文件。若 SIPO

---

❶ International Preliminary Report on Patentability.

❷ http：//www. wipo. int/pctdb/en/index. jsp.

取得这些专利文献存在困难，申请人应要求须提交专利文献。非专利文献必须提交。申请人不需要提交引用文件的译文。

（d）说明申请的所有权利要求是如何与被认为具有可专利性/可授权的权利要求充分对应的权利要求对应表。

若权利要求在文字上是完全相同的，申请人可仅在表中注明"它们是相同的"。若权利要求有差异，需要根据前述 1.（c）之标准解释每个权利要求的充分对应性（参见"请求参与专利审查高速路项目样表"）。

注意，当申请人已通过同步或在前程序向 SIPO 提交以上（a）至（c）述及的文件，申请人不必提交相关文件，但必须在"参与专利审查高速路项目请求表"中列出省略提交文件的名称，并注明提交文件的时间。

对以上（a）和（b）述及的译文文件，申请人可提交机器翻译译文。若机器翻译译文不充分，审查员可要求申请人提交准确的译文。

3. 根据 IP5 PCT – PPH 试点项目提交加快审查请求的"参与专利审查高速路项目请求表"

（a）情况说明。

申请人必须说明申请在 1.（b）之（i）至（v）情形之列，由此请求在 PCT – PPH 试点项目下请求加快审查，还必须注明对应国际申请的申请号。

（b）文件提交。

申请人必须以清楚、可辨的方式列出以上 2. 中提到的所有要求的文件，即使申请人可省略提交某些文件。

（c）说明。

申请人只能以电子形式向 SIPO 提交"参与专利审查高速路

项目请求表"。

4. PCT – PPH 试点项目下加快审查的流程

SIPO 在收到 PCT – PPH 请求及其附加文件后作出申请是否能被给予 PCT – PPH 下加快审查状态的决定。若 SIPO 决定批准 PCT – PPH 请求，申请将被给予 PCT – PPH 下加快审查的特殊状态。若请求未能完全符合上述要求，申请人将被告知结果以及请求存在的缺陷。SIPO 将视情况给予申请人一次补正的机会，以克服请求存在的某些缺陷。若请求未被批准，申请人可以再次提交请求，但至多一次。若再次提交的请求仍不符合要求，申请人将被告知结果，申请将按照正常程序等待审查。

请求参与专利审查高速路项目样表

参与专利审查高速路（PPH）项目请求表　**PPH**

		此框由国家知识产权局填写	
① 专利 申请	申请号：	请求日：	
	申请人：	申请号条码：	
	发明名称：	挂号号码：	
② 说明 事项	根据专利审查高速路项目的相关规定，请求对上述申请进行加快审查。 □　请求参与常规的PPH① □　请求参与PCT-PPH②		
③ 对应 申请 声明	对应申请号/公开号/专利号/国际申请号	对应申请审查机构名称	相关申请对应关系

　① 申请人按照本文件第一部分要求提交PPH请求的，请勾选此项。
　② 申请人按照本文件第二部分要求提交PPH请求的，请勾选此项。

<table>
<tr><td rowspan="2">④
附加
文件
清单</td><td colspan="2">
申请人随本PPH请求表一起提交了下列文件：
□ 对应申请的所有可授权权利要求书副本及其译文：
  1.对应申请_____，由____于__年_月_日作出的_____通知书所针对的
  权利要求书副本及其译文
  1.对应申请_____，由____于__年_月_日作出的_____通知书所针对的
  权利要求书副本及其译文
□ 对应申请的审查意见通知书副本及其译文，各文件名称如下：
  1.对应申请_____：
  1）由____于__年_月_日作出的_____通知书副本及其译文
  2）由____于__年_月_日作出的_____通知书副本及其译文
  1.对应申请_____：
  1）由____于__年_月_日作出的_____通知书副本及其译文
  2）由____于__年_月_日作出的_____通知书副本及其译文
□ 权利要求的对应表
□ 对应申请的审查意见引用文件副本，各文件名称如下：
  1._____
  2._____
□ 其他证明文件
</td></tr>
<tr><td>
⑤ 申请人或专利代理机构签字或盖章

     年　　月　　日
</td><td>
⑥ 国家知识产权局处理意见

     年　　月　　日
</td></tr>
</table>

本申请的权利要求	对应申请中被认为可授权的对应权利要求	关于对应性的说明
1	1	完全相同
2	2	完全相同
3	1	权利要求3在对应申请权利要求1的基础上引入了说明书第 X 页第 X 段记载的技术特征 X
4	2	权利要求4在对应申请权利要求2的基础上引入了说明书第 Y 页第 Y 段记载的技术特征 Y
5	1	权利要求5在对应申请权利要求1的基础上引入了说明书第 Z 页第 Z 段记载的技术特征 Z

附录二　参考图表

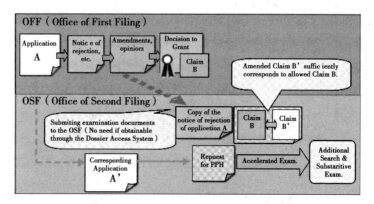

图 I-1　PPH 申请

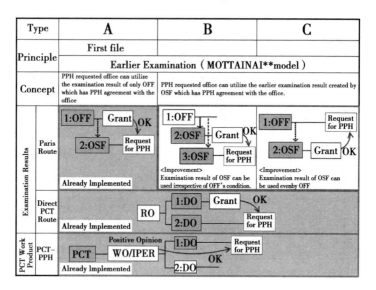

图 I-2　PPH 申请情况分类表

图 I　PPH 申请概况

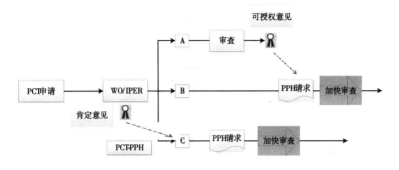

图 II－1　常规 PPH：PCT 途径

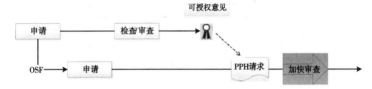

图 II－2　常规 PPH：巴黎公约途径

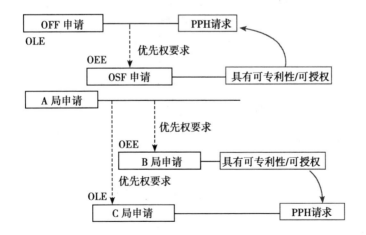

图 II－3　PPH－MOTTAINAI 途径

图 II　PPH 途径

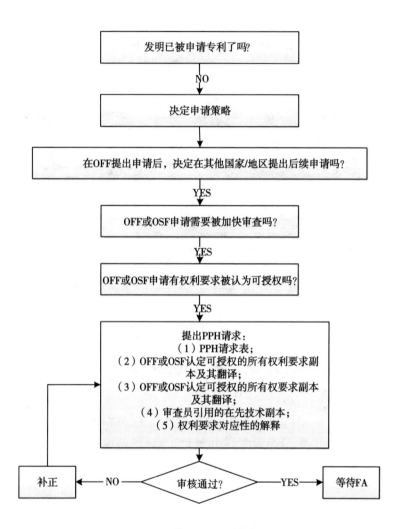

图 III 使用 PPH 的流程

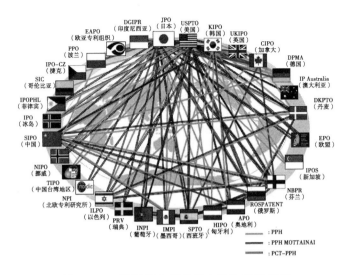

图 IV-1　截至 2013 年 7 月 1 日的 PPH 网络

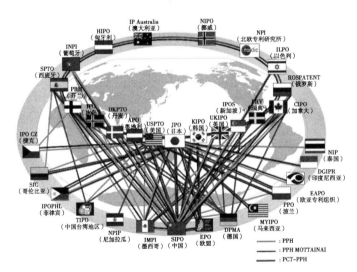

图 IV-2　截至 2014 年 11 月 1 日的 PPH 网络

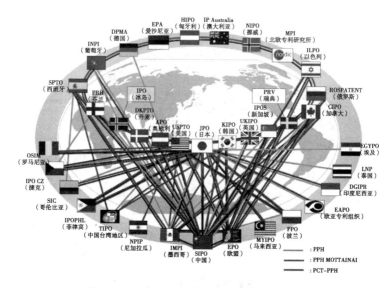

图 IV-3　截至 2015 年 7 月 6 日的 PPH 网络

图 IV　PPH 网络

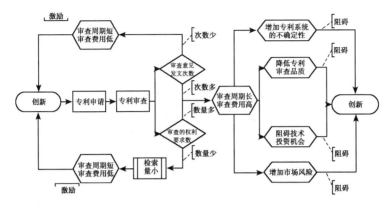

图 V-1　专利审查意见的发文次数和审查的权利要求数

通过审查周期和审查费用对创新的影响

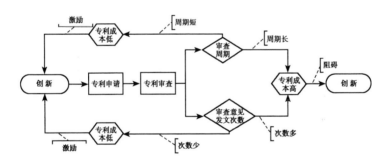

图 V-2　专利审查周期和专利审查意见的发文次数通过

专利成本对创新的影响

图 V　PPH 的创新效应

附录三　图表索引

图表号	图表名	页码	资料来源
图 I - 2	PPH 申请情况分类表	326	JPO 官网 http：//www. jpo. go. jp/ppph - portal/aboutpph. htm
图 II - 1	常规 PPH：PCT 途径	327	SIPO 会议文件及官网 http：// www. sipo. gov. cn/ztzl/ywzt/ pph/的资料摘录整理。
图 II - 2	常规 PPH：巴黎公约途径	327	SIPO 会议文件及官网 http：// www. sipo. gov. cn/ztzl/ywzt/ pph/的资料摘录整理。
图 II - 3	PPH - MOTTAINAI 途径	327	SIPO 会议文件及官网 http：// www. sipo. gov. cn/ztzl/ywzt/ pph/的资料摘录整理。
图 III	使用 PPH 的流程	328	SIPO 官网，http：//www. sipo. gov. cn/ztzl/ywzt/pph/js/201311/ t20131104_ 874615. html
图 IV - 1	截至 2013 年 7 月 1 日的 PPH 网络	329	JPO 官网，http：//www. jpo. go. jp/ppph - portal/index. htm
图 IV - 2	截至 2014 年 11 月 1 日的 PPH 网络	329	JPO 官网，http：//www. jpo. go. jp/ppph - portal/index. htm
图 IV - 3	截至 2015 年 7 月 6 日的 PPH 网络	330	JPO 官网，http：//www. jpo. go. jp/ppph - portal/index. htm
图 V - 1	专利审查意见的发文次数和审查的权利要求数通过审查周期和审查费用对创新的影响	331	作者自绘
图 V - 2	专利审查周期和专利审查意见的发文次数通过专利成本对创新的影响	331	作者自绘

致　　谢

从成为朱雪忠老师的学生那一刻起，我开始了在知识产权领域的研究。从一位无知无畏的硕士生成为一名对词、字乃至标点符号都怀有敬畏之情的博士生，这一步履维艰的艰辛历程已近八年。对学术从心灵上保持虔诚，这是朱雪忠老师对我的影响，也是这篇博士论文得以完成的理由。

感谢上天的眷顾，我能成为朱雪忠老师的学生。他本身就是对"导师"最好的诠释：给学生及时的帮助和反馈；给予学生真诚的鼓励；对学生无私的关怀和指导；尊重学生的意志和自由。最令人感动的是，当学生研究进入困境之时，备感煎熬之际，朱老师的理解和支持总能让人重拾信心，排除猜忌和困惑，继续前行。同时，朱老师的人格魅力和学术才能深深吸引着学生，令人在不知不觉中学习和模仿。他珍惜点滴时间的工作态度、不畏严寒酷暑的苦行僧式的学术生活，对待学生的宽容大度和诚挚关爱，对待学术和知识产权发展的热忱和责任心，于我"虽不能至，心向往之"。

不论在学业追求还是出国交流，单晓光老师一直都给予我关心和鼓励，并使我有进一步在科研领域探索的机会；宋晓亭老师的耐心与坚持学习的精神深深感染了我，与儒雅的宋老师交流总有如沐春风的感觉；程德理老师即使身处百忙之中，仍不忘为学生提供帮助。记得在博士阶段的论文写作中，蒋晓伟老师、朱国华老师、高旭军老师、刘晓海老师、师华老师、刘忠老师、姜南老师与我的交谈，他们的思维中闪动着灵光，睿智而不乏幽默的言语总给我以启迪。在出国访学的过程中，袁媛老师、严爱华老师和李泽君老师都投入了极大的耐心和鼓励，至今回想，仍心存感激。在美访学期间，感谢 Pace University 的 Prof. Lin Harmon，Prof. Cynthia Pittson，Prof. Ann Bartow 和 Ms. Deborah 给予的帮助和指导；感谢 New York University 的 Prof. Rochelle Dreyfuss 的期待；感谢 Stanford University 的 Prof. Mark A. Lemley 的支持，希望有机会能再次相见。

感谢论文预评审和论文评阅的老师们，他们提出的建议使我受益匪浅；感谢张乃根老师、何敏老师、许春明老师，纵然在元宵节，仍不辞辛劳从外校赶赴同济参加我的论文答辩，提供学术指导并对我进行科研能力考评，他们严谨务实的工作态度令人敬佩。

同学的相伴充实了博士研究生的短暂时光，感谢他们。还记得博一时在综合楼 1305 办公室一起奋斗的身影；还记得大家一起品茶一起谈论各自的求学趣事；还记得在论文雏形完成的 2014 年 9 月，朱老师门下的师兄、师弟、师姐、师妹对我论文的讨论和意见；还记得博二和博三时在综合楼 2113 办公室和 2110 办公室的同学们，与他们的朝夕相处让人感到温馨，他们的支持给我无限的动力。

本书的出版也得到国家自然科学基金项目"专利审查高速路对后续专利审查质量的影响机制研究"（编号：71273189）资助，谨表谢意。

家人一直是最懂我的至亲至爱之人。从硕士到博士直至今后人生的科研探索，他们都给予最真诚的理解和无条件的支持。北京与上海，记录着丈夫与我的点点滴滴。他给了我温馨的港湾，并能基于自身的学科背景和实践经验给我提出建议，使我受益颇多。梦是远远飞翔，他是我左半边的翅膀。永生之盟，长相守，不言谢。最后深深感谢我的父母，几十年风雨无阻，默默守望与支持。我所有的美好都源自你们，亲爱的爸爸妈妈，我爱你们。